U0142768

顛覆傳統教學的18堂美學課

王樹生 著　馮延明 審定

五南圖書出版公司 印行

這是一本介紹美學大師及其思想精華的圖書。它虛擬了18堂神祕課堂，每堂課都圍繞一個主題展開，並挑選一位合適的美學大師講授。在授課的過程中，聽課人與大師們還有互動和交流。雖然，那些大師們是帶著「任務」前來授課的，但他們可不是如此「聽話」的嘉賓，還會不時說些自己的趣聞、趣事，如果你喜歡聽這些方面的故事，可千萬別錯過了本書！

使用說明書

第一堂課

柏拉圖老師主講「美」

柏拉圖（Plato，大約西元前427～西元前347）

柏拉圖是古希臘偉大的哲學家和美學家，也是西方美學乃至整個西方文化領域最偉大的思想家之一。他和老師蘇格拉底、學生亞里斯多德並稱爲「希臘三賢」或「西方三哲」。他創造和發展的概念有：柏拉圖思想、柏拉圖主義、柏拉圖式愛情等。

008 ｜ 美學原來這麼有趣

遠的影響。今天您站在這裡，也是爲了傳播思想而來。我從心底覺得您是美的。」

周圍的同學也都贊同地點點頭，柏拉圖老師說：「好吧，你說你覺得我美，可是跟你們這些年輕的小朋友們比起來，我一個老人家，穿著素袍，留著長鬍子，皺紋也這麼深，算不上美吧？」

「可是美也不只是看外表。有的人雖然外表很美，長得很漂亮，但是如果其心靈不美，做一些不道德的事情，那我們也覺得是醜的。而老師您的內心是美的，您有卓越的智慧和高尚的品德，還有一顆善心，這些就足以證明您是美的了！」陳學碩情不自禁地說出了自己心裡的想法。

柏拉圖老師讚許地點點頭，肯定他再一次深入思考問題。「很好，你看出了一個人的美，不僅僅是外表，更重要的是內心。」

這時，陳學碩旁邊的王超然站起來說：「我認爲既有心靈美，也有外表美的人，才是眞的美。這些美跟大自然的美是不一樣的，大自然或者很多事物都是沒有思想、沒有情緒的，但是人不一樣，人會由思想驅使去做一些事情，這就顯示出了內在美的重要。但是如果只從表面來看，外表美是不能被忽視的問題，比如路邊的乞丐我們不會覺得他是美的，還有如果某個人穿著髒衣服來學校，我們也不會覺得他是美的。所以這二者缺一不可。」

柏拉圖老師欣慰地說：「眞沒想到在幾千年後的今天，也會有人跟我以前的想法不謀而合，我認爲一個人的美是心靈與身體的和諧之美。在我們的國家，有一位哲人叫畢達哥拉斯，他的觀點之中就經常談到和諧，他講的和諧最基本的意思是指音樂裡面的那種和諧，像兩個相隔八度的樂音連在一起，聽起來就覺得很和諧，還有四度和音、五度和音等。既然音樂能打動人的靈魂，那麼靈魂裡面也應該有同樣的和諧，而靈

馮延明老師評注

在西方哲學史上，畢達哥拉斯及其學派最早提出了「和諧」這一概念，並從理論上對其進行了系統闡述和論證。畢達哥拉斯也將和諧原則滲透於其道德思想，以和諧爲道德判斷的標準，從而形成了富有特色的和諧論道德觀。這對於當今的道德教育確立培養和諧人格價值追求、開放環境下的多元定位具有重要啟示。

美學大師

卡通美學大師的形象更直觀親切。

美學大師介紹

用言簡意賅的文字介紹美學大師的生平和作品。

馮延明老師評注

對於美學，每個人都有自己的見解。馮延明老師的這種評注，堪為引玉之磚……

第一堂課 柏拉圖老師主講「美」 | 009

魂又具有理解整個宇宙，以及其中的一切事物的能力，所以整個宇宙和
宇宙萬物也必定具有同樣的和諧性。就像是在判斷一個人是不是美的時
候，看他是否存在內在美和外在美的和諧，也是一種判斷方法。」
大家聽到這樣的見解，都覺得如大夢初醒。
「可是我對這個問題其實還是心存疑惑的，」柏拉圖老師對於這個
問題仍然窮追不捨，「那你們覺得在這些品質中，哪個更加重要呢？」
「呃……」這個問題可讓陳學碩犯難了，他心想：「這些品質
然都很重要了，可要是真的思考起來，實在是無法判斷到

第一堂課 柏拉圖老師主講「美」 | 007

無聊，這都是因人而異的。在那種認為自然景色無聊的人們眼中，無論
他置身於多麼美的環境中，都感受不到自然美。」
陳學碩聽著大家的發言，覺得好像都有道理，但是又不知道怎樣才
能夠將這些想法融合在一起。柏拉圖老師又對大家進行引導：「其實大
家剛才說的都很有道理，而且這兩種觀點其實也並不矛盾，有人能將這
兩個觀點進行融合和歸納嗎？」
陳學碩一聽，正好跟他的想法不謀而合，便舉手發言：「我認為剛
剛大家提到的這兩點應該是主客觀的統一問題。一方面，自然美以客觀
存在的自然物質為基礎，只有這些自然景觀的存在，才有產生自然美的
可能；另一方面，人的主觀意識也是非常重要的，因為人的主觀意識有
很強的能動性，也就是說，只有基於個人對於自然景觀的理解和欣賞，
才能夠形成自然美。這兩者都是非常重要的，只有同時滿足這兩個條
件，才能夠產生自然美。」
柏拉圖老師對陳學碩投去了讚許的目光，其他同學也思考著陳學碩
的回答，覺得這才是真正的自然美的來源。

社會之美

柏拉圖老師說道：「剛才我們探討的都是屬於自然的美，下面我想
和大家探討一下社會中的美。我們都知道，這個世界的客觀部分是由自
然和社會兩部分構成的。我們在討論了自然的美之後，就來討論社會的
美吧。首先我給大家一個小小的提示，在社會美當中，人的美是很重要
的一部分，大家能夠說一說對這個話題的想法嗎？」
陳學碩在剛才經過老師的點撥之後，對於自己的想法有了信心，於
是舉手回答問題：「柏拉圖老師，我覺得您就是美的，我真的沒有恭維
的意思，我今天一聽說是您在這裡講課，我就激動地馬上想進來聽。我
從課本中瞭解過您，您的思想可以說是西方哲學思想的起源，在人類哲
學史上有很重要的影響。您年輕時的遊歷、經歷和學習經驗，在當時都
是很了不起的。除此之外，您開設的學園也是影響深遠的，不僅在當時
讓很多人更加智慧，也是我們今天大學的雛形，對我們的教育都具有深

圖解知識點

生動、形象地用圖解式解構美學難題，用活潑圖畫再現美學場景。

互動討論形式

每一堂課都採用互動討論形式，在師生探討中輕鬆掌握美學大師畢生理論精髓。

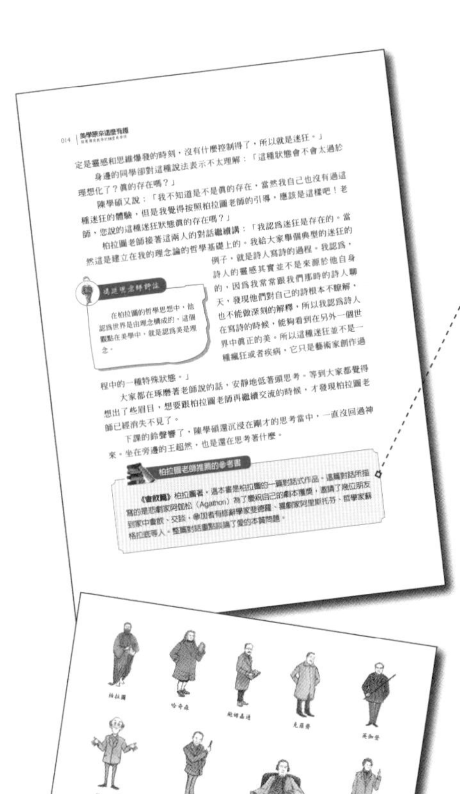
014 | 美學原來這麼有趣
所以就是迷狂。」
定是靈感和思維爆發的時刻，沒有什麼控制得了，所以就是迷狂。」
身邊的同學卻對這種說法表示不太理解：「這種狀態會不會太過於
理想化了？真的存在嗎？」
陳學碩又說：「我不知道是不是真的存在，當然我自己也沒有過這
種迷狂的體驗，但是我覺得按照柏拉圖老師的引導，應該是這樣吧！老
師，您說的這種迷狂狀態真的存在嗎？」
柏拉圖老師接著這兩人的對話繼續講：「我認為迷狂是存在的。當
然這是建立在我的理念論的哲學基礎上的。我給大家舉個典型的迷狂的
例子，就是詩人寫詩的過程。我認為，
詩人的靈感其實並不是來源於他自身
的，因為我常常跟我們那時的詩人聊
天，發現他們對自己的詩根本不瞭解，
也不能做深刻的解釋，所以我認為詩人
在寫詩的時候，能夠看到在另外一個世
界中真正的美。所以這種迷狂並不是一
種瘋狂或者疾病，它只是藝術家創作過
程中的一種特殊狀態。」

在柏拉圖的哲學思想中，他認為世界是由理念構成的，這個觀點在美學中，就是認為美是理念。

大家都在琢磨著老師說的話，安靜地低著頭思考。等到大家都覺得
想出了些眉目，想要跟柏拉圖老師再繼續交流的時候，才發現柏拉圖老
師已經消失不見了。
下課的鈴聲響了，陳學碩還沉浸在剛才的思考當中，一直沒回過神
來。坐在旁邊的王超然，也是還在思考著什麼。

柏拉圖老師推薦的參考書
《會飲篇》柏拉圖著。這本書是柏拉圖的一篇對話式作品。這篇對話所描寫的是悲劇家阿伽松（Agathon）為了慶祝自己的劇本獲獎，邀請了幾位朋友到家中會飲、交談，參加者有修辭學家斐德羅、喜劇家阿里斯托芬、哲學家蘇格拉底等人。整篇對話重點談論了愛的本質問題。

參考書目

在每一堂課結束後，美學大師會推薦一些參考書，讓讀者拓展知識，加深對課程的理解。

大師課堂

運用穿越時空的手法，邀請18位美學大師逐一走進課堂，討論與美學密切相關的18個話題——美、美的分類、美學學科、審美的基本性質、審美的價值內涵、審美主體、審美客體、審美趣味、審美活動、審美經驗的特徵、審美經驗的結構、審美經驗的過程、悲劇與喜劇、優美與崇高、醜與荒誕、藝術審美論、美是生活、審美教育論。

推薦序

PREFACE >>>>

當我跟很多人聊起美學的時候，他們都認爲美學是一門與生活距離很遠的學科。既不像經濟學那樣實用，也不像歷史學那樣深沉，更不像文學那樣豐富多彩。在當今，美學似乎已經變成人們眼中的花瓶，是一種與生活無關的情趣，在忙碌的生活中沒有一席之地，彷彿在這個世界上只有極少數人才能夠感受到美學之美。再加上美學理論本身都是純理論，讀起來深奧而晦澀，就被更多人束之高閣了。

不過仔細想想，眞的是這樣嗎？難道我們的生活當中，眞的不需要美學嗎？我們的生活雖然忙碌充實，但是我們似乎一直都處於物質世界當中，很少關心我們自己的精神需求，這樣的生活眞的合理嗎？我們是不是需要一個契機來改變自己的這種想法呢？

相信每個人可能都思考過這些問題，但是可能會在某個改變的契機出現之前，就又被重新捲回物質生活的浪潮當中。那麼現在，請好好思考這個問題的答案吧。

從我自身的經驗出發，我想給大家推薦一門能夠改變這種想法的學科，那就是美學。其實生活中不乏美學的身影，只是我們沒有注意到。很多女生會關注服飾、美容、化妝等，很多男生酷愛健身、漫畫、設計等，這些都是美學發展至今所形成的跟日常生活緊密聯繫的活動。然而，這些活動總是太過流於形式，很少有人會眞正看到這些事物當中蘊含的美學原理。不過，我們卻能夠從這些例子中看出，美學的確是時刻存在於我們生活當中的，所以我們沒有理由不去關注美學。

然而眞正嚴肅的美學思想，是一門嚴肅而純粹的學問，如果作爲一項研究來學習，就需要非常深厚的哲學功底和豐富的社會知識了，這些對於普通人來說，可能確實是有困難的。

所以我就要爲大家推薦本書。本書從可讀性的角度講，選取了美學史上具有深遠影響的十八位美學家，他們從專業的角度用易懂的語言，爲讀者講述美學理論的相關知識。讀者聆聽大師的諄諄教導，就好像眞的置身於大學的課堂一樣。

從易讀性的角度來講，書中在老師講解的同時，還添加了學生提問互動的環節，這種設置就是爲了讓讀者忽略美學原本的晦澀和深奧，能夠像初學者一樣對待這門學問。從重要性的角度來講，本書充分關注了人們的精神需求，引導人們尋求生活趣味和精神愉悅，這是現代生活當中，每個人都迫切需要的東西。

所以說，這本書適合在物質世界中迷失的你，適合在工作之餘無所寄託的你，適合想要讓自己的生活更有趣的你，還適合對自己有更高要求的你。我相信只要你讀完這本書，就能體會到美學帶給你的營養和豐盛，你的精神世界會隨著你的努力，得到很大的改變！

高級工藝美術師

前　言

FOREWORD >>>>

美學是一門嚴肅而認眞的學科，最初的美學隸屬於哲學領域，後來又從哲學當中獨立分離出來。美學跨越很多學科，涉及哲學、人類學、藝術等多門學科。研究美學需要非常深厚的學術修養，尤其要有非常豐富的藝術知識。

美學同時又是一門與生活非常貼近的學科。在生活當中，處處都能看到美學的身影：建築美學、音樂美學、文化美學、裝飾美學、體育美學等，豐富的類別讓人時時刻刻都能夠看到美學的存在。

然而我們卻看到，現在的美學似乎陷入一種非常尷尬的境地。作爲學術的美學學科，很少有人問津，因爲人們愈來愈浮躁，所以對嚴肅認眞的事物也愈來愈缺乏耐心。而在生活當中隨處可見的那些美學，卻好像只是披著美學的外衣，在形式上借用美學的辭藻和噱頭，實際上仍然在片面追求物質目的和經濟利益，根本沒有深度可言。誠然，當今社會本來就是個迅速發展的社會，人們就算追求物質和利益也無可厚非，但是我們眞的要看著一門如此嚴肅認眞的學科漸漸走向面目全非嗎？

不行。我們一定要將學術中的美學和生活中的美學結合起來，讓人們對美學產生一種全新的理解和認知。因爲美學不僅是關於美的學科，美學更重要的意義在於它的觀察、思考和深刻內涵。在生活當中，我們可能常常會忽視這些，但是在美學當中，這些方法都是非常重要的。如果我們能夠在面對生活中的很多美學問題的時候，都能與這種學術的態度相結合，就一定能夠有所收穫。

《美學原來這麼有趣：顚覆傳統教學的18堂美學課》這本書，其實就具有這方面的引導意義。本書的特點有三：

第一、本書始終以美和審美爲中心主題，所有的內容都力求用科學嚴謹、認眞負責的學術態度來解釋美學中的相關知識。除此之外，書中還涉及很多哲學、人類學、建築學、文學等學科知識和學科學習的方法。所以讀者在閱讀本書的過程中，一定會對美學的相關知識和方法有很深的理解。

第二、本書宣導了一種積極、有趣、樂觀、向上的生活美學理念。在保證知識內容完整和嚴謹的基礎上，還加入了很多有趣的、與生活緊密聯繫的元素，這實際上不僅宣導了一種輕鬆、愉快的學習氛圍，也努力讓讀者在閱讀的過程中，從內心深處感受到快樂和趣味。

第三、本書的語言流暢，大部分內容都是以課堂交流的形式呈現，通俗易懂。當出現專業術語或其他學科的知識時，也及時做了批註和標記。所以這本書是適合各類型的讀者閱讀的。

因此，不用擔心你是否有嚴謹的學術態度，是否有豐富的相關知識，只要你對美學有濃厚的興趣，這本書就一定能夠帶你走進一個有趣的美學世界。

CONTENTS >>>> 目錄

第四堂課　克羅齊老師主講「審美的基本性質」

第五堂課　英伽登老師主講「審美的價值內涵」

第六堂課　杜夫海納老師主講「審美主體」

第七堂課　桑塔亞納老師主講「審美客體」

第八堂課　休謨老師主講「審美趣味」

第九堂課　謝林老師主講「審美活動」

第十堂課　康德老師主講「審美經驗的特徵」

第十一堂課　斯賓塞老師主講「審美經驗的結構」

第十二堂課　丹納老師主講「審美經驗的過程」

第十三堂課　維柯老師主講「悲劇與喜劇」

第十四堂課　鮑桑葵老師主講「優美與崇高」

第十五堂課　阿多諾老師主講「醜與荒誕」

第十六堂課　黑格爾老師主講「藝術審美論」

第十七堂課　車爾尼雪夫斯基老師主講「美是生活」

第十八堂課　席勒老師主講「審美教育論」

第一堂課

柏拉圖老師主講「美」

柏拉圖（Plato，大約西元前427～西元前347）

柏拉圖是古希臘偉大的哲學家和美學家，也是西方美學乃至整個西方文化領域最偉大的思想家之一。他和老師蘇格拉底、學生亞里斯多德並稱爲「希臘三賢」或「西方三哲」。他創造和發展的概念有：柏拉圖思想、柏拉圖主義、柏拉圖式愛情等。

週末天氣晴朗，陳學碩一個人在校園裡閒逛。他走著走著，看見一棟教學樓前圍著很多人，不知在吵鬧什麼，於是他也圍上去想看看究竟。

他在人群中聽到了大家的議論，才明白古希臘的柏拉圖老師要來他們大學講課，所以很多學生慕名前來，想要一睹大師的風采。

陳學碩一聽是柏拉圖老師，頓時一驚。這時他身邊的人抓住他的手，把他往前拽，仔細一看，原來是他的舍友王超然。

陳學碩問：「你也在這兒啊？可你拽我幹什麼？」

王超然也不回頭就說：「你來這兒肯定也是想聽柏拉圖老師講課吧，那就往前面走，我有聽課證。」

於是陳學碩和王超然穿過了人群，走到了最前面的教室門口。王超然果然拿出了兩張美學課的聽課證，兩人一起走進了教室。

「你怎麼會有兩張聽課證啊？」陳學碩不解地問。

「正好有個同學讓我幫他找人替他來上選修課，我在人群中一下就看到你了，就拉著你一起進來了，這不是一舉兩得嗎？」王超然得意地說。

自然之美

陳學碩和王超然走進教室的時候，柏拉圖老師已經在講臺上了，只見他滿臉的嚴肅和認眞。他們趕緊找位子坐下。

過了一會兒，看到同學們陸續到齊了，柏拉圖老師開始講話了：「各位同學，很高興認識你們，我是來自古希臘的柏拉圖，今天受邀來爲你們講美學課。首先，我非常高興能夠來到中國，見識到有五千年文明歷史的大國。來到中國，我感受到了一種別樣的文化，但我希望你們也能夠接受我的文化習慣。在我們的國度，大家都是擅長思考和辯論的，所以今天我也很想和大家用這種方法探討美的問題，和大家一起思考和辯論。」

陳學碩是學校辯論隊的成員，所以他對辯論很感興趣，他很想知道，古希臘智者的辯論是如何進行的，是不是跟大學社團裡辯論會的場景一樣呢？

柏拉圖老師繼續說：「我進教室之前，看到教學樓前圍著很多同學，我一直覺得我是個普通人，沒想到這麼受大家的歡迎。我向大家簡單地介紹一下自己吧。我出生在古希臘的一個貴族家庭，從小在家庭中受到了良好的正統教育。到二十歲的時候，我開始跟隨著我的老師蘇格拉底學習，跟著他學習的八年間，我迅速成長，學到了很多哲學知識，也漸漸認識了這個世界。但是有一天他被審判處死，他視死如歸，沒有選擇逃亡。在那之後，我開始遊歷各國，我到了埃及、義大利等地，學習了政治學、天文學、哲學等。到我四十歲的時候，又重回雅典，在雅典的郊外建立了雅典學園，學園裡開設了算術、幾何、政治、哲學、音樂、法律等很多課程，跟你們今天的大學課程設置很相似。好了，閒言少敘，我們開始今天的學習吧，首先我們來討論一下關於美的問題。」

馮延明老師評注

西元前5世紀中期，古希臘辯論之風盛行。曾出現了一個以教授修辭學、辯論術爲業的學派——智者學派。他們研究演說的藝術（修辭學）、辯論的藝術（辯論學），以及證明的藝術（辯證法），被後人稱爲第一批職業教師。

一聽到是探討「美」的問題，同學們都很興奮，紛紛討論了起來。

「首先，大家能告訴我，什麼是『美』嗎？」柏拉圖首先提出了問題。

同學們紛紛站起來表達自己的觀點。

「我覺得如果將這看成是日常中的普通問題，那再簡單不過了，美就是好看、漂亮，就是讓人身心愉悅的東西。比如校園裡美麗的風景就是一種美。」

「我們現在是在上美學課，應該從美學的角度來探討這個問題。我認爲任何問題只要認眞仔細地研究，其實都是挺複雜的問題。我覺得美不僅僅是我們在日常生活中看到的這些，在美學的研究中，肯定會用學術的方法剖析美。只是……其實我也不是很瞭解這門學科……。」這位同學好像因爲自己回答不上來，有些不知所措了。

柏拉圖老師微笑著說：「不知道答案也沒有關係，你的想法其實是正確的。在美學中，不僅要看到日常生活中的美，還要將美抽象和概括。我們的思考和辯論正是出於我們對於問題的無知，只要抱著謙遜的態度對待知識，就能夠得到知識的眷顧。那我還是先問一個簡單些的問題吧，像在日常生活中見到的自然風光這樣的美景，大家還能舉出什麼例子嗎？」

聽到這個問題，大家又活躍了起來，有的人說春天是美的，有的人說湖水是美的，也有人說路邊的樹木花草都是美的。柏拉圖老師看到大家對這個問題的熱情，順勢提出了下一個問題：「我將這種美歸結爲自然美，應該是很合適的。大家能夠講講這種自然美有什麼特點或特徵嗎？」

自然美的分類

自然美的第一類指的是純自然的景觀。例如：海洋、瀑布、原始森林、風霜雨雪等。

自然美的第二類指的是經過人類勞動加工改造的自然景觀。例如：開墾後的農田、綠化的荒山、盆景植物、插花藝術等。

陳學碩對這個問題，心裡早就有了答案，答道：「我曾經在哲學中看到過對於物質的分類，像這種自然界的風光和景色具有自然性，它們本身就是自然界的一部分，而且是能夠脫離於人而獨立存在的。這是書本上講過的。但是我覺得，隨著社會的發展，人類對於自然世界的改造愈來愈多，也會使得某些自然景觀隨著人類的想法而改變，這麼說來，雖然是具有自然性的，但同時也有了一定的社會性，並且在之後會帶來某些變化的特徵⋯⋯。」陳學碩說著說著，就覺得有些難以組織語言了，「我也不知道我說的這兩點是不是有些矛盾呢？」

柏拉圖老師看看他，說：「非常好！你說出了自然美的兩個特徵。第一個就是自然性。如你所講，這個特性指的是自然界的物質是客觀存在於世界的，它們原本就是自然的一部分，這是亙古不變的。第二個是變易性。自然的物質的確是具有變易性的，你們想想看，天氣的陰晴轉換、四季的溫度變化，其實都是在一直發生著變化的。以一棵小樹爲例，它會隨著時間的變化而長大，而這種原本就存在的變化，其實是自然界本身的運動規律。這位同學剛才還提到了變易的第二個原因，這也是我穿越時空過來新學到的，在我們古代沒有像你們這樣美麗整齊的校園建築，我們還沒有重視對於自然物質的改造。而你們現代人注意到了，而且做得很好，同樣是山水花草，你們能夠將這些自然物質用一種審美的視角加以人工干預，我認爲這樣做的效果不亞於一幅畫或者一座建築物的美，這樣的變易，其實是人們將主觀想法加入到客觀的自然物質當中形成的。」

大家聽了柏拉圖老師的話，紛紛點頭。陳學碩也覺得老師的歸納要比自己的想法清晰多了，聽到這樣的結論感到很開心。

這時一位同學站起來發言：「老師您講的大多是些深奧的道理，我感覺聽起來還是稍微有些晦澀。大家肯定都認爲對自然風光的規劃和改造其實也是一種美，比如對我們的校園、公園或者社區的規劃。我爸爸是一名園林工人，平常我看到他工作特別辛苦，不僅在規劃的過程中非常用心，而且在維護的過程中也是非常辛苦的。不僅要維護花和樹的自然生長，還要修復因人爲的一些破壞行爲而造成的後果。比如，有的遊客會在公園裡折枝摘花，甚至亂扔垃圾，這些行爲其實都會使原本具有觀賞價值的自然風景變得不美。我希望大家在認識到美之後，也能夠認識到人類的行爲對於美也是有一定影響的，希望大家都能夠用自己的行爲促進美朝好的方向發展。」

這時他旁邊的一位同學接著說：「其實我覺得，自然美擁有的人爲變易性具有雙重性，一方面是使事物朝美的方向發展，另一方面是使事物朝不美的方向發展，這兩種方向本質上都是因人的行爲因素而導致的。所以我認爲我們在日常生活中，還是應該多注意自己的行爲對於自然美的影響，要讓自然愈來愈美，而不是愈來愈不美。」

柏拉圖看到大家的思考愈來愈深入，非常開心，他說：「對於自然美的表現和來源，想必大家都非常清楚了。下面，有哪位同學能來歸納一下自然美的來源嗎？」

一位同學回答道：「自然美當然是應該來自於自然了，只有這種自然的景觀，才能夠使人產生心曠神怡的感覺。」大部分人聽到這個答案都很贊成，認爲確實是這樣。

不過，立刻有人提出了反對意見：「我認爲自然美還是來自於人的想法，因爲有人會覺得這種自然風光美，但也有人會覺得這樣的景色很無聊，這都是因人而異的。在那種認爲自然景色無聊的人們眼中，無論他置身於多麼美的環境中，都感受不到自然美。」

陳學碩聽著大家的發言，覺得好像都有道理，但是又不知道怎樣才能夠將這些想法融合在一起。柏拉圖老師又對大家進行引導：「其實大家剛才說的都很有道理，而且這兩種觀點其實也並不矛盾，有人能將這兩個觀點進行融合和歸納嗎？」

陳學碩一聽，正好跟他的想法不謀而合，便舉手發言：「我認爲剛剛大家提到的這兩點應該是主客觀的統一問題。一方面，自然美以客觀存在的自然物質爲基礎，只有這些自然景觀的存在，才有產生自然美的可能；另一方面，人的主觀意識也是非常重要的，因爲人的主觀意識有很強的能動性，也就是說，只有基於個人對於自然景觀的理解和欣賞，才能夠形成自然美。這兩者都是非常重要的，只有同時滿足這兩個條件，才能夠產生自然美。」

柏拉圖老師對陳學碩投去了讚許的目光，其他同學也思考著陳學碩的回答，覺得這才是眞正的自然美的來源。

社會之美

柏拉圖老師說道：「剛才我們探討的都是屬於自然的美，下面我想和大家探討一下社會中的美。我們都知道，這個世界的客觀部分是由自然和社會兩部分構成的。我們在討論了自然的美之後，就來討論社會的美吧。首先我給大家一個小小的提示，在社會美當中，人的美是很重要的一部分，大家能夠說一說對這個話題的想法嗎？」

陳學碩在剛才經過老師的點撥之後，對於自己的想法有了信心，於是舉手回答問題：「柏拉圖老師，我覺得您就是美的，我眞的沒有恭維的意思，我今天一聽說是您在這裡講課，我就激動地馬上想進來聽。我從課本中瞭解過您，您的思想可以說是西方哲學思想的起源，在人類哲學史上有很重要的影響。您年輕時的遊歷、經歷和學習經驗，在當時都是很了不起的。除此之外，您開設的學園也是影響深遠的，不僅在當時讓很多人更加智慧，也是我們今天大學的雛形，對我們的教育都具有深遠的影響。今天您站在這裡，也是爲了傳播思想而來。我從心底覺得您是美的。」

周圍的同學也都贊同地點點頭，柏拉圖老師說：「好吧，你說你覺得我美，可是跟你們這些年輕的小朋友們比起來，我一個老人家，穿著素袍，留著長鬍子，皺紋也這麼深，算不上美吧？」

「可是美也不只是看外表。有的人雖然外表很美，長得很漂亮，但是如果其心靈不美，做一些不道德的事情，那我們也覺得是醜的。而老師您的內心是美的，您有卓越的智慧和高尚的品德，還有一顆善心，這些就足以證明您是美的了！」陳學碩情不自禁地說出了自己心裡的想法。

柏拉圖老師讚許地點點頭，肯定他再一次深入思考問題。「很好，你看出了一個人的美，不僅僅是外表，更重要的是內心。」

這時，陳學碩旁邊的王超然站起來說：「我認爲既有心靈美，也有外表美的人，才是眞的美。這些美跟大自然的美是不一樣的，大自然或者很多事物都是沒有思想、沒有情緒的，但是人不一樣，人會由思想驅使去做一些事情，這就顯示出了內在美的重要。但是如果只從表面來看，外表美是不能被忽視的問題，比如路邊的乞丐我們不會覺得他是美的，還有如果某個人穿著髒衣服來學校，我們也不會覺得他是美的。所以這二者缺一不可。」

馮延明老師評注

在西方哲學史上，畢達哥拉斯及其學派最早提出了「和諧」這一概念，並從理論上對其進行了系統闡述和論證。畢達哥拉斯也將和諧原則滲透於其道德思想，以和諧爲道德判斷的標準，從而形成了富有特色的和諧論道德觀。這對於當今的道德教育確立培養和諧人格價值追求、開放環境下的多元定位具有重要啟示。

柏拉圖老師欣慰地說：「眞沒想到在幾千年後的今天，也會有人跟我以前的想法不謀而合，我認爲一個人的美是心靈與身體的和諧之美。在我們的國家，有一位哲人叫畢達哥拉

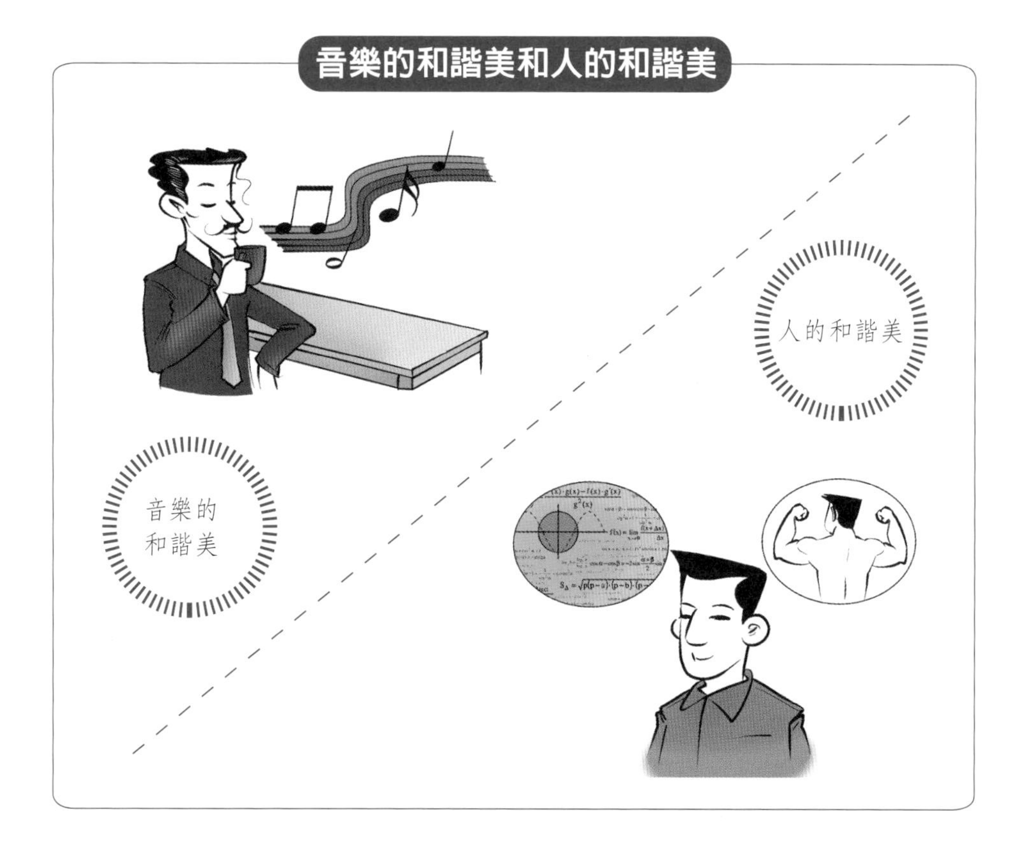

斯，他的觀點之中就經常談到和諧，他講的和諧最基本的意思是指音樂裡面的那種和諧，像兩個相隔八度的樂音連在一起，聽起來就覺得很和諧，還有四度和音、五度和音等。既然音樂能打動人的靈魂，那麼靈魂裡面也應該有同樣的和諧，而靈魂又具有理解整個宇宙，以及其中的一切事物的能力，所以整個宇宙和宇宙萬物也必定具有同樣的和諧性。就像是在判斷一個人是不是美的時候，看他是否存在內在美和外在美的和諧，也是一種判斷方法。」

大家聽到這樣的見解，都覺得如大夢初醒。

「可是我對這個問題其實還是心存疑惑的，」柏拉圖老師對於這個問題仍然窮追不捨，「那你們覺得在這些品質中，哪個更加重要呢？」

「呃……」這個問題可讓陳學碩犯難了，他心想：「這些品質當然都很重要了，可要是眞的思考起來，實在是無法判斷到底哪個更重要啊，只能說都重要吧。」陳學碩看到大家也都又疑惑起來，完全不知道

馮延明老師評注

在柏拉圖的思想中，美、智慧、善良都不是具體的、特殊的事物或品質，而是抽象的、一般的特質。

老師這麼問是什麼意思。

「好吧，我跟大家說說我的觀點，在一切美的品質當中，智慧和善良一定是最高的。希望大家一定要堅守這兩個品質。」聽了柏拉圖老師的話，陳學碩在心裡暗下決心，一定要做個有智慧、有善心的人。

「那對於人的美的討論，我們就進行到這裡，我為大家做一個小小的總結。人的美包括形體美和心靈美，形體美就是通常我們見到的外表的比例均衡、對稱等，心靈美則是我們常評價別人的道德、精神、智慧、修養等。這些共同構成一個人的美，但是在這其中，心靈美的重要程度肯定是大於形體美的重要程度的，在心靈美當中，最重要的一定是智慧和善良。希望大家在追求個人美的過程中，一定要先將這些想清楚，這樣就能明白自己努力的方向。」柏拉圖老師繼續說，「我真心希望大家都能夠成為智慧和善良的人。不得不承認，人確實是研究者在研究社會時的主要對象，所以在討論社會中存在的美的時候，我們也首先會想到人的美，但其實除此之外，還存在很多其他形式的美，大家還能想到別的什麼嗎？」

同學們七嘴八舌地回答道：

「我認為情感是最美的——親情、友情，還有愛情。」一位女生回答道。

「我認為我們在大學校園裡組織的義工活動，去幫助福利院的老人和貧困的孩子們，這是一種真正的美，體現了美德和奉獻。」這個觀點令大家肅然起敬。

「我覺得擺在貨架上琳琅滿目的衣服、鞋子和包包都是美的，美得讓我想把它們通通買下來。」一個漂亮的女生這樣說道。

「我來自農村，我一直覺得城市有高樓大廈，交通便利、人來人往，每個人都能夠在城市中找到自己的工作和定位，這就是城市的美。」旁邊的一位衣著樸素的男生，就與之前那位女同學的想法完全不一樣。

「要說社會中的美，眞的比比皆是，鄰里之間的和睦友好，陌生人之間的點頭微笑，當出現困難時，有人伸出援手，這些美好都是能夠深入人心的美。」一位看上去比較成熟的同學也說出了他的感受，「我希望人們在交往的時候能夠少一些猜疑，多一些眞誠，你怎樣對待別人，別人也就怎樣對待你。」

大家的答案特別多，好像將這樣的課程當作一種社會的大討論，從人們身邊的小玩意、簡單交往，到大的建築物、美德，都成爲大家的討論對象。漸漸地，大家發現其實生活中的每個部分，都存在著美。

「可是大家說了這麼多，好像還是有些淩亂。柏拉圖老師，請問這種生活美能夠用什麼樣的分類概括嗎？」一位同學問道。

「其實我原本是生活在古希臘的人，對於你們現代人的生活並不是很瞭解，但是聽你們討論社會中的美，我確實明白了不少。在我看來，你們所說的社會中，除了人之外的美，應該都屬於生活的範疇，都是由於人的各種活動而產生的有形的或者無形的美。我認爲能夠將其分成兩類，第一類是社會產品，像你們剛才提到的很多物質產品，包括衣服、

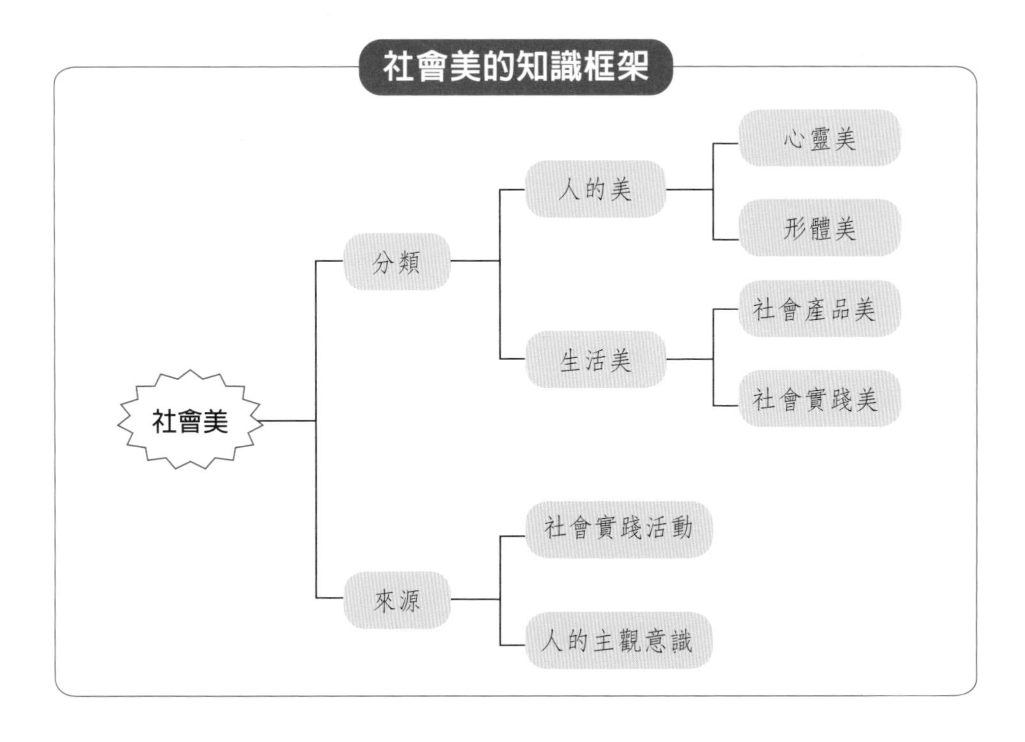

鞋子、包包，也包括城市的高樓大廈，其實這些都是人類經過勞動而創造出來的物質，來滿足人們對於這些物質的需求，這種需求中，就包括對於美的需求，所以它們在被設計的時候，就都是從美出發，並從商業的角度出發的，讓我們覺得這些都是美的。第二類是社會實踐，所謂社會實踐就是指人們處在社會當中，因爲個人的思想而做出的一些行爲動作、習慣作風。大家提到的社會交往、各種情感，以及一些體現人的美德的活動，其實都是人的心靈美的體現。」柏拉圖老師一口氣說了很多，大家覺得確實如此。柏拉圖老師又接著問道：「如果現在我問社會美的來源是什麼，大家能回答上來嗎？」

同學們想起剛才討論自然美的來源，都會心一笑，明白了柏拉圖老師的意思。王超然信心十足地站起來說：「社會美來自於兩方面。第一方面就是物質基礎，對於社會美來說，就是人類的社會實踐活動；第二方面是主觀方面，即人們的主觀意識。當這兩者達到和諧統一的時候，才能夠出現社會美。」大家紛紛表示贊同。

迷狂之美

「剛剛雖然是在跟大家討論美，但其實我們也討論到了思考的價值，以及智慧的價值。其實在我心中，存在一種美，這種美是因爲智慧和思考而迸發出來的美，不知道大家是否有所體會？」柏拉圖又把同學們的注意力吸引到了另一個思考方向。

聽了這個問題，大家都不約而同地安靜了下來，不像之前那樣爭著回答問題了。大家都在想，思考和智慧能夠帶來什麼美呢？

看著大家都沉靜下來，柏拉圖老師說：「那麼我再給大家介紹一位我們國家的偉人，他叫歐里庇得斯（Euripides），是古希臘三大悲劇大師之一，他有一篇文章叫作〈論磁石和磁體〉，當然在科技發達的今天，你們肯定對於磁現象已經見怪不怪了。但是在我們那個年代，人們認爲這個現象充滿了奇妙色彩。我們覺得很神奇，磁石不僅能吸引鐵本身，還能把吸引力傳給那些鐵環，使它們也像磁石一樣，吸引其他鐵環。其實這種現象，跟大家在一起思考和辯論的時候很像，好像總有能夠相互感染的東西，觸發我們的思想，讓我們所有人的思想都好像昇華了一樣，你們有這樣的感覺嗎？」

陳學碩起身發言：「柏拉圖老師，在您的課堂上，我絲毫不像在其他課堂上那樣覺得壓抑或者沉悶，您會不停地引導我們去思考，為我們的思考提供一些角度和方向，就好像為我們在大腦裡鋪平了道路，讓思維流暢馳騁。而且我們還能夠聽到其他同學的看法和見解，從而促進我們自己的思考。我想老師的啟發和同學們的啟發，都像是您剛才說的那種磁石的力量吧。我能夠體會到這種感覺，但是不知道如何來形容它……。」

柏拉圖老師聽到這樣的回答非常開心，說：「你的這種感受很深刻，可見你經過了認眞思考，也認眞聽了老師的講授和其他同學的發言。這種感覺其實就是我想要跟大家說的『靈感』，大家之前應該都聽過這個詞吧！你們覺得靈感是什麼呢？」

大家都紛紛點頭表示聽過，但是形容起來好像有點兒難。

「靈感就是思維中閃現的一些想法。」

「靈感通常都有正確性和引導性，對於我們的生活、學習或者工作都是有所幫助的。」

「靈感應該是屬於藝術家、作家或者科學家吧？」

「那可不一定呢！現在也有很多創意公司、靈感工廠，可以看出靈感在我們生活當中愈來愈普遍，也愈來愈重要了，因為我們已經走進一個資訊和知識爆炸的時代，所有與之相關的靈感都是非常重要的。」

「其實我們在學校上課的時候，老師經常會問我們對某個問題有沒有靈感。」

柏拉圖老師聽得津津有味，說道：「看來你們對於靈感一點兒都不陌生，甚至可以說是非常瞭解和重視。那麼，大家能夠理解我接下來要說的『迷狂』嗎？」

「迷狂，聽起來好像是某種瘋狂的狀態吧？」

陳學碩看著大家踴躍發言，也按捺不住了：「老師您好像故意將靈感和迷狂放在一起給我們介紹，那我覺得它們之間一定是有所關聯的。

我猜想，迷狂應該是靈感的一種瘋狂和不受控制吧，在這種狀態下，一定是靈感和思維爆發的時刻，沒有什麼控制得了，所以就是迷狂。」

身邊的同學卻對這種說法表示不太理解：「這種狀態會不會太過於理想化了？眞的存在嗎？」

陳學碩又說：「我不知道是不是眞的存在，當然我自己也沒有過這種迷狂的體驗，但是我覺得按照柏拉圖老師的引導，應該是這樣吧！老師，您說的這種迷狂狀態眞的存在嗎？」

柏拉圖老師接著這兩人的對話繼續講：「我認爲迷狂是存在的。當然這是建立在我的理念論的哲學基礎上的。我給大家舉個典型的迷狂的例子，就是詩人寫詩的過程。我認爲，詩人的靈感其實並不是來源於他自身的，因爲我常常跟我們那時的詩人聊天，發現他們對自己的詩根本不瞭解，也不能做深刻的解釋，所以我認爲詩人在寫詩的時候，能夠看到在另外一個世界中眞正的美。所以這種迷狂並不是一種瘋狂或者疾病，它只是藝術家創作過程中的一種特殊狀態。」

馮延明老師評注

在柏拉圖的哲學思想中，他認爲世界是由理念構成的。這個觀點在美學中，就是認爲美是理念。

大家都在琢磨著老師說的話，安靜地低著頭思考。等到大家都覺得想出了些眉目，想要跟柏拉圖老師再繼續交流的時候，才發現柏拉圖老師已經消失不見了。

下課的鈴聲響了，陳學碩還沉浸在剛才的思考當中，一直沒回過神來。坐在旁邊的王超然，也是還在思考著什麼。

柏拉圖老師推薦的參考書

《會飲篇》柏拉圖著。這本書是柏拉圖的一篇對話式作品。這篇對話所描寫的是悲劇家阿伽松（Agathon）為了慶祝自己的劇本獲獎，邀請了幾位朋友到家中會飲、交談，參加者有修辭學家斐德羅、喜劇家阿里斯托芬、哲學家蘇格拉底等人。整篇對話重點談論了愛的本質問題。

第二堂課

哈奇森老師主講「美的分類」

哈奇森（Francis Hutcheson，1694～1746）

哈奇森是18世紀前葉英國著名的道德學家和美學家。他是夏夫茲博里的學生，他繼承並發展了老師的哲學思想，並形成了系統的學說，對於美學的解釋有心理學的趨向。他一生對倫理學、美學、形而上學和邏輯學等諸多領域都有研究，他將美學和倫理學、美和善、審美感和道德感結合起來研究，這也成爲他哲學中的一大特色，對現代美學和倫理學的一些重要流派產生了影響。

轉眼又到了週末，陳學碩一個人在宿舍裡發呆，不知道做什麼好。他想起上個星期在美學選修課上見到柏拉圖老師，至今還激動無比。

「發什麼呆呢？」同一宿舍的王超然問道。

「還在想，上週末上柏拉圖老師的課程中情景，眞是受益匪淺。」

「看來我當時拉你一起去，眞的是去對了！」王超然說著哈哈大笑起來，「我現在就要去美學選修課了，你還是跟我一起去吧。今天應該還是會有美學大師來上課的。」

陳學碩心裡本來就一直在想著之前柏拉圖老師講的課，王超然這麼一說，更激發了他對美學的興趣。於是他趕快收拾東西，跟王超然一起去上美學選修課。

絕對美

兩人匆匆忙忙趕到教室，發現老師還沒來。周圍的同學議論著說這門美學選修課，每週都邀請著名的老師來講課，學校說這樣能夠幫助學生用不同的視角去學習美學。聽到這個消息，陳學碩的心情更爲激動，他覺得這樣的課非常值得來聽。

這時，他們看到一位外國人走進了教室，他的穿著明顯不是現代人的樣子。只見他直接走上了講臺，站在講臺中央，學生們都安靜了下來。他說：「同學們好，我是你們今天的美學課老師，我是來自18世紀英國的哈奇森。非常榮幸來到你們的學校爲你們講課。」說完，他還非常紳士地向學生們鞠了一躬。

同學們聽到老師說的話，都覺得太不可思議，議論紛紛。

一位同學大膽地站起來向老師提問：「請問您是英國的著名美學家哈奇森嗎？您是不是寫過一部著作，名爲《論美與德性觀念的根源》，聽說那是英國歷史上第一部美學著作。」

「不錯，這本書確實由我所寫。因爲我自己著重研究的是美學和倫理學，所以在這本書裡，我就將這二者結合，我認爲美就是美德，這是無庸置疑的。」哈奇森老師十分自信地向大家介紹起他的成就來。

「看來大家對我並不是很瞭解，那我先做個簡單的自我介紹吧。

我出生在愛爾蘭北部的阿爾伯特，我的祖父和父親都是愛爾蘭北部的長老會牧師，我的幼年就是在牧師家庭中度過的。十七歲的時候，我進入了格拉斯哥大學，學習哲學和神學。大學畢業之後，我收到了柏林長老會的邀請，在一個為年輕人建立的長老派學校任校長一職。十年之後，我重回母校格拉斯哥大學任教，成為一名教授。我一生致力於神學、哲學、倫理學、美學的研究，我認為這些研究令我的一生充滿了意義。」

同學們聽了哈奇森的自我介紹之後，不由得對面前的這位外國老師肅然起敬。當然，大家更好奇的是這位老師今天會為同學們講哪些方面的美學知識。

「接下來，我們就正式開始今天的課程吧！今天我給大家講美的分類。其實在我的美學思想中，就有自己獨創的關於美的分類的知識。我將美分為絕對美和相對美兩個類型，這兩個類型看起來有區別，實際上相輔相成，具有很大的關聯。首先我為大家講第一種絕對美。各位同學看到『絕對美』這個概念，能夠猜想出它的涵義嗎？請同學們先討論一下吧！」

同學們面面相覷，好像都不太明白哈奇森老師所說的絕對美和相對美究竟是什麼意思。

「其實我知道這對大家來說，可能有點難。那先將問題簡化一點兒吧！大家對於絕對和相對的概念應該不陌生吧？」哈奇森老師試圖給學生們一點兒提示和引導。這下學生中發出了一些小小的討論，好像這樣確實會好理解一些。「那麼請一位同學來說一下，絕對和相對的概念吧。」

王超然主動站起來回答道：「我平常是比較喜歡哲學的，剛開始老師提到絕對美和相對美的時候，我就想到可能是和哲學中的『絕對與相對』這對概念有關。當老師您說到『絕對和相對』這兩個概念的時候，我心裡就更有把握了。絕對和相對是哲學中一對反映事物性質的哲學概念。絕對指的是無條件的、永恆的、無限的；相對指的是有條件的、暫時的、有限的。這一對概念經常同時出現，它們雖然看起來完全不同，但它們並不是完全對立的關係，絕對和相對之間是辯證統一的，二者之間會出現變化、轉化等現象。」

絕對和相對的區別

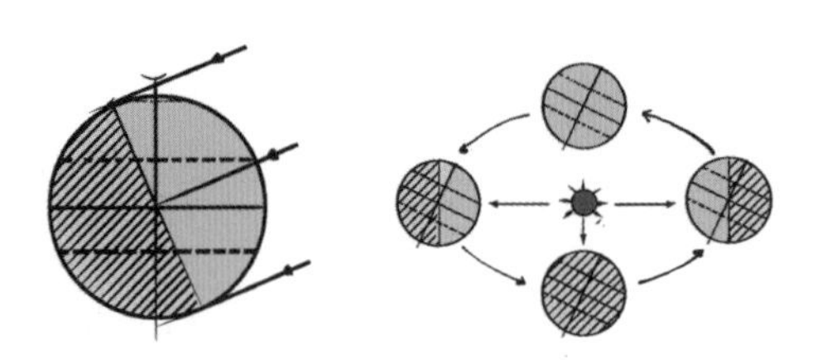

絕對指的是無條件的、永恆的、無限的。絕對的事物就是在任何參照系、以任何角度去看的時候，都是一定成立的。例如：地球是不斷運動的。

相對指的是有條件的、暫時的、有限的。相對的事物指的是對事物的認識是有前提和條件的，在一定的條件下，這種情況才能夠成立。

哈奇森老師非常開心地說：「這位同學說得太好了，你再講下去大概就要把我上課要講的內容都講完了。首先你對於絕對和相對的理解是比較到位的，其次你說得很對，絕對美和相對美就是從這一對哲學概念當中衍生出來的。這樣講，大家一定就容易理解了。那麼現在大家能說說對絕對美的看法嗎？」

同學們受到老師的點撥之後，就覺得這個概念其實並沒有那麼深奧和難懂了，很多同學都紛紛開始發表自己的看法。

「絕對美應該是在任何條件之下都美的事物，不是變化不定的，而是一種類似『永恆』的概念。」

「如果說一種美能夠永遠不變，的確是挺不可思議的事情。但我覺得絕對美應該是確實存在的，像我們所說的眞、善，這些都是美的一種表現，它們就是從來不會變化的。」

「我認爲絕對美的存在問題値得商榷，一個事物就算擁有再美的特徵，也總會在有些人看來不美吧？我覺得絕對美實在是有些不好理解，我認爲美還是相對而言的，不能這樣絕對。」

哈奇森聽出了學生們對於絕對美是否存在的懷疑，說道：「大家不要把絕對美的概念看得太偏激。我的觀點其實並不是片面強調絕對美，也不是片面強調相對美，而是要先瞭解和認識這兩個概念，之後才能夠得出結論，才能夠看到美究竟是怎樣的。所以我們現在的討論是在假設絕對美存在的前提下，認識和討論絕對美，希望大家明白我的意思。」

聽了哈奇森老師的話，大家明白了老師的意思。但是大家對於絕對美的認識似乎仍停留在比較淺的層面。哈奇森老師繼續闡述：「我認爲的絕對美，其實也可以被稱爲本原美。這種美的主要特點是能夠從審美對象本身感受到美，主要是表現在美的對象的客觀性上。當然，絕對美也並不是審美對象本身具有的一種客觀屬性，而是產生於人對於對象的主觀認識，但是這種認識是將對象本身孤立來看的，而不是與其他對象進行比較的結果。舉例說明一下，我們在大自然中見到的美景、人造的各種美的工藝品、人的形體等，這些美都是獨立存在的，它們不與其他物體做比較的時候，也是美的。從中我們能夠看出，絕對美是不需要比較就能夠得到的美。」

這時有同學站起來提問：「老師，您說絕對美本質上還是人的主觀認識，但是我覺得絕對美如果與相對美比起來，它自身應該具有更明顯的特徵吧？」

老師說：「這個問題很好，我認爲絕對美是有一定基礎的，這種基礎就是對象本身具有的統一性，這是側重於美的形式方面的。因爲只有對象本身的美是眞正的，才能夠在主觀意識中形成美。」

聽了哈奇森老師的講解，大家似乎對這個概念仍有疑惑。哈奇森老師又說：「其實大家也不必在

馮延明老師評注

美的形式即對稱、均衡、節奏、韻律、比例等方面的美，秩序、規律、完整、和諧都是美的。美是多樣化和單純化的統一，美是對比和統一的平衡。對形式美的最恰當的概括就是多樣化統一。

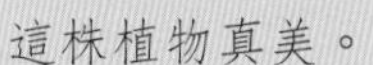

美可以是自身就具有的絕對美的特質，也可以是透過比較發現的相對美的特質。

這個絕對美的概念上糾結。我們不妨先把相對美也講完，大家就好理解了，到時若還有疑問，你們再提出來。」

陳學碩和王超然雖然仍心存疑惑，但是聽了老師的這句話，也覺得應該先把內容都聽完，也許整體的知識結構能夠使這些細節的問題迎刃而解。

相對美

「下面我們就來討論一下相對美的相關知識。如果說是從靜止的角度認識和分析絕對美，那麼認識和分析相對美就是從運動和變化的角度。在認識絕對美的時候，我們應該去關注絕對的、永恆的、不會發生變化的事物；在認識相對美的時候，我們則應該去關注相對的、暫時的、運動變化的各種條件。首先，請大家想一下，哪些因素和條件會發生變化呢？」哈奇森老師將相對美的話題展開，爲大家的思考提供了思路。

同學們的回答積極了起來。

「其實每個人在對於美或者不美的標準上，都是不同的，這種不同其實也可以視爲審美主體的變化，在主體發生變化的時候，能給人帶來的美的感受也會隨之變得不同。我覺得這就是相對美的一種表現。」

「我看過一本書裡講朱光潛老師提出的一個例子，他拿著名的古樹來做例子。他發現不同的人對於古樹的美的理解是不一樣的。植物學家會考察樹的生理特徵、生長習性，認爲古樹具有的頑強的生命力是美；畫家會去觀察古樹奇特的外形，認爲古樹這種曲折有致的外形是美；木材商家會注重它的木質、紋理，認爲古樹能夠被用於建築和工藝的實用性是美。這就能夠看到，對於同一事物的美的判斷，站在不同的立場、擁有不同的價值觀，會使判斷的過程有所差異，這種審美個體的差異會使得論證過程存在多樣化。不過，大家都認爲古樹是美的，這一結論還是統一的。」

「即便是對同一對象進行觀察和認識，也會有不同的變化，因爲對象本身就是會變化的。比如說我們身邊的植物，從樹苗到大樹，期間可能會開花結果，也可能會枯枝敗葉。」

「我認爲最主要的變化還是來自於時代，雖然說每個人都有自己的

馮延明老師評注

時代意義應該是橫向比較的，歷史意義應該是縱向比較的。這位同學在這裡說的應該是受到歷史環境的影響。

審美觀，但是**審美觀主要還是會受到時代的影響**。一般來說，一個人處在什麼樣的時代，就會有什麼樣的審美觀。比如，古代的人如果見到我們現在的高科技產品，如手機、電腦等，他們根本不會理解這些電子產品的作用和益處，更不會覺得它們是美的。時代不僅會影響到審美的主體，也會影響到審美的對象，這種影響應該是很大的。」

「其實我認爲這種變化才是永恆的，世界上的所有東西都處在運動變化當中。事物的運動是絕對的，靜止是相對的。」

哈奇森老師看到大家對這個問題討論得很熱烈，不得不把同學們的回答打斷：「好了同學們，我知道大家對於這一點的看法非常多。因爲正如剛才這位同學說的，事物的運動是絕對的，靜止是相對的，所以我們在看問題的時候，從運動的角度思考會更加容易一些。雖然我覺得大家的分析都挺有道理的，但是分析的結果還是有一些亂，現在大家試著將剛才的思路整理一下，看能不能將以上的這些觀點有條理地闡述出來。」

哈奇森老師這麼一說，同學們也意識到了這個問題。好像大家都是抓住哪個方面，就對哪個方面闡述，事實上沒有一個內在的邏輯關係。那麼，如何將這些觀點用一個巧妙的邏輯串起來呢？大家又陷入了思考之中。哈奇森老師再次對大家的思考做出了指引：「現在，大家試著從審美主體和客體的變化兩方面來說一下吧。王超然同學，你剛剛不是說自己喜歡哲學嗎？這個簡單的分析應該難不倒你吧？」

王超然回答道：「根據老師的引導，我覺得從審美的主體和客體這兩方面的變化來分析這個問題是非常適合的。從審美的主體角度來講，我認爲有以下幾個原因會造成美的相對性。第一是個人的知識和閱歷，比如對於同一件事物的認識，一個九歲的小孩和一位八十歲的長者的認識肯定是不同的，因爲他們的人生經歷差別很大，知識的積累也相差很多，如果他們的生長環境類似，長者一定比小孩的認識要深刻得多。第二是人判斷和欣賞美的標準，就像剛才有位同學所舉的不同的人認識古樹的美的例子，植物學家、畫家和木材商人，他們有各自的角色和職業角度，所以即便是面對同一棵古樹，他們各自認識到的古樹的美也是不盡相同的。從審美的客體角度來講，審美的對象本身就是會發生變化

朱光潛說古樹

這四個人都覺得這棵古樹是美的，但是他們卻有著不同的角度和看法。也就是說，儘管他們都能夠得到美的結果，但過程也可能是不同的。

相對美的影響因素

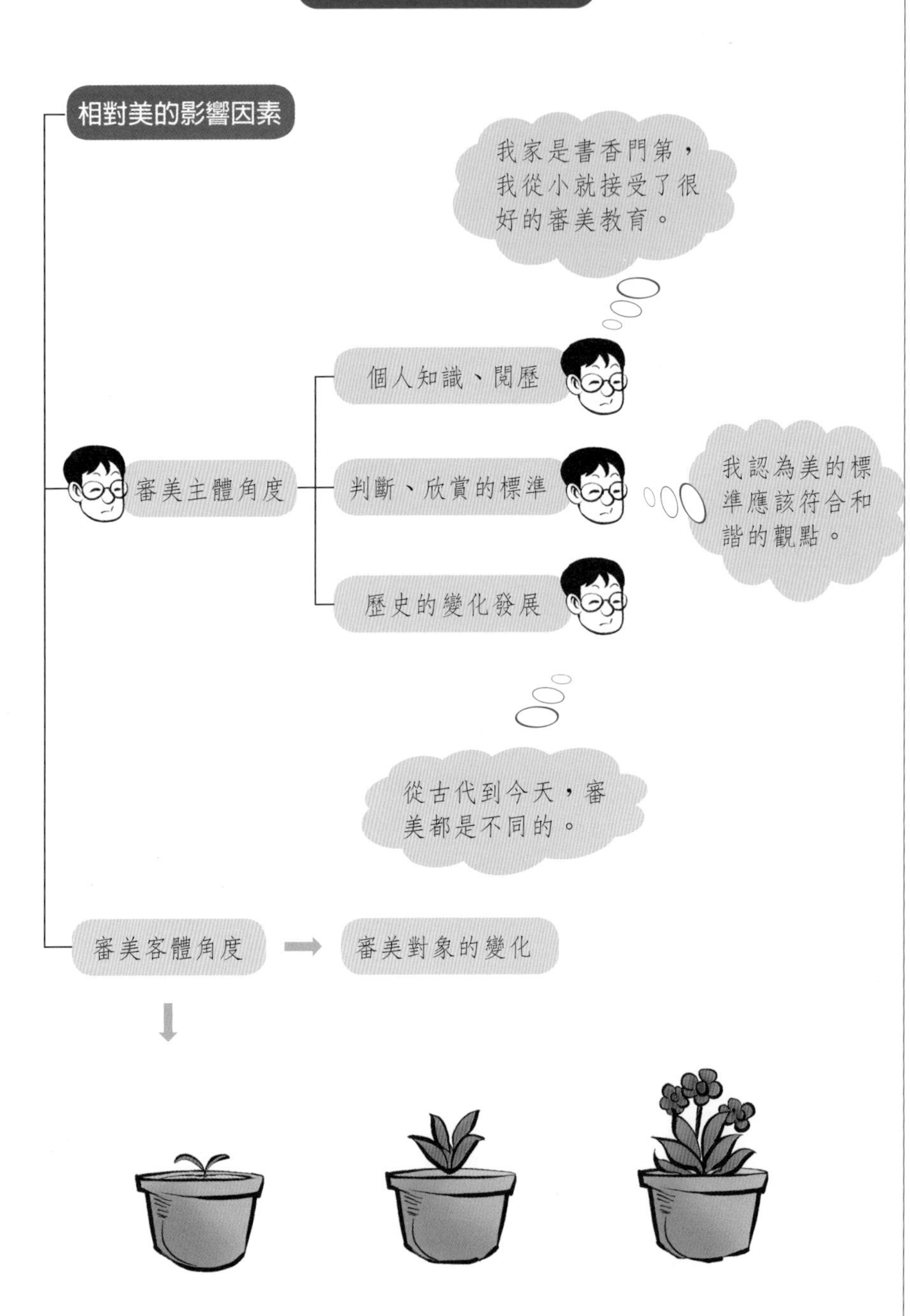
相對美的影響因素
我家是書香門第，我從小就接受了很好的審美教育。
個人知識、閱歷
審美主體角度
判斷、欣賞的標準
我認為美的標準應該符合和諧的觀點。
歷史的變化發展
從古代到今天，審美都是不同的。
審美客體角度
審美對象的變化

的。所以在客體的不同階段，都會產生不同的美。」

聽完王超然的回答，陳學碩立刻站起來補充：「我認爲在主觀角度方面還有一點需要補充的，那就是環境和時代的變化，這種社會和文化氛圍的影響肯定會對人們的審美觀產生潛移默化的影響，並且會使得審美具有時代性和地域性。這方面的影響也是不能忽視的。」

「兩位同學已經總結得很不錯了，基本上將同學們之前提到的角度都概括了。在此，我用美學方面的術語來解釋這個問題。我們可以從兩個方面來分析美的相對性，第一個方面是從審美主體的角度，第二個方面是從審美客體的角度。從審美主體上講，審美主體本身是會隨著主客觀因素發生變化的，其中包括審美活動的深化程度、審美知識和能力的儲備、歷史的變化和發展；從審美客體上講，審美對象自身對美的表現程度是有所不同的，即便是同一對象也能夠展示出不同的有變化的美的特性。」

哈奇森老師的解釋，的確令大家對於美的相對性有更加深刻的瞭解。但是哈奇森老師又開始講解另一種理解：「其實在我自己的美學觀點當中，對於相對美還有另外一種解釋，這種解釋是從藝術的角度來解讀的。我們都知道，藝術作品中模仿或描繪的對象，通常是被當作美的結論的。但是如果將藝術中的美和現實中的美做比較，我們就會發現藝術中的美其實是經過一定的想像和虛構才形成的，這其中可能會運用比喻、象徵等各種各樣的手法，在追求逼眞和相似的基礎上，肯定事物的美。這種透過詩歌、繪畫、雕塑等形式對美的模仿，實際上就是一種相對美。因爲它們本身可能是並不存在、被想像出來的美，因而是不具有絕對性的，而是只具有相對性的美。這與我之前所講的，能夠從事物身上直接得到的具有絕對性的美，是相對應的概念。」

絕對美與相對美的矛盾與統一

哈奇森老師的這些觀點讓同學們感到很新奇，大家可能一時把美抽象化了，只想像到了現實中的美和理論上對美的概括，卻忘記了與美關係最爲密切的藝術。在此基礎上，哈奇森老師又開始講了：「好吧，到目前爲止，大家應該對絕對美和相對美都有一定程度的瞭解了，那在瞭解的基礎上，大家認爲眞正的美是如何處理絕對美與相對美之間的關係呢？」

雖然同學們能夠想到這個問題遲早要被老師問到，但還是不太會回答這個問題。

一位同學嘗試著回答這個問題。

「老師，我認爲您在分別講絕對美和相對美的過程中，原本就沒有把二者的界限劃分得那麼清楚。您在講絕對美的時候，說絕對美的存在雖然要以對象具有美的形式作爲基礎，但是絕對美實質上仍然是人的主觀認識，而只要是主觀認識，就會存在一定的主觀性。在講相對美的時候，您講到藝術中的美其實還是以客觀的物質爲基礎而形成的。也就是說，這二者之間的關係其實界限並不分明。」

老師對他的觀點做出解釋：「這位同學說得很對，的確是這樣的。絕對美和相對美雖然只是一種對美的類型的劃分，但是它卻改變不了美的實質，美一定是以客觀的物質爲基礎的，也是由人類的主觀感受產生的。這就使得美既具有絕對性，又具有相對性。這種絕對性和相對性其實都是美本身具有的特質。」

王超然只要一聽到問題中涉及哲學，就忍不住想要發言：「老師，我想從哲學的角度探討這個問題。馬克思在他的相對論中說過，『世界上的一切事物既包含相對的方面，又包含絕對的方面，任何事物都既是絕對的，又是相對的。』我認爲也可以用這個道理來說『美』。雖然剛才我們分別討論了絕對美和相對美的表現或特徵，但是我們也都能夠看出，這其中說明了絕對美和相對美之間也是存在某些關聯的。絕對美總是有一定條件的，這種條件其實就是絕對美表現出的一定相對性，絕對美只會在這種條件之下存在。例如：我們提到，絕對美的對象是能夠獨立存在的，是不需要與其他對象做比較的，這些其實都是爲絕對美限定了一些規則和標準，而只有在這種標準之下，絕對美才可能成立。再看相對美，雖然我們大多討論的是相對美的對象要與其他對象做比較，或者以不同的角度來觀察和研究它，但是在我們把外在的條件都限定好之後，我們就能夠看出，實際上將相對美也置身於一個絕對的環境之中了。而且，因爲世間萬物是不斷變化著的，因而這些造就絕對美和相對美的條件和比較對象其實也是在不斷變化的。當這些條件發生變化的時候，絕對美與相對美也是有可能發生轉化的。所以，這正印證了之前的觀點——任何事物都是既包含相對性，又包含絕對性的。在審美的過程中也是如此，絕對和相對始終貫穿其中，所以說絕對美和相對美也是密不可分的。」

另外一個同學立刻站起來說：「可是我覺得你的觀點有些像詭辯了，照你這樣說的話，我們剛才分別討論絕對美和相對美，豈不是沒有意義了嗎？」

王超然又立刻說：「不，正如老師最開始就說的，我們應該先分別認識絕對美和相對美的特徵和表現，對它們有了確切的瞭解之後，才能得出結論。我所認爲的結論就是這二者之間是密不可分的。你也可以談談你從中能夠得出的結論。」

那位同學又站起來回答：「我認爲絕對美和相對美之間還是有明顯界限的。因爲在老師的講課和討論之中，我們都能夠看出來，之所以將美分爲絕對美和相對美，就是因爲這些不同的條件，而這些條件的變化或穩定的過程，其實就是相對美和絕對美產生的過程。當然我們並不能否認你所說的某些絕對美和相對美之間的轉化的現象，但是我認爲條件一發生變化，我們討論這個問題的前提，就又發生變化了。如果我們將變化看作認識事物的基礎，而不是以某種確定的條件爲基礎，那我們就無法認識任何事物的本質。」

哈奇森老師看到兩位同學都要吵起來了，急忙制止：「好了，兩位同學。其實你們說的都非常好。這個問題其實是非常開放的，我在這裡也不給大家灌輸死板的答案，因爲美學和哲學一樣，都是深不可測、妙不可言的。絕對美和相對美各自的特點，我們都分析過了，相信大家都對它們有所瞭解。至於它們之間的條件分析、轉化特點，希望大家能夠按照自己的想法對這些做出判斷，因爲從剛才同學們的發言和討論中，就能看出，你們其實是非常有智慧的。但是我在這裡還想給大家講的是，不論是絕對美還是相對美，大家應該在看到它們之間的變化之外，也看到它們之間的普遍相似。我認爲這些美都是多樣性的統一，都是美的形式的表現，這種規矩、造型、對稱的美都來自於人類的思維和構思的巧妙。希望這些觀點能夠對你們的學習和研究有所幫助。」

「好了，各位同學，今天給大家講的內容其實並不多，但是我很高興看到同學們在課堂上有思維的碰撞，希望大家能夠在今後的時間裡對美學更加用心。同學們，再見！」

同學們本來還在思考著剛才的問題，但是聽到老師的離開，又開始戀戀不捨。

下課後，陳學碩和王超然在回宿舍的路上還在討論今天的老師。王超然說：「哈奇森老師眞的是位很謙遜和善的老師，他不像一般老師那樣，只是將認識和結論告訴我們，而是教給我們一些角度和認知方法，讓我們自己發掘答案。我覺得這種方法眞的是太好了！」

陳學碩卻心存疑惑：「你因爲有扎實的哲學基礎，所以能夠得出自己的結論。但是像我這樣的普通學生，好像覺得美學愈來愈高深了，既可以這樣思考，也可以那樣思考，眞的是很複雜啊！」

「確實是這樣，美學和哲學眞的是有不少相似之處呢。沒事兒，多學習、多思考，肯定會好的！」說著，兩人開心地回到了宿舍，並約定下週還要一起來上美學選修課。

哈奇森老師推薦的參考書

《論美與德性觀念的根源》哈奇森著。這本書是英國歷史上第一部美學著作，哈奇森在書中總結了他的美學和倫理學的研究成果，對後來的美學思想家產生了重大影響。

第三堂課

鮑姆嘉通老師主講「美學學科」

鮑姆嘉通（Alexander Gottlieb Baumgarten，1714～1762）

鮑姆嘉通是德國哲學家、美學家。在哲學立場上支持萊布尼茨和沃爾夫的啟蒙主義學派。他因爲對美學學科的提出和發展做出了很大的貢獻而被稱爲「美學之父」，在美學史上具有非常重要的地位。他的主要美學著作有博士學位論文《關於詩的哲學默想錄》和未完成的巨著《美學》，此外，在他的哲學作品《形而上學》《眞理之友的哲學書信》和《哲學百科全書綱要》中，也都談到了美學問題。他的思想對德國古典唯心主義美學家起到了重大影響。

經過前兩堂課的薰陶，陳學碩感覺自己已經深深喜歡上了美學這門課。在老師的教學過程中，他好像看到了與之前完全不同的美，因爲老師們都從理論的角度去理解和分析美，並將美上升到哲學的高度。這樣的思路令他感到很新奇。

「陳學碩，都要上課了，你又在發什麼呆呢？」身旁的王超然問他。

「我在想，前兩位老師都這麼厲害，不知道今天是由哪位老師來給我們講課？」

「你看，我帶你來上選修課是很明智的吧，這可以說是咱們學校裡最有價值的選修課了。以後可要每個星期都跟我來上課啊。」王超然開心地說。「好的，沒問題。」陳學碩對自己的舍友很感激，恨不得衝上去給他一個擁抱。正在這時，老師走進了教室。

美學學科的誕生

今天的老師同樣是一位外國人。他看起來很嚴肅，眉宇之間透露著一股學者的氣息，一進入教室，那種氣場就讓學生們都安靜了下來。

「同學們好！我是你們這堂課的老師鮑姆嘉通。」老師彬彬有禮地進行自我介紹。

一聽到這個名字，講臺下立刻響起了驚呼的聲音，有一些瞭解美學的同學們開始說著「美學之父」。陳學碩望向王超然：「難道今天來給我們上課的老師是『美學之父』？」

王超然說：「對啊，鮑姆嘉通——『西方現代美學之父』。」

老師還沒有開始講課，大家好像就已經陷入一種對老師的崇拜當中了，都在座位上蠢蠢欲動地想要說什麼。

「請同學們安靜下來，我知道來上這門課的老師們總是能夠帶給同學們很大的驚喜，但是我仍然希望同學們能夠保持良好的課堂紀律，這樣我們才能更好地討論和學習知識。」鮑姆嘉通老師說起話來一點兒也不威嚴，始終透露著慈愛。

同學們聽了老師的話也覺得很有道理，光是驚嘆或者激動，其實沒有用，在課堂上多多汲取老師的知識，才是眞正有意義的事情。老師看到同學們安靜下來了，就又開始講話：「沒想到今天的你們對我也是有所瞭解的，首先非常感謝你們對我的肯定。我叫鮑姆嘉通，的確被人們譽爲『西方現代美學之父』。我可以很自豪地說，我將一生中寶貴的時間都奉獻給了我熱愛的美學學科，我覺得後世能夠對我有這麼大的肯定，也是不枉費我在美學上用盡了自己一生的心力。」

同學們聽到老師的這一番肺腑之言，都由衷地爲老師鼓掌。陳學碩不由得感到內心有一股熱血在湧動，爲了一門學科，能夠奉獻自己一生，這樣的學者眞的是太難得、太偉大了，他被稱爲「美學之父」，眞的是名副其實。

「聽說在這之前，大家已經上過兩堂不同老師的美學課了，能夠告訴我，你們都學到了些什麼嗎？」老師第一次向大家提問。

王超然大膽地站起來回答：「老師您好。第一堂課上，柏拉圖老師爲我們講了美，主要是講了自然美、社會美，以及他自己獨特的觀點——迷狂之美。第二堂課上，哈奇森老師爲我們講了美的分類，將美分爲絕對美和相對美，還分析了這二者之間辯證統一的關係。其實我們也很好奇，今天老師會給我們講什麼內容。」

「非常好，這位同學一看就是熱愛美學的，上課聽得很認眞，能夠將這些知識牢記心間，這樣很好。其實關於美的討論和研究自古就有，在西方有，在你們中國也是有的。但是我作爲一名大學教授，我認爲光是對於美的討論和研究，其實是遠遠不夠的，如果美學不能夠稱爲一門獨立的學科，始終依附著其他學科，就無法解決很多美學的問題。所以我認爲，將美學作爲一門獨立的學科提出來，是非常重要的。當然，這也是我一生中最大的成就。下面我就想爲大家講講美學學科的誕生。

「大家都稱我爲『美學之父』，其實我是覺得有些受之有愧的，我承認自己對於美學很熱愛，但是說眞的，很多偉大的美學家對美學做出的貢獻都是極大的，與他們比起來，我做的事情都很微不足道。在18世紀上半葉的德國，也就是我生活的地方，占統治地位的理性主義哲學，代表人物是萊布尼茨和沃爾夫，其實最初我也是這兩位大師的信徒。但是在我學習了他們的觀點之後，我開始覺得，他們太過於重視理性主義

馮延明老師評注

理性主義哲學是一種建立在承認人的理性可以作爲知識來源的理論基礎上的哲學體系。一般認爲是隨著笛卡兒的理論而產生的，17世紀到18世紀在歐洲大陸得以廣泛傳播。

哲學，對感性主義充滿了貶低和蔑視。大家瞭解感性主義和理性主義這兩個概念嗎？」

這個問題好像一下子難住了大家，教室變得一片沉默。

鮑姆嘉通老師耐心地引導大家：「可能對於剛剛接觸美學的你們來講，這兩個概念是比較抽象的。大家可以先談談自己的理解，之後我再爲大家做詳細的解釋。」

於是，同學們在老師的鼓勵下，闡述自己的觀點。

「我認爲理性是比較高級的思維方式，類似邏輯、概括，知識就需要理性地去學習。」

「我認爲感性和理性是比較平等的關係，並不存在高級和低級之分，感性側重人的情感、體驗、情緒等，理性則側重人的知識、邏輯等。」

「我覺得一個人既不能缺少理性，也不能缺少感性，但是日常生活中，女孩大多比較感性，男孩大多比較理性吧。」

鮑姆嘉通老師聽了大家對於理性和感性的看法，說：「雖然你們說的這些不太學術化，但是都是你們日常生活中的重要體驗。的確是這樣，所有學科的智慧都不是憑空想像出來的，而是來源於我們的實際生活，都能夠應用到學科的研究當中。剛才的幾位同學分別說到了感性和理性的側重點，以及二者的比較，這是很好的。那我先系統地爲大家梳理一下感性認識和理性認識的概念。」

「感性認識和理性認識其實是在認識過程中呈現的兩個不同階段，感性認識是比較低級的階段，而理性認識是比較高級的階段。當然，這種高級和低級並不是對這二者的一種比較，而只是像姐姐和妹妹這樣的稱謂一樣，說明它們之間的關係。從認識的方法來看，感性認識是透過感覺器官與對象發生接觸，從而產生一種直接性的聯繫；而理性認識是思維對於感性材料的加工，所以產生的是一種間接性的聯繫。從認識的

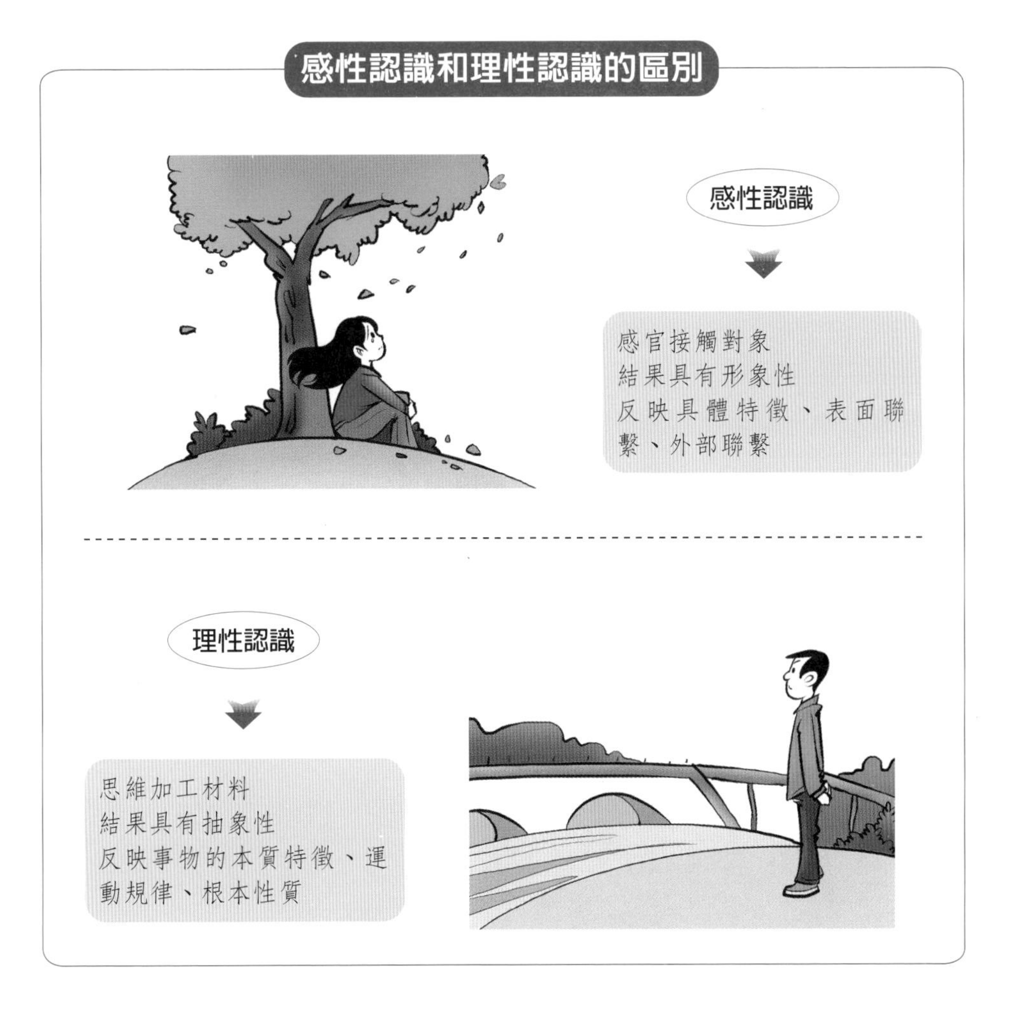

結果來看，感性認識的結果是具有形象性的，多用具體形象的方式反映對象；而理性認識的結果是從偶然性當中揭示必然性，揭示出事物的本質和內涵，所以是具有抽象性的。從反映對象的深度和層次來看，感性認識反映的是事物的具體特徵、表面聯繫、外部聯繫；而理性認識反映的是事物的本質特徵、運動規律和根本性質。二者之間主要就是這三點區別。我們從中能夠看到，理性認識是感性認識的飛躍和進步。」

老師介紹完這兩個概念，接著說：「剛才我向大家介紹了我所處的時代和國家非常重視理性主義，有很多學科都是研究理性主義的，例如：邏輯學研究理性認識，但是對感性認識卻缺乏一定的重視，沒有哪

美學學科的誕生

遠古時期，人們就已經有了美的意識。

古希臘和古羅馬時期，人們開始對美的一些觀點進行辯論。

文藝復興時期，文學和藝術得到迅速的發展，對當時的美的學說也產生了一定的影響。

「美學之父」鮑姆嘉通

在很多人努力研究美學之後，鮑姆嘉通在1750年出版了《美學》一書，標誌著美學學科的誕生。

門學科是研究感性認識的。於是我認爲應該有一門學科將感性認識作爲研究對象，因爲感性認識其實也是非常重要的，也是一種能夠爲我們提供知識的源泉。」

「1735年，我博士畢業，我在畢業論文《關於詩的哲學默想錄》中討論了這個問題。我在這篇文章中從詩學的角度入手，因爲人們之前通常認爲詩只關乎感性認識，其實並不是這麼簡單的。像詩一樣，很多事物都是能夠同時被感性認識和理性認識的，所以說只有同樣重視這兩種認識，才能夠得到有益的結論。我在論文中還講到，雖然人的理性認識是比較高級的，但是如果理性認識是脫離感性認識而存在的，那麼也會使理性認識缺乏更加可靠的基礎支撐。而當時人們對於理性的重視和對於感性的蔑視，其實是一種錯誤的做法。因此，當時我就提出應該建立一門感性的學科，命名爲Aesthetics。我認爲對感性認識研究的學科主要應該研究美或者是藝術中的美，這就是最初的美學。

馮延明老師評注

早在1725年，哲學家比爾芬格爾曾提出過類似的建議。他提出，應該建立一門想像力的邏輯學。當然，他的範圍比鮑姆嘉通的美學範圍窄，而且他也沒有爲此付諸實踐行動。

「當然，我必須要承認，**我並不是美學歷史上第一個爲美學命名的人**，但是我確實爲美學學科付出了很多的努力。1742年，我開始在大學中講授美學這一門課。到1750年正式出版了《美學》的第一卷。人們後來就把1750年這一年定爲是美學誕生的年份。只可惜，我一生只完成了兩卷的內容。很多要整理的美學知識都還沒有來得及整理。」

同學們聽到這裡，都不由得被鮑姆嘉通老師的這種熱情感動了。陳學碩想，鮑姆嘉通老師至今仍心心念念著自己未完成的事情，可見他對美學有多麼大的熱愛啊。

美學的研究對象

「在認識一門學科的時候，我認爲首先應該瞭解這門學科的研究對象。那麼大家對於美學的研究對象有什麼樣的理解呢？大家可以暢所欲言，說說你們認爲美學的研究對象應該是什麼。」

同學們剛剛還沉浸在一種非常沉悶的氛圍當中，一聽到老師問的這個問題，就立刻活躍了起來，紛紛回答問題。

「我認爲美學的研究對象當然就是美了。之前的兩堂課上我們都和老師探討了美的相關問題，我覺得美學肯定是研究美。」

「我不同意之前這位同學的說法。如果只說研究美就太抽象了。研究對象應該是比較具體的事物吧，比如說藝術之類的。」

「但是如果將研究對象太過具體化，會使很多原本應該屬於美的東西被忽視。」

「剛才老師說過，他認爲應該有一門研究感性的學科，所以才建立了美學。雖然我不太明白感性如何去研究，但是我覺得老師的答案應該是感性。」

「好了，各位同學，我能看出你們眞的是非常聰明的孩子，對於知識都有自己獨特的見解。其實我在《美學》的第一句話中，就對美學下了個定義，同時也規定了美學的研究對象。下面我就爲大家一一講解。

美學（作爲自由藝術的理論、低級認識論、美的思維的藝術，以及與理性類似的思維的藝術）是感性認識的科學。

「大家應該能夠從中看出，這個美學的定義首先對美學下了一個總的定義，即美學是感性認識的科學，其中還包括了四個方面的解釋性定義，下面我詳細解釋一下這四個方面。

第一個方面是說美學是自由藝

馮延明老師評注

在西方的文化中，「藝術」一詞自古以來就包括技藝。到18世紀，爲了與一般技藝區分，人們普遍把詩歌、繪畫、文學、藝術戲劇、舞蹈等稱爲「自由的藝術」或「美的藝術」，其實這些和我們今天所說的藝術是一樣的。

術的理論。這一觀點中，我將美學與藝術結合在了一起，我認爲這兩者是不能分開的，美學是不能脫離藝術實踐而存在的，它一定是在藝術理論和藝術實踐當中共同得到推動和進步的。在我的理論中，我強調了美學是感性認識的科學，同時也強調了美學是藝術理論，所以已經將藝術看成一種感性認識了。這種突破，實際上是在爲藝術正名，藝術既不是只受理性控制的高尚的精神活動，也不是只受幻想、想像支配的低下行徑，這兩種思想都是對藝術的錯誤理解。藝術作爲感性認識，也包含眞理，也能夠提供知識，上升到理論層面。所以這無疑是提高了藝術的地位。

第二個方面是說美學是低級認識論。這裡說的低級認識是與高級認識相對應的觀點，研究理性認識的邏輯學是高級認識論，研究感性認識的美學是低級認識論。當然，在這個定義中，我只是沿用了理性主義當中對於高級認識和低級認識的概念，並不是認爲美學是低於邏輯學的，我認爲它們是平等、平級的關係，彼此並列，同屬哲學。實際上，我是將這兩種哲學認識都提高到了平等的地位，肯定了對感性認識的研究也是同樣具有成爲獨立學科的價值。

第三個方面是說美學是美的思維的藝術。我認爲美學的目的是達到感性認識的完善，而美的思維也是如此。我認爲感性認識的多少，是思

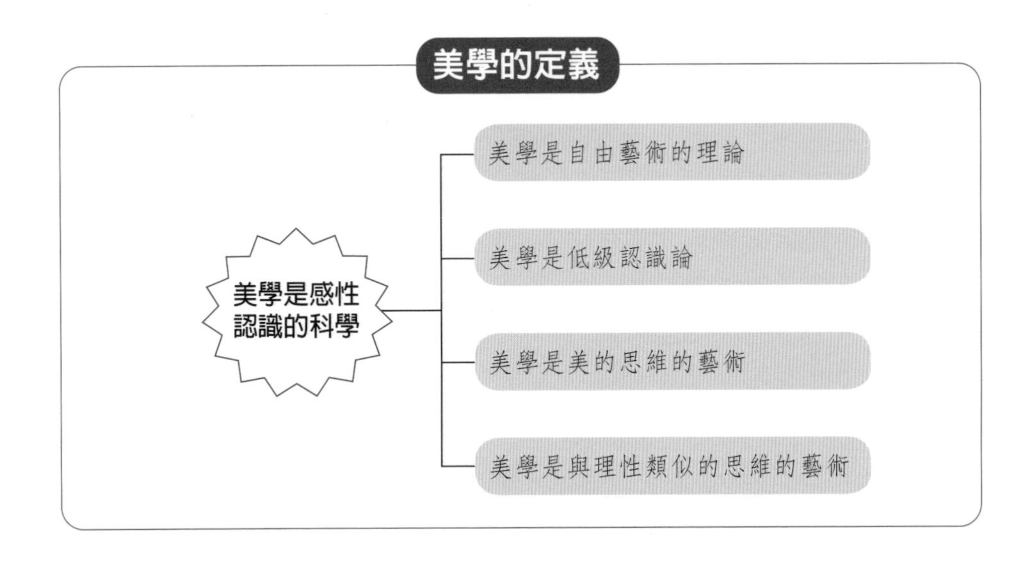

想內容、秩序和表現力三者的和諧統一，只要能夠滿足這三個條件，現實中醜的東西就能夠轉化爲美的藝術。所以說，美的思維就是想像的思維，也就是形象思維。因此，美學應該研究藝術家的形象思維的各種規則，這種規則能夠使藝術變得更加完善。

第四個方面是說美學是與理性類似的思維的藝術。『類似理性的思維』其實是我自己原創的一個解釋，我認爲類似理性是介乎於理性認識和感性認識之間的審美能力。它包括，認識事物一致性的低級能力、認識事物差異性的低級能力、感官的記憶力、創作的能力、判斷的能力、相似情況的預感力、感性的符號指稱能力。其實我在這個概念中是試圖將理性認識和感性認識做出某種調和，希望這兩者能夠達到一種和諧的共存狀態。」

美學的學科定位

「好了，同學們，我們還是應該珍惜時間，在有限的時間內多學習一些知識。下面我爲大家介紹美學的學科定位，在瞭解一門新的學科時，明確學科定位是非常重要的。首先，我想問大家知道什麼是學科定位嗎？或者能不能拿一些你們學過的學科來舉例說明，什麼是學科定位？」

同學們好像對於學科定位都不太熟悉，沒有人能夠答上來。

鮑姆嘉通老師繼續說道：「其實學科定位是學科的制定者才會考慮的事情，當決定是否要制定一門學科的時候，制定者要去思考這門學科有怎樣的屬性和特徵，它會對社會、人類、教育產生怎樣的影響。綜合這些因素會產生學科定位，這些因素會對學科的定位產生很大的影響。當你們去學習一門課程的時候，老師可能並不會告訴你們學科定位。但是因爲我參與到了學科的制定過程之中，我認爲讓大家瞭解一些學科定位的知識也是有益的。你們也可以將同樣的思路運用到其他的學科當中，幫助你們理解這些學科。首先我問大家一個簡單的問題，你們認爲美學屬於哪個分類呢？是自然科學嗎？」

這個問題大家都很清楚，異口同聲地說：「不是。」

「那就請幾位同學說說自己的理由吧！」老師說。

馮延明老師評注

知識的三大部類是自然科學、社會科學和人文科學。

王超然站起來說：「我想用哲學的一些知識來解讀，我知道很多古代的哲學家將萬物的起源歸結爲水、火這種自然物，試圖用這些自然物來解釋人類世界出現的各種文化現象，但是後來他們都失敗了。不過，這種嘗試其實也是有意義的，我認爲它告訴了我們，像美學或哲學這樣的學科，其實是不能夠用自然現象來解釋的。」

「我也認爲美學不屬於自然科學，但是美學是可以借鑑一些自然科學中的研究方法的，比如在研究的過程中，注重人的生理機能的作用，是會對美學產生某種程度上的積極意義的。」

老師聽了大家的答案比較滿意：「同學們說得不錯，美學確實不屬於自然科學。但是那位同學提到的可以在學科之間互相借鑑經驗的做法也是非常可取的。那麼接下來我再問大家，美學屬於社會科學嗎？」

「我認爲不屬於，社會科學是研究人類社會的科學，比如政治學、經濟學、歷史學、宗教學等，但是我認爲美學其實並不是一個廣泛存在於社會中的概念，它是比較狹義的範疇。」

「我認爲美學是屬於社會科學的。因爲社會科學都是由人類創造的文化或者歷史，政治、經濟、文化是這樣的，藝術也是這樣的。而且，如果美學既不屬於自然科學，也不屬於社會科學，那它屬於哪個類別呢？」

老師笑著說：「其實大家不要太過心急，還有第三類——人文科學。大家覺得在自然科學、社會科學和人文科學當中，美學最適合哪個分類呢？」

這時，同學們就不再有爭執了，都說是人文科學。

「是的，美學屬於人文科學，它以人的生命和活動爲出發點，從人的各個方面探討人類創造的文化，最終，要深入瞭解人類的價值以及內心世界。

第二點我要講的是美學學科具有的客觀性。這裡講的客觀性，指的是科學研究的普遍有效和研究者在研究過程中的立場。有了這種客觀性的前提，才能夠使美學的存在有意義。也就是說，美學並不具有主觀任意性。普遍看來，美學是一門相對主觀的人文科學，很多研究和結果似乎都是由人們說了算，但是這並不代表在美學學科當中是沒有具體和確定的標準的。雖然美學的標準不可能像自然科學當中的實驗一樣精確，但是一定要存在這種客觀的普遍形式和目的。舉例來說，一些文學藝術作品的成功，正是因爲它們建立在現實生活的普遍和客觀的基礎上，才會讓人們產生這種普遍客觀的情感。這就是美學的客觀性。

第三點，我要講的是美學是哲學和藝術的統一。一直以來，美學都被視爲哲學的一個分支，專門探討關於美的問題。而藝術一直都是美學當中不能忽視的問題。所以說，哲學會帶給美學以指導，藝術可能會帶給美學偏執。所以在美學研究的過程中，既要注重美學的哲學方法論，也要注重美學自身具有的靈活和自由。因此，需要對這兩個方面進行調和與折衷。這就能夠使美學眞正融合哲學與藝術。」

美學的研究方法

老師看著認眞聽課的學生們，感到很欣慰，他說：「同學們，我想問問大家對於美學的研究方法有什麼想法呢？或者也可以講講你認爲應該如何學習美學。請同學們各抒己見。」

同學們剛剛聽了老師講美學的定義和研究對象，都很用心，心裡也有了一些對於美學的初步理解，聽到老師問這個問題，他們都非常踴躍地回答。

陳學碩最近對於美學的興趣愈來愈濃了，他首先站起來回答這個問題：「老師，我認爲學習美學，首先應該培養對於美學的興趣。就比如說我，最初我對美學是一無所知的，但是經過在選修課上的幾次學習，老師的引導和同學們的投入，都讓我認識到了美學的魅力。其實美學眞的是進入其中之後，就會感覺非常玄妙的一門學科。」

王超然一向喜歡哲學，所以他在回答這個問題的時候，也將這個問題與哲學聯繫在了一起：「我認為既然美學是哲學的一個分支，那麼就應該能夠用哲學的方法來研究和學習美學。所以在學習美學的時候，我們既要學習美學的理論知識，也要注重審美活動、藝術活動之類的實踐，要在理論和實踐相結合的基礎上，對美學進行充分的學習和研究。」

別的同學也對美學的學習提出了自己的想法：「我認為任何一門學科都應該成系統、成體系地學習，僅在這兩三節選修課上學到的內容實在是很有限的。我們應該堅持聽完所有的課，在不同老師的啟發和指導之下，對美學保持強烈的好奇心。只有將美學在腦海內形成一種體系之後，我們才能真正瞭解到美學的美。」

「我很同意剛才王超然同學說的，要將理論與實踐結合在一起，但是我覺得理論與實踐的結合可以更加生活化一些。其實並不是每個人的生活中都能夠接觸到藝術作品或是審美活動，但是我們應該在日常生活中，時時刻刻都有這樣的思維和想法。比如說近年來非常流行的『生活美學』，涉及的內容可能就是我們日常生活中的美食、美景、家居設計等，當我們將這些簡單的情景用一種美的態度去看待時，很多日常生活中的事情就都變得很美了。我覺得將美融入生活，才是對美最好的應用。」

馮延明老師評注

當代生活和藝術正在發生一種審美泛化的變化。一方面是生活的藝術化，特別是日常生活審美化；另一方面則是藝術的生活化，它凸顯為藝術與生活界限的日漸模糊。當代藝術也以「反美學」的姿態正走向觀念、走向行為、走向環境，也就是走向了「審美日常生活化」。

老師笑著說：「非常開心聽到大家對於學習和研究美學的一些認識，看來經過今天對於美學學科的認識，大家都有了不少的收穫和見解了。最後我再給大家講一點點我自己的研究方法吧，希望能夠對大家今後的學習有所幫助。」

「首先，對於剛才同學們都談到的將理論與實踐結合在一起的觀點，我也是贊同的。理論與實踐的統一，是絕對不能忽視的一

美學的研究方法

理論與實踐相結合，就是要一邊創作，一邊觀察，同時還有注重理論的指導。

要將歷史意識與時代意識統一，不僅要看到現代的美，也要看到古代的美。

要重視美學與其他學科之間的關係，不僅要學習好美學，還要學習好其他學科的知識。

個問題。因爲美學的來源就是這些現實中的審美活動和藝術作品，在這些基礎上研究和分析，才形成了今天的美學理論。所以我們在學習美學理論的時候，一定不能忽視了理論的來源。此外，在學習了理論之後，也不能只把知識停留在理論層面，還應該適當地運用。剛才那位同學說的『生活美學』，其實就是一個很好的例子。我要給大家的建議是，平常應該創造條件多接觸藝術，多去博物館、美術館看展覽，多讀文學名著，多聽音樂，多看戲劇，這些都會令你們的藝術修養有所提升，你們會在欣賞文藝的過程中，體會到課堂上講授的這些美學知識其實都是有用的。只有這樣，將美學的理論和實踐納入一個循環系統當中，你們的理論和實踐才會得到進步。同時，我更希望看到有興趣和有天賦的同學能夠好好利用自己在這方面的特長，充分發揮自己的藝術能力，因爲只有這樣，才能夠眞正對美學的發展做出貢獻。

其次，我希望大家能夠認識到歷史意識與當代意識是需要有所統一的。也就是大家既應該學習現代的美學理論，也應該多瞭解美學史。其實我覺得學校開設的這門美學選修課就非常好，能夠讓你們在課堂上見到很多歷史上的美學家，這樣你們能夠用歷史的眼光看待美學問題。而且，美學是一門非常古老的學科，從古希臘開始，就有很多學者對此感興趣，很多古老的思想都具有深刻的內涵，希望大家能在學習中重視這些知識，這對於大家的學習和研究都是有所幫助的。

此外，大家還要重視美學與其他學科和領域之間的關係。美學和其他現代學科一樣，都是愈來愈具有綜合性的，和現象學、符號學、語言分析學、闡釋學、考古學、文化人類學、工藝學、教育學等學科都有非常密切的關係。所以大家在學習美學的時候，一定不能太過片面和抽離，要善於將美學與其他學科的知識結合在一起，這樣也許還能發現美學中更深層的原因和更寬闊的領域。

好了，各位同學，今天的課就講到這裡，希望大家有時間多學習和討論美學。再見！」

同學們都對今天的這位老師心懷感激，目送老師離開，大家才慢慢離開教室。

鮑姆嘉通老師推薦的參考書

《美學》鮑姆嘉通著。這本書的出版，標誌著美學學科的正式產生。在書中，作者詳細說明了對美學的看法和認識，具有極高的美學價值。

第四堂課

克羅齊老師主講「審美的基本性質」

克羅齊（Benedetto Croce，1866～1952）

克羅齊是義大利哲學家、美學家、歷史學家。他創造了「精神哲學」，他的美學思想也是以此爲基礎的。他的美學學說中最具代表的是「直覺即表現」的學說，這也是對西方頹廢時代的「爲藝術而藝術」的思想所做的有系統的辯護。他的美學思想反映出帝國主義時期美學的中心思想。

在開始上美學選修課之後，每週末都是陳學碩和王超然期待的日子。因爲每次都有不一樣的老師帶給他們驚喜，而他們也會在宿舍經常聊一些關於美學的話題，看一些美學的書，他們的宿舍都成了名副其實的「美學討論小組」了。

今天在上課之前，幾個人又聚在男生宿舍裡聊天。王超然笑著說：「我一直都想讓那些窩在宿舍打遊戲的男生去聽美學課，那樣，男生宿舍就不會這麼髒亂了。」

「上次老師就講到了生活美學，我感覺你們宿舍好像不太注重啊。」尹文杰説。

陳學碩接著尹文杰的話說：「重要的內涵，是內心的美學修養，明白嗎？」

王超然看看他們：「快去上課吧，都快遲到了，你們就只知道耍嘴皮子。」

於是，幾個人趕快向教學樓飛奔。

人的內心世界的展現

到了教室之後，他們幾個人果然遲到了，老師已經站在講臺上開始講課了，他們急忙在前排找了幾個位子坐下來。

「你們幾位同學來得這麼晚，想必是美學學得很好吧，一會兒可要踴躍回答問題啊！」老師看著他們幾個進入教室，並沒有責怪他們，而是跟他們和善地開玩笑。他們幾個也只是撓撓頭，笑一笑，心想著下次不能再在宿舍裡閒聊了。

「那好，現在同學們應該都到齊了，我們就開始上課。首先自我介紹一下，我是今天的主講老師克羅齊。我今天要爲大家講的是審美的基本性質。聽說你們之前學習了美和美學的基礎學科知識，今天我們將會認識一個新的概念，那就是審美。首先我想聽聽大家對於審美的理解和看法。請剛才遲到的幾位同學起來發言吧。」

尹文杰先站起來說：「我認爲審美就是欣賞美的過程，在這個過程中發現美，研究美，分析美。」

王超然仍然是用哲學的方法來分析：「我首先用拆字的方法，將審美拆成兩個字，一個是『審』，一個是『美』。『審』就表示要有主體，並且要有思維的過程；『美』則表示要有觀察和研究的對象。所以審美這兩個字其實表現了一個過程。」

陳學碩站起來說：「他們都說得很好了，我認爲審美其實是人主觀情緒的一種表達，是一種對客觀事物的判斷，是一種人與世界的溝通。不知道這樣想，對不對？」

克羅齊老師非常高興：「你們的回答都非常好，將審美的過程、主體、對象都能夠分析出來，還說出了自己對於這一過程的理解。其實說起審美來，是一件非常簡單的事情，就是人類對世界的一種理解方式，是人作爲主體，對於客觀世界的一種認識。因爲你們之前都對於美有所瞭解了，今天我們就直接開始研究審美，我們從審美的基本性質來講。首先我爲大家提供一個思考的角度——主體，我們都知道人是審美的主體，並且在審美的過程中是很重要的，我們可以說審美一定是人的活動，這是無庸置疑的。那麼大家能從人是審美的主體這個角度得到哪些思考呢？記住，我們要談論的是審美的基本特徵。」

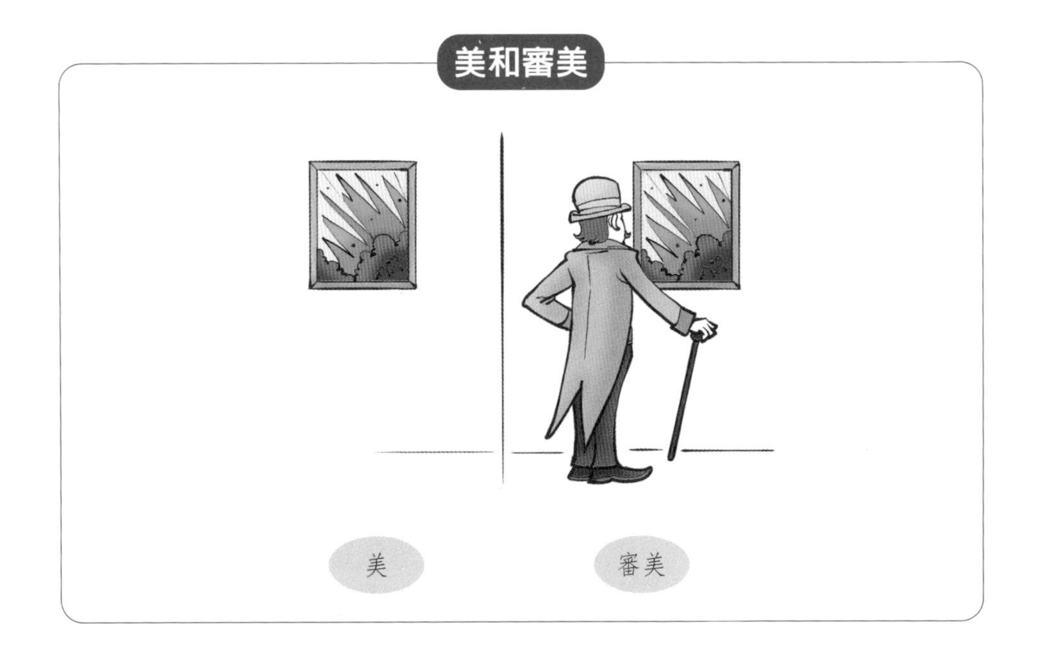

王超然站起來說：「我先梳理一下審美的過程。人會先透過感官接觸美的對象，接著感官會代替身體發生相應的變化，最終刺激人的心理狀況。所以我認爲，審美的基本特徵就是生理和心理在共同起作用。」

克羅齊老師點點頭說：「讓我來歸納和總結你的觀點，你認爲從人的主體角度出發，能夠看出審美是人的生理活動和心理活動的統一。確實如此，生理活動是審美的基礎，一個人一定要能夠具有完整且敏銳的感官功能，才有可能發現和欣賞美。這種生理基礎看似平常，但是好像非常容易被忽視，而這其實是審美的一個重要前提。你還提到人的心理活動也會隨著生理的感受發生變化，這樣就能夠產生美的感覺。這也就是審美的過程。是這樣嗎？」

王超然向老師點點頭。克羅齊老師接著說：「你能夠關注到生理基礎是很好的，但是你對心理變化方面的思考，似乎有些欠缺。還有哪位同學能對其補充？」

陳學碩說：「我認爲可以從感性認識和理性認識的角度來分析。人首先透過感官的直接接觸產生形象思維，這個過程認識到的是事物的表面聯繫和外部特徵。當思維加工這種感性認識的時候，才能夠進一步認識審美對象的本質。」

老師出乎意料地感慨道：「眞是沒有想到，你竟然能夠將感性和理性的變化過程敘述得如此清晰，看來眞的是在鮑姆嘉通老師的課上學到了很多啊！那我將你的這一個觀點進行歸納，應該就是感性和理性的統一。大家在平常學習的過程中，應該向這兩位同學學習。其實在美學中，有很多知識都是看起來很基礎的，在我們日常生活中，甚至都是些非常不起眼的事情，但是在美學的研究當中，它們常常有著巨大的作用。我們絕對不能忽視這些重要的問題，要在思考的時候善於聯想，將已知的生活常識和已經學過的知識活學活用，這樣才能學好一門課。不知道大家還有別的想法嗎？」

又有兩位同學回答問題。

「我認爲人作爲審美的主體，其實是具有很大的主觀性的。每個人的個人經歷和學識都有所不同，所以說審美的結果也必然是不同的。雖然每個人的審美過程都能夠被我們歸納、概括出來，但是不同的人面對同樣的對象，也不可能得出相同的審美結論。所以我認爲，人的審美是有很大的主觀性的。」

「主觀性其實也是個性的體現，正是因爲有了不同的個性，人們對於美的認識才是豐富多彩的，也才可能形成今天我們看到的美學。」

老師聽了他們的說法後說：「很好，你們能夠想到人的主觀性和個性化是非常好的。這是人作爲審美主體的一個非常重要的特徵。對於這個問題的理解，你們眞的認識得非常透澈，我沒有什麼要補充的了，我似乎只要對你們的思想觀點進行整理和概括就可以了。你們的思考能力眞的很強。」

人與客觀世界的精神交流

在課堂上受到老師的表揚，每位同學都非常開心，並且也都很願意在美學的學習中多加努力。

克羅齊老師繼續說：「接下來，我們再從客觀世界的角度來分析。剛才我們是從審美的主體來分析，下面從審美的客體來分析。但是在分析客體的時候，我希望同學們不僅要看到具體對象的特徵，也要看到審美與整個物質世界之間的關係。簡言之，既要有微觀的角度，也要有宏觀的角度，這樣才能把這個問題認識清楚。好了，大家先思考一會兒，可以與身邊的同學組建小組討論，一會兒請各討論群組派代表來發表自己小組的見解。」

過了一會兒，克羅齊老師讓大家踴躍表述自己的討論結果。

「我們小組在討論的時候，從審美對象的角度來看，我們認爲審美具有直接性。這種直接性主要表現爲：在審美的過程當中，我們一定是先透過感官接觸而產生一種感性認識，再將這種感性認識上升到理性認識的角度，這個思維過程中，我們始終有一種形象的思維，而且審美的對象也都是具體的形象。我們得到的感性認識和理性認識，其實都只是針對這一具體的對象而直接得出的結論，我們的思維也是直接對面前的這一事物做出的一種反應，所以說是具有直接性的。」

克羅齊老師說：「我認爲直接性是個很明顯的特徵，跟我們之前分析的審美是感性認識和理性認識的統一是相通的。而且在我個人的直覺表現主義美學中，我也是分外強調這一點的。我認爲直覺是能夠直接獲得的一種認知結論，但是也一定要有想像、理智的因素。」

馮延明老師評注

克羅齊認爲，直覺就是表現，這種過程是心靈和感覺借助線條、顏色、聲音等形式，將心靈深處的想法帶到明朗的地方。他認爲直覺和表現是不能分離的關係。

另一位同學站起來說：「我認爲剛才那組同學說的直接性，其實也代表了一種片面性。就是說，雖然審美也是一種對於世界的理解方式，但是當審美對象被確定的時候，得到的審美結論其實並不是關於整個世界的，而只是關於某一個具體的對象的。透過具體的對象，我們也只能夠得到某種具體特徵的聯繫，實際上是有片面性的。」

克羅齊老師又說：「對單個對象的審美是一定具有局限性的，但是我認爲如果這樣就說審美是片面的，好像有不太合理的地方。首先，你認爲的片面性應該是從宏觀的角度來分析的，而若從具體的微觀角度看，就不能得出這樣的結論。因爲對一個事物的審美就是夾雜了對於它的內在、外在的理解，其實是一種相對全面的認識。其次，從審美的角度來說，審美是對於某一具體對象的認知，但是當認知達到一定累積的時候，也是能夠實現對整體物質世界的認識。所以這種片面性的角度還應該深入考慮。同學們還有沒有其他的觀點？」

「老師，我們認爲審美是具有情感性的。這種情感性可以說是直接的感性認識帶來的結果。因爲感性認識會使人產生各種各樣的情感，比如喜悅、愉快、崇敬、悲傷、憐憫，等等。這些情感不僅從審美對象而來，更能夠在此基礎上進一步影響人們對於審美對象的理解。因爲當人們帶著一種情感去審美的時候，感情的強烈會使得認識也更加深刻。」

馮延明老師評注

情感是人對對象的一種態度，是以主體獨特的主觀體驗及其外部表現爲形式的複雜心理現象，同時也是人的欲望、衝動、激情、興趣等綜合表現。審美情感是審美當中最活躍的一個因素，直接影響審美主體對審美對象的發現、感受和領悟。

老師立刻對這個觀點表示肯定：「很好，情感因素是我們在今天課堂上從來沒有提到過的一個角度，你對這個觀點的理解很到位。**審美情感**其實也是美學中一個非常重要的概念，希望同學們可以多做瞭解。」

王超然站起來說：「老師，我從宏觀的角度分析這個問題，並得出了兩個結論。第一個結論是，審美是人對於世界的理解和認知。剛才也有同學提到這個觀點，但是認爲審美對於世界的認知是比較片面的，而我並不這麼認爲。物質世界就是由各種各樣的事物構成的，如果直接去認識世界這個整體，那麼將是一件非常複雜和困難的事。但是它一定需要一個前提和基礎，就是對個別事物的認知。審美其實就是對於個別事物的一種認知，我們在這個過程中發現事物的美，就是看到了它本身具有的一些特點，儘管這些特點可能本身不具有代表性。但是正如老師所講，當我們對事物的認知累積到一定程度的時候，我們就能夠形成對整個世界的認知，我們才會發現這一個具體事物是否具有代表性、典型性，還是說它只是一種特殊的例外，這種審美的累積是我們眞正對於世界的理解和認知。第二個結論是，我看到了審美的客觀性。雖然審美本身是人的活動，摻雜了人的主觀意識，但也是以客觀世界爲基礎的，物質世界本身就是具有客觀性的，因此審美也是具有客觀性的。換句話說，審美都要以客觀存在的事物爲對象，所以這種客觀性是一定存在的。以上就是我得出的兩個結論。」

陳學碩立刻對王超然的觀點做出了補充：「我們在討論的時候，我就對物質世界的客觀性有別的看法。因爲我認爲物質世界在提供客觀對象讓人們研究的時候，其實也對人的審美有一定的限制。例如：很多藝術家的畫作都是對自然風光和現實場景的模仿和描述，如果將審美局限在客觀性的基礎上，就一定會使審美有所限制。當然，現代的很多藝術作品因想像力而具有超現實的成分，我覺得這是一種對物質世界的突破和超越，但我認爲大多數人還是會局限於物質世界的客觀性，這其實是一種限制。」

克羅齊老師聽了這個觀點之後，略作思考後說：「在古希臘，當人們看到陌生的事物的時候，就會產生一種比較特殊的情感，但是他們由於自身文化的發展限制，不會用語言描述自己的想法，只能用自身認識事物的感覺來形容，這在當時的文化當中起到了很重要的作用。不過我們能夠看到，隨著人類文化的發展，人的思維和想像力也在發展，我們的語言文字已經足以表達所有的想法。這時的物質世界好像的確會起到一些限制作用。所以我們現在應該盡力去突破這種限制，從而達到一種更加豐富的認識狀態。就好像最初的藝術形式大多只是模仿，但是隨著發展，產生了抽象主義、魔幻主義等形式。看來人們需要不斷突破，才能實現新的提升，美學的發展也是這樣的。在這裡，我想就這個觀點給大家的知識做一些補充，其實審美也是自律性與他律性的統一。自律是說審美本身就是一個相對圓滿的世界，它不是單純爲了認知而存在的手段，而就是目的本身。他律指的就是審美與世界存在的聯繫。雖然它本身是一個獨立的系統，但審美不可能封閉孤立、與世界完全隔絕，因爲審美對象是屬於物質世界的，很多審美活動中的具體行動也會受到客觀對象世界的限制，因此而表現出一種他律性。審美正是這二者的統一。」

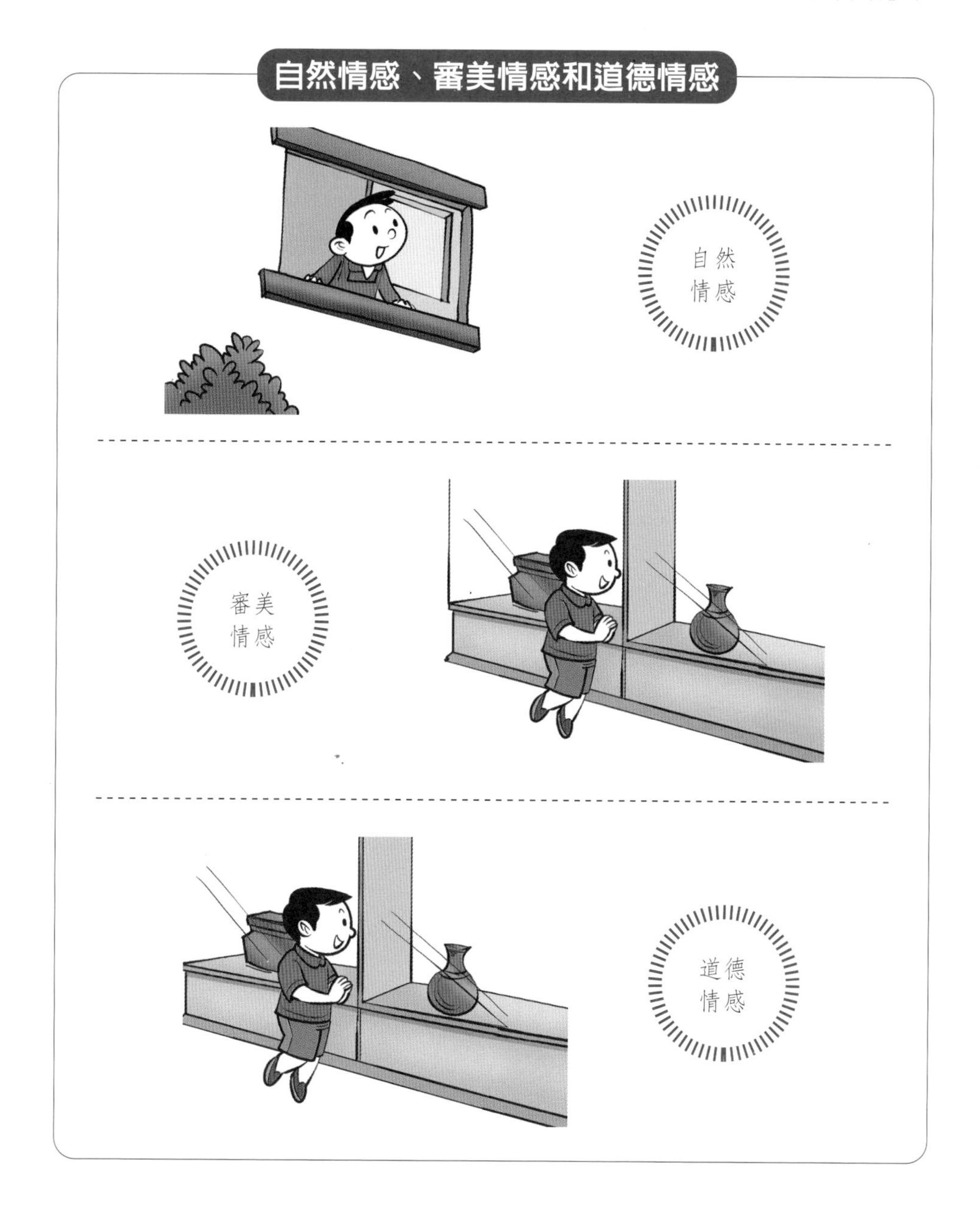

同學們聽完這一席話，又開始討論起這些問題了。還有些同學向老師提問。

「老師，您講到的自律和他律，是不是和之前講的微觀和宏觀的意思是一樣的呢？」

克羅齊老師說：「其實你可以這樣理解。因爲自律涉及的範疇其實就是審美本身，在這個問題中，就是側重於對審美對象的研究。而他律涉及的範疇則是整個物質世界，是審美與其他事物之間的聯繫。所以說單從研究涉及的範圍來講，的確是這樣的。不過，自律和他律其實是有更加豐富的涵義的，因爲其中涉及了一些複雜的關係，這種關係是對審美對象本身和審美與世界之間的分析，這些也是不能忽視的。」

有限無功利性和最高功利性的統一

休息了一會兒，克羅齊老師繼續講：「下面我想提出一個在美學界頗有爭議的話題，讓同學們討論，希望同學們能夠在討論的過程中，儘量多地擴展自己的思路。因爲這個問題也是一直都沒有得出確切答案的，所以我並沒有期望大家能夠得出眞正的結論，而是希望大家能夠將自己所學的美學知識有效地利用起來。我的這個問題就是，審美是否具有功利性？我想採用辯論的形式讓大家對這個問題進行一個小小的辯論，也希望能夠借此活躍課堂氣氛。好了，現在大家可以自由選擇陣營了，認爲審美具有功利性的同學，請坐在我的右邊；認爲審美不具有功利性的同學，請坐在我的左邊。在整個辯論的過程中，我並不設定具體的規則和制度，只是希望大家能夠多運用自己的美學知識去思考。」

同學們聽到要在課堂上辯論，都覺得非常興奮，這是一種很活躍的形式，但話題卻又是非常複雜的，因爲大家對於「功利性」這個關鍵字的理解實在有限。

馮延明老師評注

功利，原意指功效和利益，但其概念的內涵很廣。關於審美是否具有功利性的爭論，有很大因素是出於對功利性有不同的理解。有的人認爲功利性僅僅指實用價值、物質利益層面，有的人則認爲滿足人的精神需求也是功利性的體現。我認爲，在審美領域，功利並不僅僅指的是實用價值、物質利益方面，而應該包括滿足物質需求和滿足精神需要兩個方面的內涵。

陳學碩、王超然、尹文杰三個人對於這兩方的觀點有些模棱兩可。

尹文杰說：「這眞是一個複雜的問題，好像並不存在確切的答案，老師讓我們這樣辯論，眞的好難選擇支持哪一方的觀點。」

陳學碩也這樣想：「確實是這樣，我想老師心中可能也沒有答案。只是想讓我們把所學的美學知識活學活用吧！」

王超然笑著說：「放心吧，我覺得選哪個都無所謂，最終老師一定會說兩方觀點都有局限性，我們在看問題的時候，還是應該全面和客觀。所有的辯論都是這樣的。」

兩人互相看看，覺得王超然說得很有道理，於是隨便找了個位子就坐了下來，剛好是在非功利性的這一邊。

老師看著大家都安頓下來了，就說：「好了，下面大家就可以自由發言了，只要圍繞著審美是否具有功利性這個話題來說，就可以了，大家開始吧。」

一位同學首先站起來說：「我認爲審美是非功利性的，是純粹的。因爲審美是一種主觀性的活動，它是用來滿足人們的精神需求的。精神需求大多都是沒有功利性的。因爲功利性的需求都是在物質上得到體現的，也就是說物質需求的滿足常常都是跟功利性有關的，比如金錢、物質等。而精神需求則是我們心靈的一片淨土，我們在審美的過程中，對

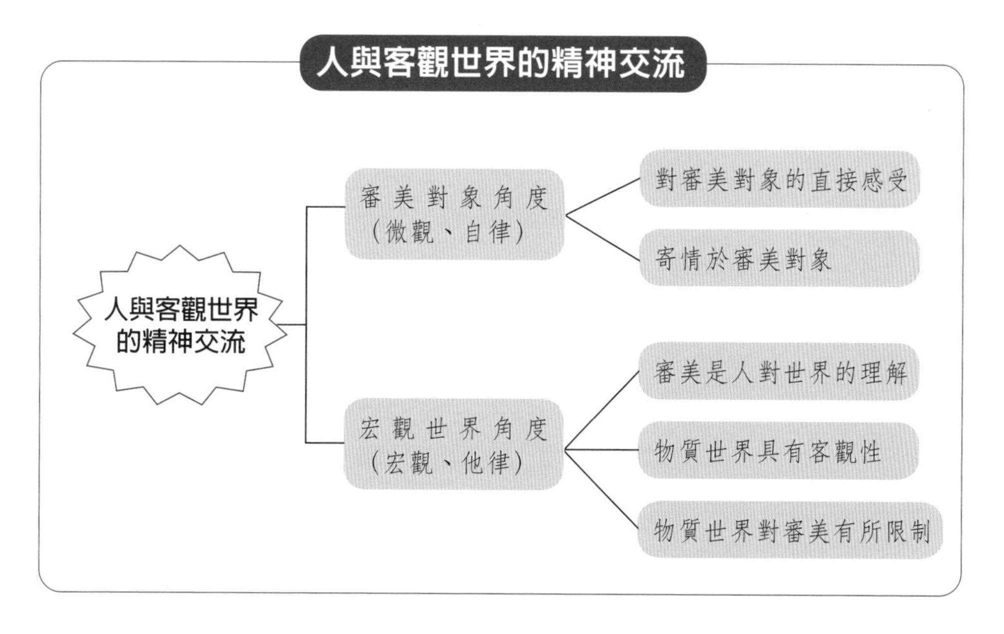

藝術、文學的欣賞和理解，能夠令我們得到心靈上的滿足，這種滿足是沒有功利性的。也正是因爲不具有功利性，我們的精神才能始終處於良好的狀態。因此我認爲審美是非功利的，而且這種非功利應該始終得到維護，讓我們的心靈淨土不受到任何玷汙。」

他的對立面的同學立刻站起來反駁：「我承認人類心靈的淨土是應該得到維護的，因爲我們每個人都需要這樣的淨化。但是這並不能說明審美的所有方面都需要是非功利的。我們生活在一個飛速發展的時代，我們日常生活中的任何事物都能夠創造經濟價值，從最開始的網路，一直到今天的微信、微博，都變成一種非常重要的行銷手段，它們本身也受到這種功利性的帶動，實現了超越本身的價值。那麼審美爲什麼不能這樣呢？在日常生活中，我們瞭解最多的審美範疇的東西應該就是藝術品了。很多藝術品都具有很高的收藏價值。它們不僅美，還能夠帶給收藏者巨大的財富保障，所以能夠看出審美和功利其實並不衝突。如果我們能在欣賞美的同時，又能將美的經濟價值、商業價值得到良好的應用，何樂而不爲呢？」

非功利一方又開始發言：「我們當然不能否認金錢、物質的重要性，但我們仍然認爲在審美的範疇內，不應該摻雜這些複雜的因素。因爲只從審美的過程中來看，我們在接觸審美對象、產生感性認識、產生理性認識的過程當中，其實是很需要專注和認眞的。如果我們將功利的因素摻雜進來，就一定會使得對於事物的認知變得不再那麼精準了，那審美還有什麼意義？」

另一方接著說：「審美作爲一種精神活動也是文化的一種形式。我們都知道文化是會隨著這個社會的政治、經濟的發展而變化的。時代在變化，我們的審美觀念也應該有一定的變化。適當地將功利性加入到審美當中，在未來肯定會成爲一種趨勢的。而且，剛才第一位同學就說審美能滿足人的精神需求，在當今社會，難道人的精神需求中不會摻雜功利性的因素嗎？我認爲一定會有的。所以說，功利性因素本來就是應該存在的，它同對方講的精神需求有著更深的聯繫。」

「我仍然代表功利性的一方來發表自己的觀點。我認爲我們現在所有的實踐活動都是有一定目的的，包括審美其實也是這樣的。最初的原

關於審美是否具有功利性的辯論

審美不具有功利性 VS 審美具有功利性

我認為審美是非功利性的，是純粹的。這種用來滿足人的精神需求的事情是與物質無關的，是沒有功利性的。

我們生活在一個講求利益的時代，沒有什麼能夠阻擋經濟利益帶來的價值，所以我們也不能否認在審美過程中，不可避免地會出現功利性的觀點。

審美應該是個相對簡單的過程，不能摻雜太多其他的因素。如果人們在審美的過程中摻雜物質利益的因素，那麼這樣的審美也不能稱為審美了。

功利性成為審美當中的一個重要因素，這應該是時代的進步和發展的一種表現。

始人是認識不到美的，因爲他們連自己的生活都沒有辦法打理好，所以他們只能先滿足自己的實用需求，這樣就出現了一些生吃的食物、蔽體的皮毛等，只有在人們的生產水準和認識水準提高到一定程度之後，人們才能享受精緻的美食，穿著經過設計的衣服。但是當我們回過頭來看的時候就會發現，這些美的物體都是存在前提的，那就是它們本身具有實用性。正是因爲它們具有實用性，人們才會利用它們，才會不斷改進它們，才能形成今天的美。美並不是眞正的目的，眞正的目的是深藏在美之下的實用性。從這個角度來看，我認爲說，美有功利性是非常合理的。」

……

經過一番激烈的辯論，很多人都闡述了自己的觀點。克羅齊老師做最後的總結：「我感覺今天的這場辯論是非常有意義的，我也因此瞭解到了你們將美學知識運用得不錯。作爲代課老師，我感到非常開心和欣慰。最後我就用一個小小的總結來結束今天的這堂課吧。其實審美的功利性和無功利性是存在統一關係的。單純看具體的審美活動時，可以說它是無功利性的，因爲到目前爲止，審美活動的原則仍然是不以功利爲原則的，而且還應該排除直接功利性。當然，在此我們並不能說有一天功利性是否也會作爲一種審美的標準。但是即便不將直接功利性的標準算在其中，審美也是對人有更高要求的，它試圖使人實現自己的自由狀態，這是一種極大的『功利性』。當然，這只是我個人的理解，大家的很多解讀都對我很有幫助。非常感謝大家和我一起完成了這一堂課的內容。下課！」

克羅齊老師推薦的參考書

《美學原理》克羅齊著。在這本書中，我們能夠看到克羅齊對近代美學的巨大貢獻，他在美學上的享樂主義、聯想主義、同情主義、天才和鑑賞力的對立說、遊戲說等，都是在美學中極其有價值的問題。

第五堂課

英伽登老師主講「審美的價值內涵」

藝術提供了我們在日常的工具化和消費導向的社會中所無法獲取的小——似乎都蕩然無存了，但是，藝術並沒有死亡，也沒有終結。

英伽登（Roman Ingarden，1893～1970）

英伽登是波蘭的哲學家、美學家和文藝理論家。他曾是現象學運動創始人胡塞爾的學生，也是胡塞爾最優秀的學生，他的美學思想大量繼承了老師現象學的觀點。他是第一個深入地建立現象學美學的文藝理論家。主要美學作品有《文學的藝術作品》，《經驗、藝術作品與價值》，《藝術本體論研究》等。

因上次上美學課遲到，陳學碩、王超然等人再也不敢在宿舍裡耽誤時間了，起床之後就趕快往教室走去。

陳學碩開心地說：「今天終於早早到教室了，不用擔心被老師懲罰啦！」

王超然也邊說邊笑：「說實話，上美學課還是很受益的，但是老師們還眞是些『老古董』，總是對遲到和紀律抓住不放，大概穿越而來的老師們都是這樣，沒法擺脫他們守舊的性格。」

他們就這樣邊說邊笑地走進教室，一抬頭看見一位老師就在講臺上一直注視著他們。老師開口說：「你們好，我是今天的美學老師英伽登。你們是這門課的學生嗎？」

尹文杰笑著對老師說：「是的，老師，我們都是選修美學課的學生。我們每次都來得特別早，就是希望能在這堂課上占個好位子。」

老師微笑地說：「你們剛才在教室外說的話，我都聽到了，我承認我確實是個守舊的人，而且我也認爲老師和學生之間的關係其實總是這樣吧。既然你們說早來是爲了占座，那就坐到我面前的第一排吧，上課可要好好回答問題哦！」

審美活動是一種價值活動

過了十幾分鐘，同學們陸陸續續走進了教室。老師在這期間，一直都面帶微笑地看著大家，不時跟進來的同學打招呼和自我介紹，非常和善友好。陳學碩他們禁不住開始討論起這位老師來了。

陳學碩問：「王超然，你知道這位老師嗎？我對這個名字不太熟悉啊！」

王超然一臉疑問，說：「我也沒聽說過，應該是某位專業的美學家吧。現代的美學成就這麼大，美學家這麼多，我們不知道也是正常的，只要好好聽課就可以了。」

尹文杰說：「我覺得這些老師應該都挺厲害的，只是我們瞭解得實在太少了。」

這時臺上的英伽登老師聽到了他們的討論，開始自我介紹：「同學們好，非常榮幸今天能在這裡爲你們講美學課，我是來自波蘭的英伽登老師。我的名字你們可能並不太熟悉，但是我的老師，你們一定聽說過，他是大名鼎鼎的胡塞爾。我跟他學習了很長時間，學到了很多現象學的知識，畢業回國之後，我在理沃夫大學和克拉科夫大學任教授，在此期間，我運用現象學的知識研究文學作品，構建了文學作品的本體論、認識論和價值論。在現象學美學這一領域，我的研究成果都是早期比較有價值的學說。」

馮延明老師評注

胡塞爾（E. Edmund Husserl，1859～1938），德國著名哲學家、20世紀現象學學派創始人，被譽爲「近代最偉大的哲學家」之一。

同學們聽到了胡塞爾的名字，都驚訝不已。心想作爲胡塞爾老師的得意門生，英伽登的學識也一定是非常淵博。一位同學舉手提問：「英

現象學簡介

現象學	具體解釋
基本概念	胡塞爾認為，經驗事實是模糊且靠不住的。當人們從不同角度來看同一立方體時，所獲得的是關於這一立方體的不同外觀。但是現象學認為我們必須擺脱這樣的看法，而一定要認識到事物的本質，要終止對於客體存在的態度和方法，並且要讓自己的經驗返回到一個純粹的世界。
重點方法	**描述法**：如果想分辨一樣東西，那麼先不要認定它是什麼，而要先做客觀的描述，透過具體的描述，配合自由的想像，就能明白它究竟是什麼。 **自由想像法**：利用這個方法的時候，我們應該先寫下事物的所有特質，然後再對每個特質進行想像，看究竟哪些是事物的內在特質，哪些是事物的外在特質。 **地平線法**：人在認知的過程，往往是一個從模糊到明顯的過程，其中有一個非常重要的臨界點，只要越過這個臨界點，就能認識到事物的本質。 在現象學當中，要綜合使用這三種方法，才能對事物的本質有真正的認識。

伽登老師，我們不太理解現象學美學是什麼意思，現象學不是另外一個學科嗎？」

英伽登老師繼續講：「接下來，我會爲大家一一介紹的。首先我介紹一下現代美學的時代背景。我出生於1893年，生活於20世紀，可以說，我一直都見證著現代美學的發展。在經歷了19世紀的啟蒙運動、資產階級改革和革命之後，歐洲普遍都建立起了資本主義制度，整個資本主義世界呈現出一派繁榮的景象，社會生產力不斷發展，科學、技術、文學、藝術也都得到了迅速的發展。在美學領域，美學研究也具有了新的特點，形成了一種全新的現代美學。現代美學試圖取消唯物主義和唯心主義之間的對立，形成一種主客合一的自我意識。美學研究過程中，不再重點研究美的本質，而是將審美作爲研究的中心。美學的研究出現了泛化的現象，加入了很多新的美學實踐。同時，美學也充分應用了科學技術，借鑑其他學科知識，形成一門愈來愈精確而豐富的學科。現象學美學就是在這種潮流當中產生出的**現代美學流派**。現象學的創始人是我的老師胡塞爾，他認爲事物並不是客觀存在的，而是存在於人們的思維意識當中，因此人們在認知事物的時候，應該做到回歸純意識的本質。而我正是將他的這些觀點運用到文藝研究當中，形成了自己的美學思想體系。」

馮延明老師評注

現代美學流派是歐美各國在20世紀產生的美學思想和流派的總稱。它們在發展過程中受到不同哲學思潮的影響，也與近代科學的發展直接相關。它們在研究途徑上運用了社會學、心理學、現象學等方法，在研究對象上逐漸由探討美的本質轉向探討審美經驗。主要的現代美學流派有：表現主義美學、自然主義美學、形式主義美學、存在主義美學、現象學美學、精神分析美學等。

同學們都是第一次聽到關於西方現代美學的整體論述，很多人都好像看到了新世界一樣，感到跟自己之前認識的美學存在很大的差異，但是這應該就是美學的發展歷程吧。

英伽登老師看著同學們的表情，問道：「你們有什麼疑問嗎？可以站起來談談自己的想法。」

坐在前排的陳學碩立刻站起來說：「老師，我們之前學習時都是在探討美、美學、審美這些基本的問題，本來對於美學的認識就不算深刻。可是您今天講現代美學已經發展得如此豐富，但是我們學習的知識好像跟不上時代的發展啊！您說的一些美學名詞，比如主客合一的自我意識、泛化，以及對其他學科的借鑑，以我們現在的知識水準，理解這些還是有些困難的。」

老師笑笑說：「原來是這樣啊。我知道你們都是剛剛開始學習美學，我講這些只是希望能夠給你們做個簡單的背景介紹，因爲現代美學的流派發展的確與之前的學科研究有很大不同。這些知識你們先記在心裡就好，明白這樣的背景，也不需要去深究。等到你們的美學知識積累到一定程度之後，就能明白其中具體的概念和發展趨勢了，很多問題都會隨著知識積累迎刃而解，大家在這方面不用有任何顧慮。」

同學們聽了老師的回答，也都覺得的確是這樣的道理。老師接著說：「如果大家沒有別的問題，我們就開始今天的課程內容了。今天我將爲大家講的是審美的價值內涵。大家應該已經對於審美有基本的瞭解了，所以我將從價值的角度爲大家剖析審美的內涵。首先希望大家來談談自己對於價值或者審美價值的理解。請同學們踴躍發言吧。」

「我們在日常生活中經常會看到『價值』這個詞，我就先說一說它在現實生活中的意思吧。首先它有一個普遍的涵義就是價格，某個商品的價值是多少，通常就是這個商品的價格。其次還可以表示某個東西是有作用、有意義的，是否有價值，常常會成爲我們判斷某件事情是否應該去做的標準和基礎。」

王超然也站起來說：「我想從哲學方面來談談對於價值的理解。價值其實也是一個哲學概念，而且有專門的價值哲學。哲學上的價值主要從主體的需要、客體能否滿足主體的需要，以及如何滿足主體需要的角度，考察和評價各種物質的、精神的現象及主體的行爲對個人、階級、社會的意義。價值具有客觀性，是事物的一種客觀評價。此外，價值也將人拉進這種互動作用當中，形成了一種價值關係，這種關係在社會歷史的實踐過程中，受到了很多實際因素的限制和制約。價值的評判標準其實也是多樣化的，因爲不同的個體、族群、階級，對於利害、是非、善惡、美醜的評判標準都是不同的。至於審美價值，我覺得應該是

生活當中的各種價值

價值：價值屬於關係範疇，從認識論上來說，是指客體能夠滿足主體需要的效益關係，是表示客體的屬性和功能與主體需要之間的一種效用、效益或效應關係的哲學範疇。價值作為哲學範疇具有最高的普遍性和概括性。

經濟價值：經濟價值是指任何事物對於人和社會在經濟上的意義，經濟學上所說的「商品價值」及其規律則是實現經濟價值的現實必然形式。經濟價值就是經濟行為體從產品和服務中獲得利益的衡量。

使用價值：使用價值是一切商品都具有的共同屬性之一。任何物品要想成為商品，都必須具有可供人類使用的價值；反之，毫無使用價值的物品，是不會成為商品的。使用價值是物品的自然屬性。

審美價值：審美價值含有現實的、不取決於人而存在的自然性質，它探究的是審美主體與審美客體之間的關係。

價值判斷的某一個方面，針對美醜的判斷這一問題而出現的一個美學範疇。」

老師笑笑說：「看來這位同學對於哲學的見解是非常深刻的，能夠將價值的哲學概念說到這樣已經非常透澈了。的確如你所講，審美價值就是從哲學價值當中衍生出來的一個概念。但是你並沒有對『審美價值』這個概念做出解釋，其實很簡單，將哲學方面的這些概念都換成美學方面的概念，就可以形成審美價值了。」

陳學碩舉起手來：「老師，我很想試著總結一下審美價值的概念。按照剛才王超然說的哲學價值的概念，審美價值既不是研究作爲審美主體的人，也不是研究審美客體的，而是研究審美主體與審美客體之間的關係。我認爲應該會涉及審美主體的需要、審美客體能否反映審美主體的需要、審美活動在各方面究竟有什麼意義之類的問題。這種審美主體和審美客體之間的關係，既存在於客觀世界，也是存在於實踐過程當中。」

另外一個同學又站起來說：「我認爲從哲學的角度來講審美價值，還是有一點兒抽象的。我們在研究問題的過程中，還是應該將問題儘量具體化，這樣才能夠便於我們的研究。我認爲，有幾個簡單的問題是我們在研究審美價值中一定會遇到的，包括，審美能帶給人們哪些方面的享受？審美能帶給人們什麼意義？我認爲這樣具體的問題才能使人們對於審美價值的體會更加深刻。」

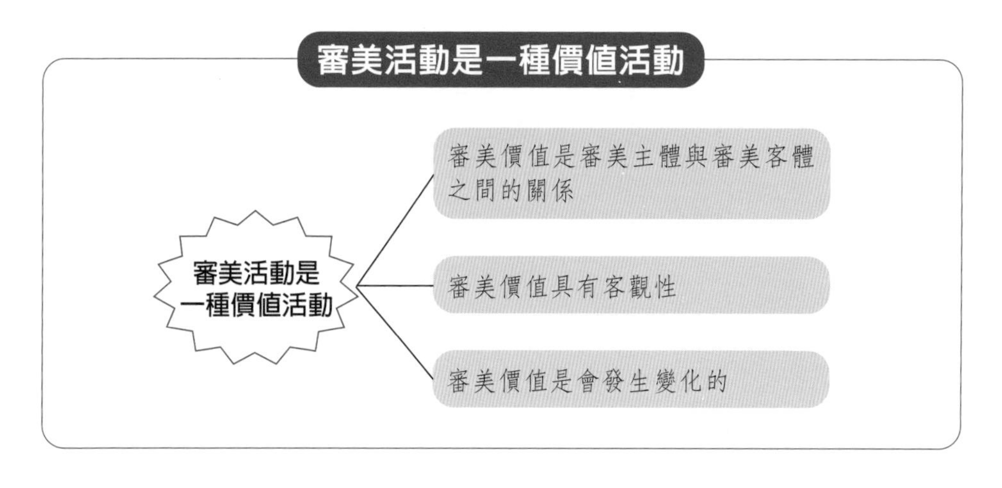

又一位同學站起來表達自己的觀點。他說：「我之前對審美價值是有所瞭解的，剛才幾位同學說的都是一些重要的方面。但是我在這裡想說的是，我們一定要充分重視審美的價值，不能忽視這個問題。可以這麼說，人在進行審美活動的過程中，如果沒有價值的引導，就不可能眞正實現對美的認知。所以，不論是在主觀上還是客觀上，不論是對於審美的主體還是審美的對象，我們都應該把握好審美價值。只有將審美價值放在一個至關重要的地位，我們才能對審美有充分的理解。」

老師聽完之後說：「很好，能夠看出你們對於審美和價值的理解還是比較到位的，而且能夠想到審美主體和審美客體之間的關係，還能夠提出一些確實存在的問題，這樣的回答已經超出我對你們的預期了。我認爲你們也不必將所有的知識都上升到哲學的高度，這樣恐怕會讓很多同學在學習的過程中感到抽象和吃力。經過剛才的討論，我只希望同學們能夠掌握，審美活動確實是一種價值活動。這個觀點的理由剛才王超然同學從哲學的角度來論述是非常合理的。在這裡，我補充幾點注意的問題。第一，審美價值隸屬於美學範疇，探究的是審美主體和審美客體之間的關係。第二，審美價值雖然是一種意義，是由人主觀產生的一種標準或者關係，它雖然不是存在於現實中的物質實體，但是它仍然是具有客觀性的，因爲它是來源於人類客觀的實踐活動。第三，審美價值雖然具有客觀性，但並不表示它是不會變化的。審美價值是會隨著社會歷史的發展、人的目的、需要、理想等發生變化的。」

審美價值與一般價值活動的比較

英伽登老師繼續講：「同學們，在認識了審美價值是一種一般的價值活動之後，我們將審美價值與其他的價值活動進行比較，這樣有助於大家更好地理解審美價值。首先我爲大家補充一些價值活動的基本知識。在哲學範疇當中，常見的幾個涉及價值關係的哲學範疇，有眞理價值、功利價值、倫理價值、審美價值。其中，功利價值、眞理價值、倫理價值重在解釋主體反映客觀屬性及客觀規律的認識和理解，而審美價值既包括主體反映客體的成果的意義，也包括客體反映主體的成果的意義，這種價值判斷是建立在主客體關係和情感體驗之上的。關於審美價值的概念，大家應該已經理解了，我簡單介紹一下另外三個價值活動。第一個是眞理價值。眞理價值在人類的生存和發展過程中是具有最高價值的，因爲眞理不僅對於人類的生存和發展有指導意義，對人類的其他活動和研究的意義也是不言而喻的，它是人類獲得自由和幸福的最高武器，能夠爲人類的終極追求尋求到最有用的標準。第二個是功利價值。功利價值的內涵指的是具有普遍性實際效益，這種實際效益分爲物質功利價值和精神功利價值，其中精神功利價值是一種比物質功利價值更高層次的追求。精神功利價值也是與審美價值有很大關係的一種價值活動。第三個是倫理價值。倫理價值指的是人與人之間的利益關係，既具有實際性，又具有現實性。簡單介紹完這三個價值活動之後，我希望大家能分組討論，將它們分別與審美價值對比，這樣大家既能認識到審美價值具有的共性，又能認識到審美價值具有的個性，還能在其中發現各個價值活動的聯繫和區別。希望大家好好討論。」

馮延明老師評注

價值判斷即關於價值的判斷，是指某一特定的主體對特定的客體有無價值、有什麼價值、有多大價值的判斷。更直白地說，就是人們對各種社會現象、問題，往往會做出好與壞或應該與否的判斷。由於這種判斷與人們的價值觀直接發生關係，因此它被稱爲價值判斷。

討論結束了，老師讓各小組派代表來做總結。

第一位同學開始發言：「我們小組討論的是眞理價值和審美價值的關係。當運用眞理價值考慮問題的時候，總是要做出確定的判斷，什麼是對，什麼是錯，什麼是必然，什麼是偶然，所有的事情都有唯一的客觀的答案。但是運用審美價值的時候，對錯可能不那麼分明了，因爲更重要的是要將社會變化、人的際遇和認識都滲透其中，體現一種認識的過程。眞理價值其實是一直隱藏在審美價值當中的，因爲如果沒有對眞理價值的準確理解，就找不到審美價值的準確內涵。其實審美價值也是始終存在於眞理價值當中的，因爲它能夠爲認識眞理價值提供情感動力。」

另一位同學接著說：「我想對他的觀點做一些補充和說明。我認為眞理價值其實是所有價值認識中的一個基礎。所有的價值判斷都應該先以眞理為標準，判斷出對錯好壞之後，才能夠做後續的選擇和判斷，所以說眞理價值就像是一個根基，能夠將整個價值體系的理論都支撐起來。審美價值作為價值體系中的一種，也是如此。」

接著是第二組同學的發言：「我們小組討論的是審美價值與功利價值之間的關係。我們認為，審美價值和功利價值之間存在著對立統一的關係。剛才老師已經講到，功利價值分為物質功利價值和精神功利價值，我們可以把這兩個拆開看。物質功利其實是物質世界的一個大前提，所有人都需要有物質方面的保障，才能夠去考慮別的方面。在物質功利價值得到滿足之後，人們就會開始追求精神功利價值和審美價值，但是這二者也是存在差別的。因為在追求精神功利價值的時候，其實是沒有拋開物質功利價值的，這二者還是相輔相成、互相結合的，它們都屬於功利價值的領域。但是審美價值就不同了，審美活動是一種超越功利的活動，人們在獲得美的享受的時候，其實是沒有目的性和功利性的。雖然這個觀點一直以來都是有爭議的，但是這也說明了審美價值和精神功利價值還是有所區別的。其中可以看出，審美價值和物質功利價值其實是對立的，但是和精神功利價值又有相通的地方。」

另一位第二組的成員補充道：「我認為審美價值和功利價值其實也有一致的地方。比如說愈是具有審美價值的藝術品，就愈有經濟價值。從這方面來看，藝術品的審美價值其實是能夠得到功利價值的肯定的。我認為這種一致之處，其實是有益的，它並不會讓藝術失去色彩，也不會讓金錢貶值；相反，它們之間能夠互相推動和發展。有了金錢和物質的保障，藝術家們能夠更加無憂地創作，而藝術家創造出

馮延明老師評注

「經濟價值」是指任何事物對於人和社會在經濟上的意義，經濟學上所說的「商品價值」及其規律則是實現經濟價值的現實必然形式。經濟價值就是經濟行為體從產品和服務中獲得利益的衡量。經濟價值和功利價值看起來有相似之處，其實是屬於不同的研究領域。

更好的作品，則能夠創造出更大的價值。我認爲不應該將這二者對立起來，因爲它們的結合和統一是能夠促進它們共同發展的。」

第三組成員發言道：「我認爲審美價值與倫理價值之間的關係可以說是最爲密切的。很多美學家都討論過二者之間的聯繫，我們上堂課的老師克羅齊在美學上最大的成就就是將美學和倫理學結合在一起進行研究。而我個人認爲，審美價值和倫理價值其實是一種內外表現，倫理價值是內，審美價值是外，人們透過對於事物的外在的審美判斷而形成內在的倫理判斷，其中又增加了情感的體驗，這樣就能夠將這二者非常順利地聯繫在一起。但是它們之間也存在區別，審美價值涉及的問題大多是外在的形式，而倫理價值涉及的是人與人之間的關係，會涉及道德問題、善惡問題等，從這方面看來，審美價值是具有理想性的，而倫理價值是具有功利性的。」

第三組的另外一位同學站起來說：「剛才我們組的發言都是圍繞審美價值的理論來進行的，在這裡，我想從我的個人體驗出發來解釋審美價值。我非常喜歡文學，經常閱讀一些優秀的文學作品，所以我覺得文學在我的生命當中起到了非常重要的作用，尤其是在價值觀方面爲我加以引導。首先，文學是一種特殊的表現形態，它表現出的是作家對於某種社會現象的認知，讀者透過某一部文學作品的理解，能夠對自己未曾感受到的社會面有深入的瞭解，這便是文學最初的意義。其次，文學還有教化的意義。因爲文學在一定程度上包含了作家的思想傾向，反映了作家的主觀情感。讀者在閱讀的過程中能夠感受到這種情感交流，進而達到淨化心靈的作用。我想，文學本身和藝術、美學都是緊密相連的，我說的這些，應該對大家理解審美價值有一定的幫助。」

老師聽完同學們的發言，微笑著說：「同學們，你們的討論結果讓我非常開心，我很高興你們的認識能夠達到這樣的水準。我先總結一下大家的發言，第一組同學認爲眞理價值是所有價值活動的前提和內涵，這一點我非常同意，眞理的重要性無須贅言。第二組同學認爲功利價值和審美價值既有對立關係，也有統一關係，在分析的過程中能夠拆分和辯證地認識，我建議從多個角度、多個方面認識這個問題吧。第三組同學應該是積累了很多課外知識，瞭解很多美學大家的思想，懂得借鑑成果，但是以後也要有自己的獨特思考才好。總的來說，大家都能夠認識到審美價值與其他價值的一些區別和聯繫，是非常好的。」

「另外，我們最需要強調的是審美價值在其中起到的重要作用。就像之前有一位同學已經提到過的，說我們應該重視審美價值。的確如此，審美價值在審美的過程中具有重要的支柱性作用，審美價值最終是否能夠實現，很大一部分原因也要歸因於此。相比之下，其他的價值，如眞理價值、功利價值和倫理價值，其實都是在爲了實現審美價值而做鋪墊和貢獻。一個人的追求可能在某些時候是沒有審美價值的，但是如果這個人注重審美價值的追求，那麼他一定是看透了其他各種各樣的價值。雖然每個人的思想境界有所不同，但是我們還是應該儘量將審美價值看作我們生活中的重要追求。」

審美活動作爲價值活動的特殊性

老師繼續講道：「在將審美價值與其他價值做對比的過程中，相信同學們都應該有所收穫，至少可以從三個不同的方面對審美價值有自己的理解和判斷。所以接下來，我們就要單獨討論審美活動作爲一種價值活動的特殊性了。如果現在不需要大家做深入的解釋，大家能夠想到審美活動具有哪些特殊的價值嗎？我們先簡單思考一下，之後再深入地分析。」

同學們開始針對這個問題做一些簡單的思考和回答。

「我第一個發言，我就談論一下最粗淺的涵義吧，我認爲審美活動的過程其實是我們增長知識和提高水準的過程。在這個過程當中，我們能夠見到美的和醜的事物，我們能夠經歷我們在日常生活中經歷不到的事情或情感，我們能夠瞭解到偉大的人的思維樂趣，這個過程能夠使我們獲得豐富和成長，是極有意義的一個過程。」

「我認爲審美有一個很特殊的價值是能夠喚起情感。比如說，我們在看一幅美麗的畫作時，或是看到文學作品中打動人的部分時，或是看到電影中扣人心弦的橋段時，我們都會不由自主地放聲大笑，或流下

想像的分類

無意想像

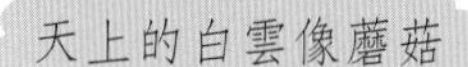

無意想像是沒有預定目的，在一定的刺激影響下，不由自主地引起的想像。

有意想像

有意想像也稱隨意想像，它是有預定目的、自覺進行的想像。

再造想像

再造想像指依據別人語言的描述或圖樣的示意，運用自己積累的感性形象材料，在腦海中再造出相應的新形象。

創造想像

創造想像是不依據現成描述而獨立地創造出新形象的過程，它的特點是新穎、獨創、奇特。

幻想

幻想是與個人願望相聯繫並指向於未來事物的想像，它是個人對未來的希望與嚮往。

眼淚。這個時候，我們常常是非常單純的，根本不會去想什麼自己的事情、別人的事情，只要這件事情在眼前呈現出來，就會打動人，就能喚起我們的感情。這種感情好像與我們親身經歷而產生的感情是不一樣的，它可能並不是那麼深刻。」

「說到審美帶給我們的特殊感受，我認爲一定要說到想像的空間了。我自己其實是一個想像力不太豐富的人，我常常都是固定在死板的現實當中。但是在我接觸藝術品或者美學作品之後，思維就會發生一些變化。剛才的同學說到的情感的、知識的、思維的體驗都會飆升，然後就會在這種背景下產生豐富的想像，有時候或許僅僅是想到了小時候發生的什麼事情而已，有時候會想到未來的發展狀況，有時候是順著美的事物一直延續下去，想到更美或者更醜的事物，我認爲這種想像力能夠

極大開闊自己的視野，在自己的思維過程當中，就好像新打開一扇門一樣神奇。」

老師示意大家先暫停發言：「其實這幾位同學的發言都是有相似之處的，我先做個小結。同學應該能明顯感受到，這三位同學的發言正好有一個層次性的關係存在，我們在審美的過程中，首先會接觸到一個與現實世界相對不同的虛幻世界，這個世界能夠很容易喚起我們的眞實情感和想像力，這就能夠產生三種效用或者價值。第一種價值表現爲知識的增長和視野的開闊，我們在審美的過程中是透過一種間接的方式獲得別人的思考成果，再透過自己的理解轉化爲自己內在的知識，這個過程其實是特別有益和有價值的，只不過在單純審美的過程中，這種體驗還是要配合一些專業的知識和學習才能夠發揮更大的作用。第二種價值表現爲情感作用，因爲我們在審美活動的過程中，總是能夠產生感官的愉悅、欲望的滿足，這就是一種相對愉悅的情感。當然有時候也會產生憐憫、崇高，甚至是恐懼、害怕的心理，這些都是自然而然的。從本質上說，這種情感都是能夠給我們帶來一種比較愉悅的體驗。除了喚起人的情感，我還想補充一點就是，它還能夠起到情感宣洩的作用。情感的宣洩其實也是一個很重要的內容，它往往能夠涵蓋更深刻的社會因素，將人類處在歷史當中的共同情感得到抒發，這種抒發不僅具有個人意義，更有現實意義和歷史意義。第三種價值表現爲想像的作用，或者也可以稱之爲創造的作用。在現實世界當中，人們看到的都是主觀和客觀相符合的事物，這種事物是一定會阻礙人的想像力和創造力的。但是在審美過程當中就不一樣了，人的情感能夠充分表達和發洩，人的想像力能夠變得極爲廣闊，人的主觀能動性能夠得到極大的發揮，這樣就能夠在欣賞美的同時也會發現美、構造美、創造美，這種創造力的意義可以說是非常深遠的。剛才這幾位同學的認識是非常好的，那麼接下來看看別的同學還有沒有什麼需要補充的內容？」

王超然站起來說：「我覺得剛才幾位同學討論的，基本上都是在一個層面上的，都還是對事物的認識和表現，基本上都是停留在內在，卻沒有深入到內在。我認爲應該從人的內在方面去考慮這個問題，因爲在審美活動的過程當中，對於人的內心的提升作用也是非常強的，剛才所說到的知識、情感、想像，其實都沒有深入到人的內心。當人在欣賞美的時候，其實是能夠獲得一種內心的自由和解放的。審美能夠達到一種超現實的狀態，在這種情境中，能夠使人從物質功利和僵化教條當中解放出來，從而達到一種超現實的自由和滿足。而且，有的時候還會眞正達到思想解放的作用。這些我們都能夠在歷史上的文藝復興、啟蒙運動當中看到。在今天，審美對我們心靈的影響還是非常大的，可能這種影響不是那麼明顯，但一定是存在著的。它可能會在一個時間點突然爆發，就會形成對我們所處時代的巨大影響。」

同學們聽了王超然的回答，都不由得發出驚嘆的聲音。老師說：「從你們的驚嘆聲中，我能夠聽出你們都是贊同這位同學的觀點的，是嗎？」同學們都安靜地點點頭。老師繼續說：「其實我還在擔心這個問題比較深，要不要給你們講。這位同學就洋洋灑灑將這一切都說出來了。我認爲可能比我給同學們講的效果還要好。他談到的自由和解放都是審美價值中很內在的部分，從這兩個方面，我們也能夠得到更加深刻的認識——美學教育的重要性。其實在之前的三個方面中，也都有體現，很明顯的一個是知識層面的理解，最好是能夠透過知識體系的構建而達到更好的效果。在自由和解放當中，美學教育的重要性更加明顯，因爲人的內心是不會僅憑幾件藝術作品、幾件美的事物就產生變化的，人的內心變化需要深刻的認識，美學教育就能夠滿足人的這種需求。」

最後，英伽登老師說：「今天的課堂眞的給我太多驚喜，我在跟你們交流的過程中也學到很多。非常感謝大家。下課！」

英伽登老師推薦的參考書

《文學的藝術作品》英伽登著。在書中，英伽登直接從文學作品本身出發，強調藝術作品的本體論地位，從而建立起自己的現象學美學和文藝理論。他將現象學「還原」方法運用到美學研究上，對藝術作品的本質結構和審美經驗的完整過程加以描述。同時他強調意識的意向性活動，將藝術看作純意向性客體，將藝術活動看作純粹意向性行為。

第六堂課

杜夫海納老師主講「審美主體」

杜夫海納（Mikel Dufrenne, 1910～1995）

杜夫海納是法國美學家，是現象學美學的主要代表人物之一。他畢業於巴黎高等師範學校，曾在普瓦提埃大學、巴黎大學任教，後來成爲法國《美學評論》雜誌社社長。他的基本美學思想是，肯定審美感知是人與大自然創造力的獨一無二的接觸。在這種接觸過程中，大自然就像「人的母親」那樣敞開胸懷，這使得自然的物質成分喪失實用意義或認識意義。

又一個週末的早晨，陳學碩、王超然和尹文杰還是早早地進了教室。

尹文杰一看教室空無一人，開心地說：「哈哈，這次我們又是最早到教室，而且比老師來得都早啊！」

陳學碩四下看看說：「說話還是要小心一點兒啊，不要再迎頭撞見老師了。每次也只能見到老師一次，還是應該給偉大的老師們留點兒好印象的。」

只有王超然一個人從坐在座位上開始，就呆呆地不說話了，好像在思考著什麼。陳學碩看他一臉認眞的樣子說：「王超然，還沒開始上課呢，你不用這麼快就進入上課的狀態吧。你每次上課的時候，回答問題都很精彩，你是眞的要在這門課上當『學霸』嗎？」

王超然說：「我對哲學的喜愛是一直以來都有的，但是這幾堂課的學習讓我認識到美學和哲學之間的一些聯繫。哲學是相對抽象的，但是美學卻是相對具體的。美學雖然是哲學的一個分支，但是也爲哲學做了很多感性的補充。」

陳學碩也在旁邊跟著點頭：「我感覺這門課眞的能夠讓我們收穫很多啊。我一想到每次來上課的大咖老師，心裡就覺得很滿足。」

三個人笑著聊著，其他來上課的同學也都陸續到齊了。

審美主體的特點

今天一直到上課鈴響了之後，老師才緩緩走進教室。這位老師看上去頗具學者氣質。他走到講臺中央說：「各位同學，大家好，非常開心能夠來到這裡給大家上美學選修課。我的名字是杜夫海納。我來上課之前聽說這個班的同學們都是非常厲害的，不僅在美學方面有很多知識積累，對一些相關學科的理解和認識也是非常深刻的。所以我爲今天能成爲大家的老師而感到非常榮幸，希望我們師生之間能夠多些互動，也希望在這堂課之後，大家都能夠有所獲益。」

同學們聽了這一番話既開心又興奮，精神滿滿。杜夫海納老師接著說：「今天我們這堂課的主要內容是審美主體。大家應該在之前學習審美的相關知識的時候，都接觸過『審美主體』這個概念。我們先來分析審美主體的概念吧。首先，我爲大家介紹一個觀點，這個觀點說審美主體就是人。大家同意這個觀點嗎？」

講臺下面立即有幾位同學輕輕地說：「對。」

老師說：「我聽到有同學說『對』，所以你們是有人贊同這個觀點嗎？」

仍有一些同學表示贊同。於是老師請其中的一位同學來回答這個問題。這位同學站起來說：「我認爲這個觀點就是我們日常生活中的理解。審美的主體就是人，審美的客體就是藝術品、文藝作品等。我認爲這應該是最簡單便捷的一種理解方式。不過我又覺得，既然今天我們是要用一堂課的時間來學習審美主體的相關知識，那應該沒有那麼簡單了，但是我一下子也想不到什麼其他的觀點，所以我覺得這個觀點還是正確的。」

杜夫海納老師笑笑說：「這位同學果然比較聰明啊，相信別的同學也是這樣想的。我相信你們之前在討論審美問題的時候，一定覺得審美主體是個很簡單的問題，就是人。但是當我今天說要花一堂課的時間來學習審美主體的時候，相信大家心裡都是有一些小疑惑的，認爲這個問題好像並沒有那麼複雜。其實我也覺得審美主體是一個很簡單的問題，但是肯定不是『人』這麼簡單，我認爲我們在學習的過程中，既不能將問題簡單化，也不能將問題複雜化，我們應該對所有問題都保持一種認眞的態度，將這個問題分析清楚、理解透徹，才是我們的最終目標。」

同學們紛紛點頭表示同意。於是杜夫海納老師接著說：「那我再問一遍這個問題，大家贊同『審美主體就是人』這個觀點嗎？我給大家舉個例子，一個剛出生的嬰兒，他是一個人，但是他能夠成爲審美主體嗎？一個植物人，他還沒有腦死亡，他的生命體徵也是明顯的，此時我們不能說他不是人，但是他能夠成爲審美主體嗎？我知道這些例子都有一些極端了，但是從極端之中，最能夠發現問題的實質了。」

這次大家安靜多了，都在思考這個問題。老師接著說：「那我再爲大家舉幾個對比的例子。大家說，一個從未受過教育的完全沒有任何藝術天賦的人，和一個從小在家庭中受到教育薰陶並且在接受教育的過程中也受過相關培訓的人，這兩個人，誰更符合『審美主體』的定義？好

成為審美主體的條件

對於一個嬰兒來講，他的內心和外在都沒有得到完全發育，所以他是沒有任何審美力和判斷力的，不能決定自己究竟喜歡什麼。

人的欣賞力是有所不同的。乞丐沒有受過任何教育，所以對於高雅音樂的審美沒有任何感覺；但是遠道而來欣賞音樂的旅人顯然是有相關的知識或者能力的，所以能夠欣賞這樣的音樂。

對美的欣賞，最直接的需要就是完整而且敏銳的感官。

了，我給大家的提示已經很多了，我還是想聽聽看大家的觀點。希望大家能夠概括一下審美主體的特點。」

一位同學站起來說：「如果只說人是審美的主體，不加任何的修飾或者條件限制，那麼我認爲這是不能成立的。我認爲一定要是一個完整和健全的人，因爲我們在之前的學習當中提到過，人的感官能力在審美過程中是非常重要的，甚至有的審美活動需要有敏銳的感官才能完成。雖然我在之前不覺得這是多麼重要的事情，但是剛才老師的提示其實告訴了我們，這些都是很重要的，都是必要的前提條件。」

杜夫海納老師說：「很好，我剛才之所以舉這些極端的例子，是因爲希望大家能夠從這種極端當中發現這些相對隱含的資訊。因爲很多條件都是應該具備的，而並不是我們想當然的。以下，同學們可以再從其他方面考慮這個問題，因爲就人的一些條件來分析，我覺得還是有很多明顯的可以發掘的角度。」

於是，同學們又都從不同的角度去想這些可能存在的條件。

「我認爲剛才的同學說的健全的感官是很重要的，其次重要的應該是情感的產生和流露。不過我的理由還沒有想好呢……。」

杜夫海納老師笑笑說：「你能想到情感的因素已經很好了，老師可以爲你補充理由。大家都知道，情感因素在審美過程中能夠發揮非常大的作用。首先情感能夠作爲一種原始推動力，推動人們進行審美活動。在審美的過程當中，也會因爲審美對象而產生情感，如我們通常所見的愉悅、崇高、憐憫等。這樣的情感又能夠進一步加深對於審美對象的理解，因爲情感的循環往復會令人的感受更加深刻。在此還能夠引申到另外一個特點，就是感性和理性的思維。因爲在產生情感之後，很容易就能產生感性思維，而如果人們注重對於感性思維的加工，就會產生更爲嚴謹的理性思維。我們都知道，感性思維和理性思維的運用在審美過程當中是非常重要的。另外還有一點也是絕對不能忽略的，那

馮延明老師評注

人的主觀能動性有兩層涵義：第一層涵義是說人能夠能動地認識客觀世界；第二層涵義是說人能夠在這種認識的指導之下能動地改造世界。

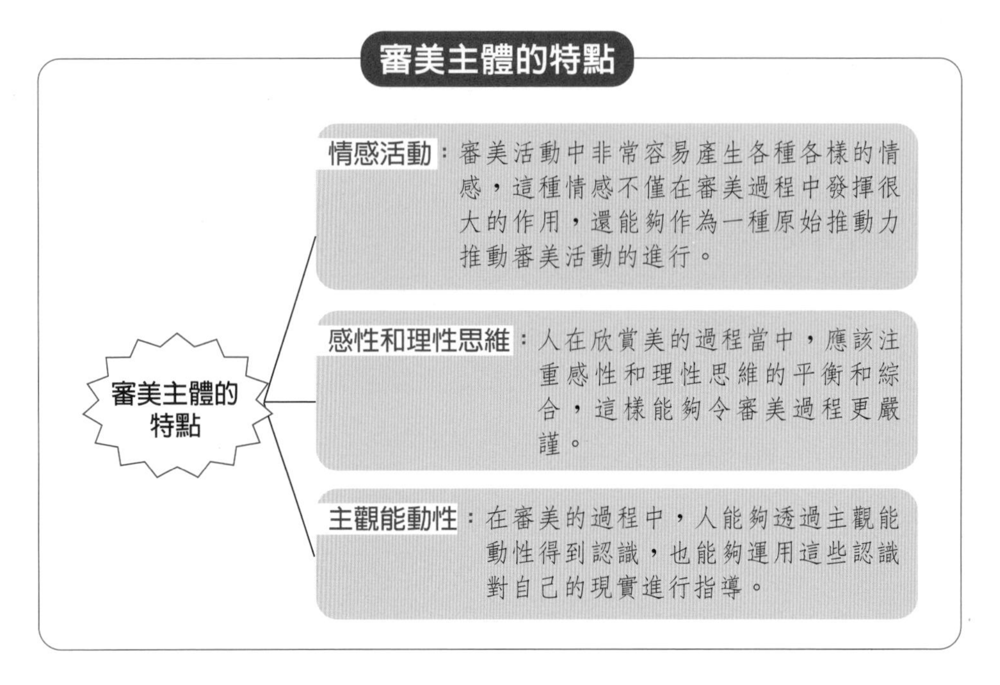

就是人的主觀能動性，在哲學中，**人的主觀能動性**是一個非常重要的特點，幾乎能夠涵蓋所有與人有關的理論。在審美當中，人的主觀能動性得到了充分體現，人能夠在審美當中得到對於審美對象的認識，進而得到對世界的認識；在認識得到提升之後，很多人就能付諸藝術的實踐當中，以自己的經驗和知識爲基礎，創造更多新的審美對象。」

審美主體的結構

杜夫海納老師講完審美主體的特點之後，稍作休息，讓同學們消化剛才所學的知識，然後就又繼續講課了：「下面我們來具體分析審美主體的結構。在之前的講解中，我們已經得出了審美主體是具有健全的感官、豐富的情感活動、感性和理性思維及主觀能動性的人，所以我們在以後只要提到審美主體的時候，就一定不能把審美主體看作一個簡單的個體，而是應該在腦海中將這些審美主體具有的特點都考慮一遍。下面在分析審美主體的結構的時候，大家也要儘量做到這樣。首先我想問問同學們對於審美主體的結構有什麼思路和想法，希望大家先多表達一些，我在之後再爲同學們進行講解。」

同學們紛紛踴躍發言。

「我認爲審美主體的結構其實也就是具有這些審美特點的人的結構，但終究是人的結構，所以我認爲應該從人本身出發。可以從人的自身結構來分析，以人的感官爲例，就可以具體分析到人的視覺、聽覺、觸覺、味覺，這些感覺器官都是人的結構，也都能夠對審美產生很大影響。」

另一位同學說：「我認爲在審美的過程中，一個人的內涵很重要。除了個人的基本德行，還有相關的知識積澱，這些都會對我們的審美有幫助。」

杜夫海納老師聽完之後說：「剛才兩位同學的分析都比較正確，但是都仍缺乏系統性和邏輯性，因爲你們的知識水準有限，所以也能理解。接下來，我想讓同學們將自己能夠想到的審美主體的結構，用高度概括的詞語表達出來，寫在黑板上，大家都試試看吧。」

於是同學們一邊討論，一邊陸續上講臺，將自己的觀點都寫了出來。最後黑板上出現了很多詞語，比如「荷爾蒙」、「激素」、「感官」、「情感」、「情緒」、「思維」、「教育水準」、「專業程度」、「文化水準」等。

杜夫海納老師看了看大家寫的關鍵字，說：「因爲這個問題是以人爲主體進行分析的，大家在黑板上寫的這些詞確實都是與人相關的一些結構，每種結構下面都能形成一個豐富的邏輯系統。不過，我覺得還是應該將這些都進行劃分，我將這些簡單分成三個層次之後，再展開分析吧。第一個層次是生理層次，第二個層次是心理層次，第三個層次是社

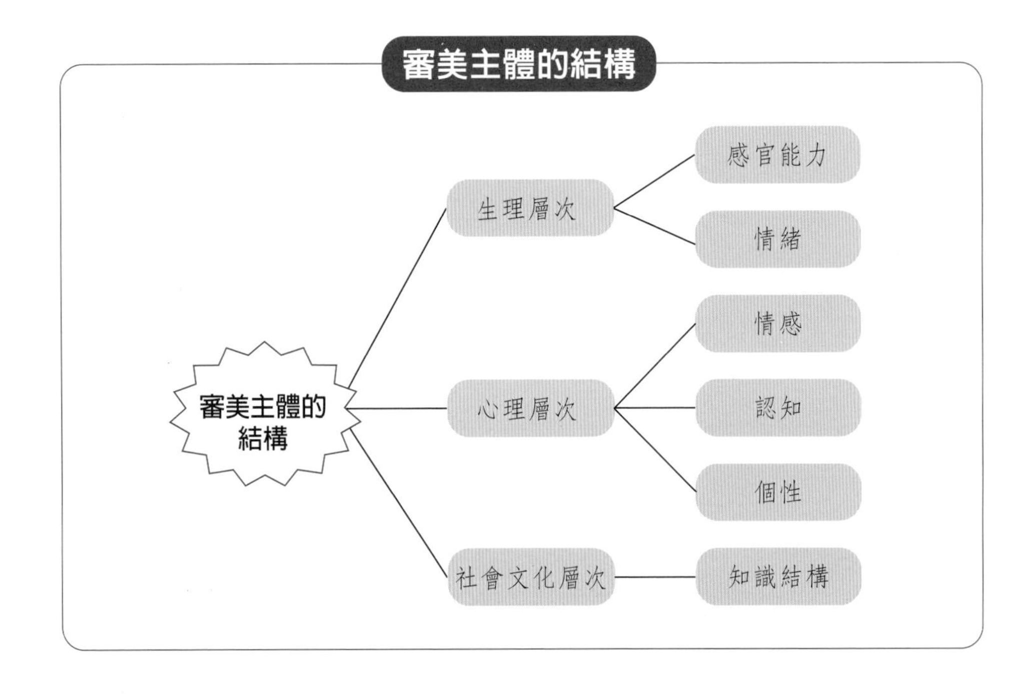

會文化層次。」

老師一說完，王超然在前排驚呼：「老師，您的這三個層次眞的是太合理了，眞的能夠毫無遺漏地將這些概括進去，而且還涉及了好多我們沒有想到的角度。」

杜夫海納老師笑笑說：「這三個層次的確很全面，能夠將同學們想到的都概括進來。下面我對這三個層面進行具體的分析，如果在我講解的過程中，你們有任何不明白的問題，都可以舉手示意我。」

同學們都點點頭，專心聽老師往下講。老師開始講：「第一個層次是人的生理層次。大家都知道，如果將人的生理結構放在生物學中講，那將是一個非常複雜的問題，生物的研究是非常具體的，會研究人的系統、組織，甚至具體到每一個細胞。但是我們在美學研究當中不會那麼複雜，而只會選取在這其中對審美有影響的一些生理因素進行分析。首先，我們要講的是人的感官能力。之前的同學都提到過這個因素，因爲在審美過程中，它確實非常重要，健全的感官能力是我們進行審美活動的基礎，我們透過眼睛、耳朵、鼻子、嘴、手等這些器官，與審美對象進行不同程度的接觸和瞭解，才能夠形成最基礎的審美認識。其次，我要講的是，情緒也是很重要的一項生理因素。情緒是最爲低級的一種情感反映，但是與情感又是有所不同的，情緒是在感官對審美對象進行接觸之後，自然而然、不加思考就能產生的一種生理反應，最直接的就是表現在驚喜、感動、悲傷這種突然的情緒當中。」

陳學碩舉起手來問：「老師，您說情感和情緒是有所不同的，那有什麼區別呢？日常生活中，我覺得這兩個詞差不多吧。」

杜夫海納老師說：「日常生活中大家可能不會將這二者區分得特別明顯，但是在學術研究當中，這兩者的區別還是很明顯的。**情緒**是一個與生理相關的概念，當生理上的需要得到滿足的時候，就會產生情緒體驗。比如說人感到饑餓、疼痛的時候，就會產生悲哀或憤怒的情緒，這種情緒是不經思考而產生的，實際上是一種

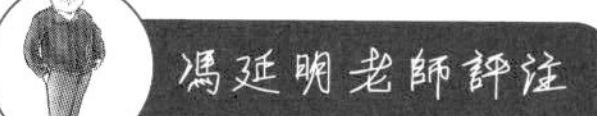

人的四種基本情緒是，喜悅、憤怒、恐懼、悲哀。

生理反應。而情感就比較高級和複雜了，情感的產生通常與社會性的需求相關，比如勞動、交往、藝術、文化等，產生的這些情感比較豐富，通常也會摻雜很多人的活動、認識，因此屬於心理範疇。」

陳學碩接著說：「那我們在分析心理層次的時候，就應該會討論到情感吧？」

杜夫海納老師回答：「是的，接下來，我就爲大家講解心理層次的因素。心理因素仍然是非常複雜的，我們只選擇幾個比較重要的來講。我爲大家講的是情感、認知和個性。情感因素，我們剛才已經分析過了，和情緒既有相通的地方，也有其特殊的地方。人的認識過程也是一個相對複雜的過程，包括人的感覺、記憶、思維與想像等。在人最開始接觸到對象之後，會因爲其外形產生空間和時間的理解和感覺。在對事物準確認識和加工之後，再將這些呈現出來的過程，就是記憶。思維是人腦中高級的認識過程，能夠對客觀事物得出概括性、抽象性的結論。而想像是人所特有的一種能力，能夠衝破時間、空間甚至是思維的限制，在大腦中產生一種全新的理解和認知。」

陳學碩又舉起手來提問：「老師，您說的這些感覺、記憶、思維、想像，在審美過程中，眞的會有所體現嗎？我們在日常生活中好像不太在意這些。」

杜夫海納老師耐心地說：「剛才我爲大家描述的是最爲基本的認知過程，幾乎所有的認知都會經歷這樣的過程，審美活動也是如此。我可以舉一個具體的例子，你就能有所體會了。比如說你是一個美術學院的學生，去美術館看展覽。當你看到一件藝術作品的時候，首先會從作品本身進行理解，你能看到畫上畫了什麼，或者文字中寫了什麼，這就體現了人的感覺過程。然後你遇到自己特別欣賞的作品或是能讓你感到愉悅的作品的時候，你會多看一會兒，這時你可能就會邊看邊想，這幅畫是不是很像你小時候待過的鄉村？這裡面的人物好像看上去很熟悉，是不是在哪裡見過？這種創作的手法和風格是不是跟某位藝術家有相似的地方？這一系列思考的過程，就是思維的過程，同時也是能夠穿插一些回憶的過程。在你看完展覽之後，日後你在創作作品的時候，可能很容易就想到令你印象深刻的那幅作品，會讓你產生靈感和想像力，你的思

對美的認知過程

看到這如畫的景色，真讓人豁然開朗啊。這假山，這樓閣，真的好像只在畫中見過。

這風景好像小時候在課本中見過，當時好像還背過這樣的課文。好像在爺爺奶奶家也看到過他們到類似的地方遊玩的照片。

我要將園林的這種結構記錄下來，我覺得這會對我自己的學習有很大的幫助！

維成果也在新的作品當中有所體現。這樣，大家能夠理解嗎？」

陳學碩說：「老師，您這樣將知識帶入到具體情境當中，果然就容易理解了。」

杜夫海納老師說：「這是當然，枯燥的理論是抽象性的，抽象本來就是不容易理解的，相比而言，形象的東西就容易理解多了。那我接著講心理層次的最後一個方面，就是個性。個性在心理學中的解釋是：一個人區別於他人的，在不同環境當中顯現出來，相對穩定的，影響人的外顯和內隱行爲模式的心理特徵的綜合，也就是指一個人的整體精神面貌。通常我們將個性稱爲性情、氣質、特質等，在心理因素當中，它是一個非常內在和隱形的影響因素。在這裡，恐怕我難以用具體的例子來爲大家解釋個性對於人的審美的影響，但是大家應該都能夠看出，在生活當中，不同個性的人，面對美的態度其實是不一樣的。內向的人可能善於思考，會將這種對美的見解不斷深入，達到深刻的認識狀態；外向的人可能善於表達，能夠將這種美不斷傳播。這些簡單的小細節，能夠表達出不同個性的人對審美的處理方式的不同。」

老師看到大家都能夠理解這些內容，繼續講道：「在社會文化層次方面，我主要想爲大家講的是知識結構方面的問題。我認爲人應該努力掌握四種類型的知識，第一類是理解自然的知識，第二類是理解社會的知識，第三類是理解自己情感的知識，第四類是自己具有的專業知識。在此，我們主要強調的最基礎的都是前三類的知識。自然的知識能夠讓我們明白人類和自然以及其他物種之間的關係，讓我們認清人類在整個自然界當中所處的位置。社會的知識是讓我們瞭解社會，瞭解政治、經濟、文化，瞭解道德、倫理，明白人是處在社會中的一個重要環節，人必須在這些環節當中找到與自己相對應的定位。而理解自己情感的知識，包括心理學、美學、哲學，這些知識能讓我們看到自己內心的世界。這些知識都是必不可少的，是我們對這個世界以及對自己最基本的瞭解，我們只有瞭解了這些，才能夠眞正明白什麼是美，才可能對美有所接觸和瞭解。」

聽完杜夫海納老師的講解，同學們才眞的瞭解了審美主體並不是僅僅指「一個人」那麼簡單。

審美主體的能力

杜夫海納老師又繼續講課：「接下來，我們還是來分析審美主體，但是這個分析相對簡單些了。因爲之前，我在講課的過程當中已經把大部分的思路和角度都提供給了大家，尤其是在審美主體的結構方面，將不同的層次和內容都羅列了出來，大家一定要好好消化這些內容。接下來，我們要探討的是審美主體的能力，我希望大家透過討論來完成，因爲這些角度和思路，跟之前所講的問題有類似的地方，相信大家能夠得到答案。請同學們展開討論，然後將討論的結果以關鍵字的形式寫在黑板上，再請同學們來談談自己的理由。」

經過一堂課的學習，好像所有同學都想通了不少。平常對學習興趣不大的尹文杰，也跟身邊的同學討論起來：「剛才老師講到的想像力也可以說是一種能力吧？我覺得這應該是挺重要的一個方面，因爲它能夠將審美直接提升到一個更高的角度！」

王超然說：「看來你今天開竅了嘛，還認眞聽老師講課了。不過這個角度確實很高，恐怕你是想到老師剛才講到的只有這一個能力吧。」

尹文杰不好意思地笑笑說：「還眞是這樣子的，被你發現了。想像力眞的是很明顯的一個能力啊，其他的能力可能都沒這麼明顯吧，我就發現不了了。」

陳學碩在旁邊說：「在想這些能力的時候，還是應該按照一定的邏輯去想，這樣才不容易遺漏。可以從審美的過程進行梳理，從開始接觸審美對象，到產生認識，到產生感性思維和理性思維，再到最後對其中的內涵進行感悟和分析，甚至還包括藝術創作的過程，以及已經創作的藝術作品被再次欣賞的過程，我覺得這些過程當中，每一部分應該都可以概括出相應的人應該具備的能力吧，這樣就好啦。」

尹文杰看看黑板上同學們寫的答案，說：「陳學碩，你這個按照過程來分類考慮，還眞是挺不錯的，你看黑板上的這麼多答案，都是在你說的這些過程中的，你看，認知力、感悟力、思維能力、想像力、創造力、影響力、宣傳力……就是意思雷同的詞有些多。還有，『宣傳力』是什麼啊？應該不算專業術語吧，也不知道是誰寫上去的。」

杜夫海納老師看大家寫得差不多了，就開始分析黑板上的內容了：「這次黑板上寫的能力很多，但是有一些是重複的，認知力和感悟力同屬一種，都是指對於審美對象的認知，只是表述方法不同。宣傳力這個詞用在這裡是不是有些不恰當？其他的詞都挺不錯的。而且剛才我還聽到前排有同學在分析如何得到這些結論，我認爲他說的，按照審美的過程來分析這些由此而產生的能力，眞的是一個很好的思路。大家在以後的學習當中也應該堅持這樣的思路和想法，才能使知識沒有遺漏。而我在這裡想要強調的，仍然是我剛才說的審美主體的結構，我們在分析結構的時候，分別從生理、心理和社會文化層次進行分析，其實現在大家應該能夠看出來，這不僅是一個由淺入深的層次，也是審美認知的過程體現出來的層次，我們都是先接觸審美對象，形成生理方面的反應，再在心理上、思維上分析審美對象，最終要上升到社會文化的角度，成爲一種文化現象，或是成爲教育的內容，或是作爲藝術品呈現。其實這就是一個相對比較完整的審美過程，還夾雜了很多別的內容。」

陳學碩不由讚嘆：「老師，剛才在講審美的結構的時候，您並沒有說出這一層涵義，但是現在看來，這樣的理解也是完全可以的。您講的審美主體的結構這一部分，眞的是太精彩了！」

杜夫海納老師笑笑說：「其實有些知識之間的邏輯關係是我們在思考的時候構建的，但是好的邏輯關係是能夠讓我們發現其中隱藏的涵義。審美主體的結構是我們今天課堂當中最重要的一部分，希望大家能夠好好理解這部分內容，在以後美學的學習過程中，把握好審美的內在邏輯。希望大家今後的學習順利。下課！」

杜夫海納老師推薦的參考書

《審美經驗現象學》杜夫海納著。杜夫海納一生的所有美學思想，幾乎都集中在這本書中，他的其他美學著作也都是以這本書為基礎來寫的。在書中，他透過對審美主體、審美對象、審美知覺、審美經驗批判的層層剖析和解讀，呈現了完整的現象學美學的知識理論體系。

第七堂課

桑塔亞納老師主講「審美客體」

喬治．桑塔亞納（George Santayana，1863～1952）

喬治．桑塔亞納，西班牙著名的自然主義哲學家、美學家、詩人和文學批評家，美國美學的開創者。他早年就讀於哈佛大學，後任該校哲學教授。他的主要美學著作有《美感》、《詩與宗教的闡釋》、《理性生活》等。作爲美國第一位眞正意義上的美學家，桑塔亞納在1896年寫成的《美感》一書，是美國第一部眞正意義的美學專著。

陳學碩、王超然和尹文杰已經習慣在週末的早晨早早來到教室，等待美學老師的到來。他們都會在老師來之前，討論一些話題。不過最近他們討論的話題不再是圍繞著各位厲害的老師，而是討論美學知識了。

「上次老師用了整整一堂課講審美主體，而且從頭到尾都貫穿著他自己的邏輯，上完一堂課，感覺好像是看完了一本完整的書，眞是暢快淋漓。每堂課都有優秀的老師，讓我愈來愈期待新的美學知識了。」一向對學習興趣不大的尹文杰，竟然也對美學產生了興趣，王超然和陳學碩聽了之後，相視一笑。

「王超然，你覺得這堂課會講什麼內容呢？上堂課講了審美主體，這堂課就應該講審美客體了吧？」陳學碩對王超然說。

王超然點點頭：「其實我在之前也沒有想過這個問題，但是你這麼一說，還是挺有道理的。我想今天的老師也會按照這樣的邏輯，繼續往下講審美客體的。」

尹文杰也在一旁表示贊同。

過了一會兒，今天的美學老師走了進來，在黑板上寫下了「審美客體」這幾個字，講臺下的三人爲他們猜中而感到興奮。

美的事物與審美對象

同學們落座後，老師開口了：「各位同學好，我是你們今天這堂課的美學老師，我的名字叫喬治．桑塔亞納，首先請同學們允許我爲大家做一段小小的自我介紹。我出生於西班牙，大學就讀於哈佛大學，在那裡，我接觸到了自己熱愛的哲學和美學，並且有幸在畢業之後成爲哈佛大學的教授。所以今天聽說是要來大學給同學們講課，我的心情非常激動，好像又回到校園一樣。我希望大家能夠珍惜在大學中的美好生活，不僅要享受自由、注重生活，更重要的是找到自己人生的方向，不論是做學術研究，還是做社會實踐，都應該在大學期間爲自己今後的道路打下堅實的基礎。」

老師說完這些之後，講臺下的同學們開始議論紛紛。「沒想到這位老師竟然這麼古板，一上課就開始說教……。」

聽到大家的議論之後，老師並不生氣，繼續說：「我之所以這樣和大家說，並不是因爲我是你們的老師，而是因爲我熱愛著大學校園。在讀書和工作的過程當中，我認爲大學給了我很多，不僅有朋友、同學，還有知識、實踐，是這些豐富的生活讓我成了一個豐富的人，所以我希望大家能夠將我的話記在心裡。」

老師說完這段話之後，同學們都不像剛才那麼浮躁了，安靜下來，思考著大學生活能夠帶給自己什麼。

桑塔亞納老師及時將大家的思路拽回了課堂：「好了，同學們，開場白到此爲止，今天我要給大家講的內容是審美客體。審美客體與審美主體是一對相對的概念，我知道你們在上堂課討論過了審美主體，這對於今天的學習是有一定的幫助的。瞭解審美對象的第一步，應該瞭解審美對象的定義。而在這之前，我想讓大家對審美對象的定義與美的事物的定義進行對比分析。」

聽了老師的這番話，同學們都開始小聲討論起來，大家好像對於這個話題的回答，都不是那麼確定。

有同學站起來表達自己的觀點，說：「我認爲美的事物就是審美對象，因爲從字面上來看，審美就是欣賞美的事物，那麼美的事物就理所當然的是審美對象，我認爲這點應該是無庸置疑的。」

這位同學說完，其他的同學繼續說：「剛才那位同學說的其實是在解釋『美的事物是審美對象』這一句話，我認爲這句話是對的。但是老師是讓我們比較『審美對象』和『美的事物』這兩個定義，如果認爲審美對象等同於美的事物，那就不正確了。我們都知道，醜陋、悲傷等這種看起來相對消極的事物，其實也是能夠成爲審美對象的。所以我認爲在比較這二者之間的定義時，還是應該從不同角度來理解和分析。」

王超然聽了幾個同學的想法，也站起來發言：「我不同意『美的事物就是審美對象』這句話。我認爲美的事物只是規定了事物的某種性質，這種性質是與事物本身共同存在的。而審美對象就是個相對複雜的概念了，它一定是出現在審美的過程當中，而且伴隨著審美活動的變化還會產生新的變化。如果說審美對象是美的事物，這句話就錯得更加離譜了。」

桑塔亞納老師聽了幾位同學的回答之後，說：「看來同學們還是

審美和審醜

很聰明的，並沒有被我的問題迷惑，大家得到的答案也是比較接近正確的，尤其是最後一位同學的回答。不過我首先要指出大家的一個錯誤，當對兩個定義進行比較的時候，最好不要直接將二者之間的關係用『是』、『相同』等這樣的字詞下定義，應該先把這兩個定義展開，再仔細分析其中的相同點和不同點，這樣才是進行比較。這幾位同學都是對『美的事物是審美對象』或『審美對象是美的對象』這兩句話進行分析，這在最初就是一種不正確的比較方式。所以我們首先要分析這二者的定義。」

同學們聽了老師的話恍然大悟，想到自己的思考過程，最初就是有錯誤的，就立刻跟著老師的思路重新思考。老師接著說：「首先，我們

主體和客體，主觀和客觀

主體是指從事實踐活動的人，客體是指主體活動對象的總和。

主觀與客觀強調的是一種思維方式，強調的是採取何種角度和態度研究或思考問題。主觀就是人的意識，客觀就是人的意識以外的所有東西。

來闡述美的事物的定義。美的事物指事物具有美的特性，而美的特性是有很多標準的，比如勻稱的外觀、豔麗的顏色、多樣而又統一的形式、適當的效用等，這些都可以是美的標準，而且美的標準本身也是非常複雜的。」

說完美的事物，老師又開始講審美客體：「審美客體是我們今天學習的內容，所以大家對它的定義可能不太瞭解。審美客體是與審美主體相對的一個概念，在審美的過程當中，其實就是審美客體和審美主體之間發生關係，這種審美關係本身就是相對複雜的，所以審美主體和審美客體置身於其中，早已不是簡單的一個人、一件事物這麼簡單。審美客體首先是客觀存在的物質，這是審美客體的條件或前提。在審美關係當中，審美客體應該具有審美主體所需要的審美價值。而審美客體和審美主體一樣，也是隨著審美過程的變化而不斷發生變化的。有的美學家認

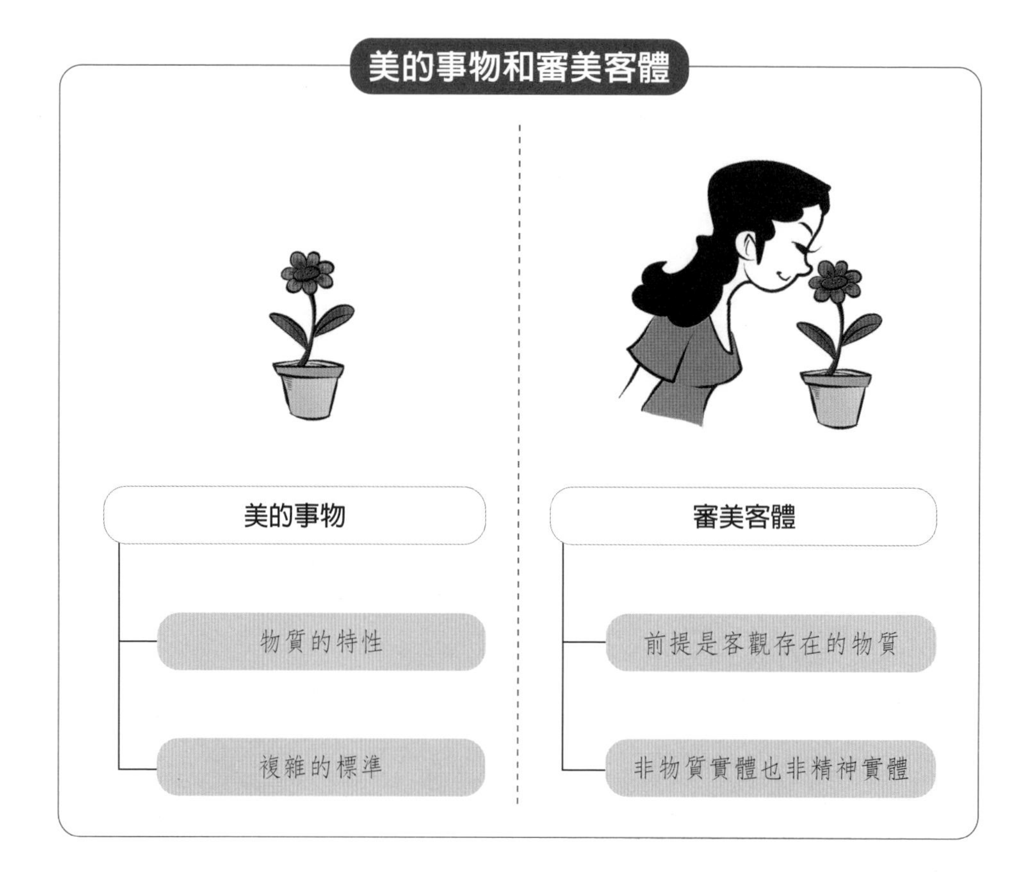

爲，審美客體既不是普通的物質實體，也不是精神性的實體，而是物質與精神、客觀與主觀相互滲透、相互發生關係而形成的一種獨特意象，審美對象實際上是存在於審美主體對具備一定審美價值屬性的客觀事物獨特的觀照和體驗當中的。」

同學們在聽了老師講了美的事物的定義和審美客體的定義之後，修正了剛才那些不正確的想法，重新整理了自己對於這兩個概念的比較。老師接著說：「這樣分析了兩個定義，大家應該就能夠講出這二者之間的異同了。相同之處在於，它們都是以某種事物爲物質基礎形成的，但是美的事物要求事物有美的性質，而審美客體則是將事物置於審美活動當中，有更加複雜的主客體關係。」

審美客體的存在形式

桑塔亞納老師說：「第一個部分是透過對美的事物和審美客體的比較，來解釋審美客體的定義。第二個部分，我要講的是審美客體的存在形式，透過講解審美客體的存在形式，從而對審美客體進行完整的分類，同時我還會舉一些常見的例子，使大家對審美客體有全面和具體的瞭解。」

尹文杰站起來提問：「老師，請問『存在形式』是什麼意思呢？物理學中有這個概念，沒想到在美學中也出現了。」

桑塔亞納老師說：「事物的存在形式其實是個比較廣義的概念，在很多學科中都是會用到的。今天我們講的審美客體的存在形態，其實是與審美客體本身的性質緊密相關的，這種性質會影響事物之間的聯繫。」

尹文杰說：「老師，也就是說，今天我們講的審美客體的存在形式，其實就是按照審美客體的性質，對它

馮延明老師評注

事物的存在形式是事物中相同因素的抽象概念，它會因爲非該因素的抽象概念的改變而改變。此概念成立的基礎是宇宙中一切事物都存在聯繫。

們進行分類嗎？」

老師笑笑說：「是的，就是這樣。那接下來，我就要開始講了，首先請大家看一下我寫的板書。大家能夠明顯看到，按照審美客體的性質的不同，將審美客體的存在形式分為了三大類，第一大類是物態審美客體，第二大類是物化審美客體，第三大類是物態化審美客體。」

馮延明老師評注

物態指的是一般物質在一定的溫度和壓力條件下所處的相對穩定的狀態，通常是指固態、液態和氣態。

同學們都搖搖頭表示不理解。老師見此狀便問大家有什麼問題。陳學碩站起來說：「剛才尹文杰還說存在形式這個概念在物理學當中有呢，現在看來，物態這樣的詞，確實就是物理學術語。用物態、物化這樣的詞對審美客體進行分類，我們實在是不理解啊。」

桑塔亞納老師說：「同學們不要著急，我還沒有開始講，仔細聽我講完，你們就明白了。到時候，我再解答大家的疑問。首先我為大家講第一個分類，物態審美客體。物態審美客體指的是以物的自然形態出現的審美客體，是一種天生的、自然的、客觀的存在。物態審美客體是審美客體當中最為基礎的一種存在形式。其中最重要的特徵是自然形態，指的是事物的存在都是它本來的面貌，沒有經過人類的改造或修飾，沒有加入人類的思維或想像。它主要分為自然景象、人的自然體貌，以及各種形式因素。自然景象就是我們在自然中見到的氣象萬千、山水風光、動物植物等，這些自然風貌都處於自然當中，基本不受人的活動的影響，而且也沒有被賦予特殊的涵義。人的自然體貌包括人的形體、容貌、表情及動態，這些都是人最原始、最自然的狀態，沒有經過雕琢和修飾，由心而生。形式因素指的是色、質、聲音、味道等因素，這些是物質存在的最基本的形態，很多藝術的創造都來源於這些基本因素。大家能夠看出，這些具體的因素其實都是最初的自然的存在形式，還沒有經過人類的加工，就直接呈現的狀態。」

同學們聽完都點點頭表示明白，老師繼續講：「第二大類是物化

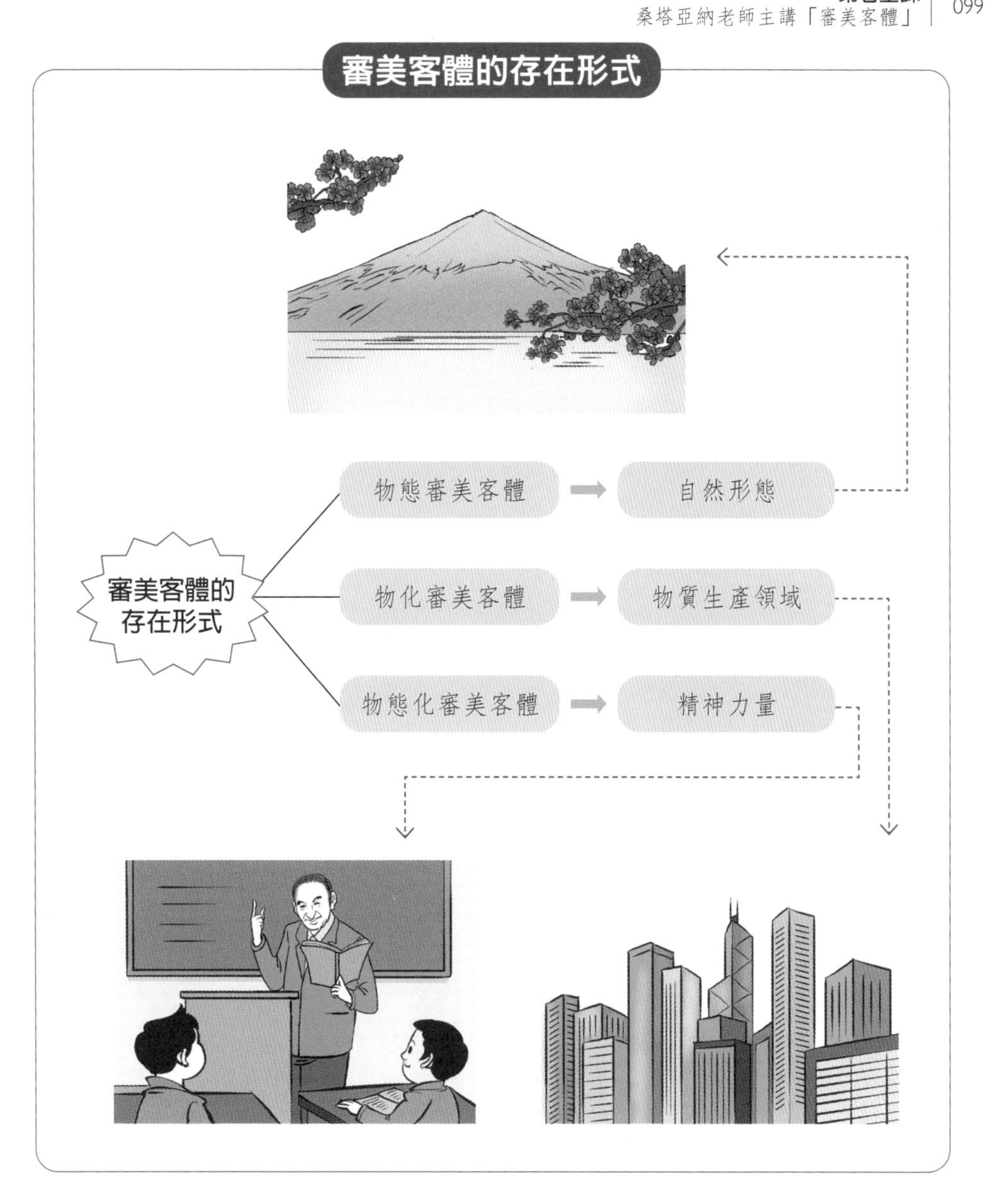

審美客體。物化審美客體是指表現人的生命、本質、個性和個性特點的物質對象。它們不是自然形態的存在，而是人在改造客觀物質世界和改造自身的過程當中，在物質生產領域中創造的對象。將物化審美客體進行分類，可以分爲三類。第一類是人類的物質產品，包括我們日常生活中所見的美食、服飾、生活用品等，很多生活用品的產生，其實都來自於對自然界中自然形態的模仿，但是它們並不是自然形態的存在，而是人們新創造出的物品，只是借鑑了自然形態而已。第二類是改造過的自然形態，包括人對自然界的改造、對自身形體容貌的改造，以及對生活環境的改造。我剛才在講物態審美客體的時候，就和大家強調過，那些自然狀態都是沒有經過人工修飾和雕琢的，與現在講的物化審美客體相比，區別是很明顯的。第三類是工藝品，它既具有藝術屬性，又具有實用屬性，這兩種屬性能在工藝品中完美地展現出來。你們應該能看出來，這類審美客體都是運用了人類的思維才產生的，但是這種思維基本上都是偏向於實用或理性的思維。」

桑塔亞納老師接著說：「下面爲大家講的是第三種分類，即物態化審美客體，這類審美客體表現著人的精神性存在、精神活動的感性物質存在，它的感性物質形式是人的精神性存在的外化，能夠帶給人心理上愉快和滿足。這個概念看似比較抽象，我透過分類、舉例，就會讓大家容易明白。第一類是作爲精神象徵物的自然，這種自然不是單純的自然景觀，而是被賦予某種精神內涵的，比如神靈、意志、德行等美好而莊嚴的象徵。在每一種原始文化當中，幾乎都會出現神靈，神靈可能是天，可能是地，可能是山，可能是月，這些原本只是單純的自然景觀，因爲被賦予了神靈的色彩，就不再是單純的物態審美客體了，因爲它們承載了人類的某種精神資訊，會帶給人們精神力量。第二類是體現了人的精神性追求的人類活動及其成果。這其中包括物態化的人類精神性活動，如原始巫術、**圖騰**崇拜、禁忌、紋身等，還包括人的心靈的外化，如人的風度、智慧、氣質、品質等。第三類是藝術作品，藝術作品是物態化審美客體的典型形態，它被創造的過程中，幾乎是沒有實用價值的，只有審美價值，它的出現就是爲了實現人

馮延明老師評注

圖騰，是記載神的靈魂的載體，是古代原始部落迷信某種自然或有血緣關係的親屬、祖先、保護神等，而用來作爲本氏族的徽號或象徵。原始民族對大自然的崇拜是圖騰產生的基礎。運用圖騰解釋神話、古典記載及民俗民風，是人類歷史上最早的一種文化現象。不同地區和國家的人有不同的圖騰崇拜，比如中國人的圖騰一般爲龍，俄羅斯則有對熊圖騰的崇拜。

物態化審美客體

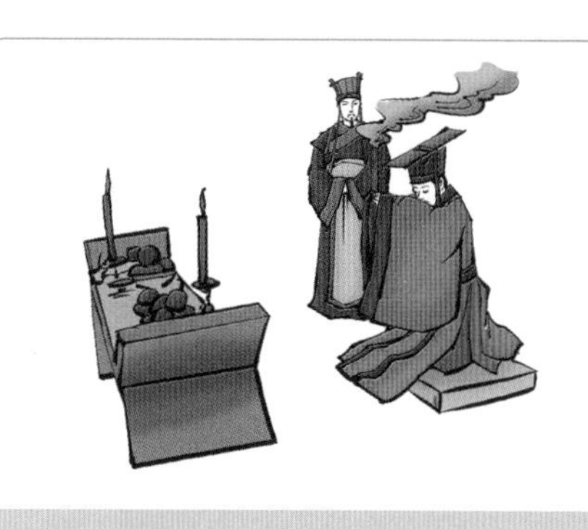
作為精神象徵物的自然

體現了人的精神性追求的人類活動及其成果

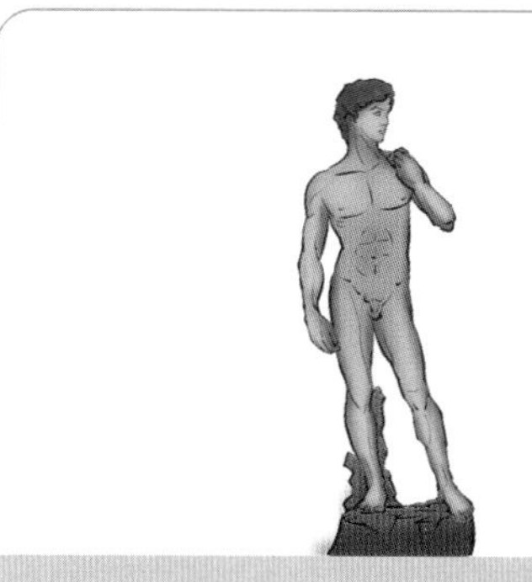
藝術作品

類的某種精神需要。它從內容、形式、審美價值等方面來看，都是符合物態化審美客體的定義的。這三個分類就都講解完了，同學們有什麼問題，可以提出來。」

陳學碩又舉手提問：「老師，我認爲物化審美客體和物態化審美客體之間，界限好像並不是那麼明顯。按照老師剛才的講解，我認爲這兩者都是由人類創造出來的非自然的物體，至於這些物體體現了人類怎樣的情緒和情感，我認爲這並不容易判斷，因此這兩類也不是很好區分的。」

老師說：「認識到這兩類都是非自然的、由人類創造的物體，其實你是只看到了它們之間的相同點。我仔細分析一下這兩個分類之間的不同點。物化審美客體在人類創造的過程中，以物質利用的角度爲主，大多是對於物質本身會有一定的利用；物態化審美客體注重的則是精神層面，強調能夠帶給人們精神上的愉快和滿足。因此在區分這兩種審美客體的時候，你只需要區分這一審美客體是更傾向於爲人類提供物質力量還是精神力量，就能夠做出正確的判斷了。」

陳學碩說：「老師，我明白了。將這兩種審美客體對應到人的需求方面，就是物質需求和精神需求，對吧？」

老師點頭說：「是的。如果沒有其他問題，我就要準備講下一部分內容了。」

審美客體的特性

桑塔亞納老師講完審美客體的定義和存在形式之後，同學們都對於審美客體有了一定的瞭解。老師開始對審美客體進行更深層次的分析。老師說：「雖然我爲大家講了審美客體的定義和形式，但是同學們應該明白，我們對審美客體的認識，還只是停留在表面上，我們還缺乏對審美客體的深層瞭解。所以接下來，我們就來講解審美客體的特性。首先，我希望同學們踴躍發言，將自己體會、思考到的結果，都和老師同學們進行交流，希望大家能夠在交流當中得到更好的學習體驗。」

聽了老師的鼓勵之後，同學們都開始思考審美客體的特性這一問題。

「我認爲剛才老師在講審美客體的定義時，提到的審美客體既不是普通的物質實體，也不是普通的精神實體，這是個很重要的特性。也就是說，審美客體其實並不是某一種實體，而是在客觀世界和主觀世界的共同作用之下產生的。雖然我不會總結這是一種怎樣的性質，但是我覺得這是審美客體的一個特殊之處。」

桑塔亞納老師說：「我幫你概括一下，這點應該是審美客體的非實體性。這位同學說得很好，能夠從之前我所講的內容當中提煉出有用的觀點，這是很有意義的。我再爲同學們講講非實體性。非實體性是原本就存在的一個概念，它指的是無論從哲學的角度，還是從自然科學的角度來觀察我們的世界，世界都不是實體性的。因爲人在觀察的過程當中一定會借助思維和想像，這就使得事物具有了非實體性的範疇。我剛才在爲大家講解審美客體的時候，特意著重講解這一點，就是爲了讓大家能夠區分物質性和非實體性這兩個概念。今天我們講的審美客體確實就是具有非實體性的。」

另一位同學又站起來回答：「我認爲審美客體還具有變化性，而且這個變化性是能夠從多個方面進行考慮和分析的。第一個方面，隨著人類社會的發展和進步，審美的客體總是在發生變化的，最初的時候，人們生活的環境和使用的物品都能夠成爲審美的對象，但是隨著社會的進步，人們的審美要求愈來愈高，對於審美價值有更深層次的理解和期待，審美客體就漸漸演變成藝術作品中的某些形象了。第二個方面，是基於前一位同學說的非實體性，從中可以看出審美客體也是隨著人的主觀感受的變化而變化的，因爲審美的過程本身就是客觀與主觀的統一，所以我們應該在認識審美客體的過程中，看到人的主觀對審美產生的變化。」

桑塔亞納老師聽完後說：「你看到的這兩點變化都是非常重要的。第一點是我準備要重點講解的內容，沒想到能有同學提出來。審美客體在大趨勢上遵循這樣的變化路徑——生活形態、審美意象、藝術形象，這種變化是與人類的社會歷史發展有密不可分的聯繫的。在最早的人類社會，人們的生產活動簡單，生活範圍狹窄，對事物的認知還停留在比較淺的層次。他們對於外部事物的認知也會因此局限在生產生活中，他們的審美對象就是與生活息息相關的一些人、動物、物品、景觀等。隨著人的感受能力的提高，想像力和創造力日益提升，社會經濟迅速發展，人們將很多與現實生活密切相關的事物賦予審美的價值和涵義，令這些事物成爲一種特定的審美意象。藝術形象比審美意象還要純粹，在它的產生時期，人類的生產生活水準已經發展到了很高的水準，人們對美的欣賞能力也愈來愈強，因此會開始製造一些不具有實用性而只具有審美性的物品。當然，這三種形態只有出現的先後順序，並沒有主次或好壞之分，在今天，我們能夠欣賞到各種各樣的審美對象，說明我們已經處在一個相對高級的時代了。」

這時，陳學碩舉手提問：「老師，如果按照您的思路繼續往下走，是不是以後科技發達了，還會產生新的審美對象呢？那又可能是什麼呢？」

老師笑著說：「你問得很好，未來當然有可能會產生新的審美對象，因爲只要時代在發生變化，人在發生變化，這個世界就始終會有新的東西產生。不過你如果問我是什麼，我就說不上來了。對於一些高科技、新技術，想必同學們應該更瞭解吧，或者在不久的將來，你們將親自見證更多審美對象的產生。」

聽了老師的講解，同學們都會心一笑，想想自己現在生活中的很多物品都有可能成爲審美對象，不由得也覺得興奮。

桑塔亞納老師說：「我接著爲同學們講剛才的內容。剛才那位同學談到了審美對象的兩點變化，第一點是隨著社會歷史的變化而產生的變化，第二點是隨著人的主觀感受的變化而產生的變化。這兩點其實同學們都應該容易理解，不過我希望大家能夠將知識認識得更加深刻一些。現在我爲大家解釋一下第二點。事實上從剛才講解社會歷史的變化對審美對象的影響時，大家就應該能夠看出來，人的主觀認識的能力是隨著社會歷史的變化而變化的，社會愈進步，人們的主觀認知能力愈強，從最開始樹立起人的主體地位，到認識到外物的對稱、比例，最後又從外物的環境中回歸內心。這樣的變化是人處在不同的時代，主觀認識產生

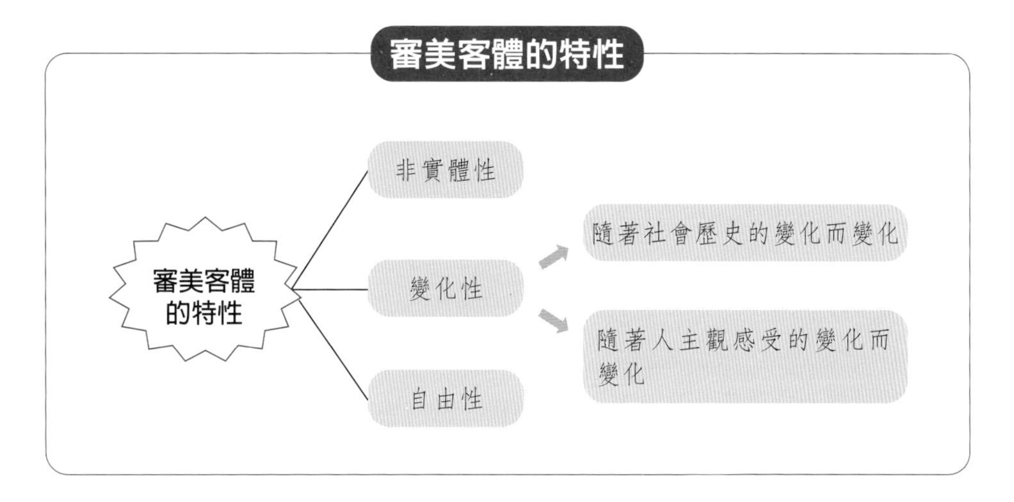

的變化。即便是處於同一時代的人，因為他們所處的地域、環境、氛圍不同，他們對於同一事物的看法也是不同的。這一點講完了，大家還有別的要補充的內容嗎？」

同學們都還在消化著剛才老師講的知識，似乎都沒有什麼新的想法。桑塔亞納老師便又留了一些時間讓同學們討論。

過了一會兒，看到同學們都討論得差不多了，桑塔亞納老師又開始講：「我認為，在審美客體的特性中，還有一點是非常重要的，那就是自由性。首先我想聽聽同學們是如何理解審美客體的自由性呢？」

同學們都覺得有些懵，不理解所謂的「自由性」從何而來。一位同學站起來說：「自由性是不是指審美主體對審美客體的認知方式是多樣的、自由的？」

桑塔亞納老師笑笑說：「你說的這點也可以被看作自由性的一個方面。其實我要講的審美客體的自由性，是因為不同的認知方式而產生的多種多樣的認知結果。我為大家舉例來說吧，假如說審美客體是一個特定的物體，就舉我們周圍最簡單的例子——粉筆。將粉筆作為一個審美對象，大家能夠從中想到什麼呢？請同學們隨意聯想，不需要有任何顧慮。」

這時，同學們變得活躍起來。「我想到我小時候曾經吃過粉筆，當時嚐那味道的時候，覺得挺好吃，結果事後吐了好幾天！」

「我想到我初中時的一位老師，他每次上課都會在黑板上寫下滿滿的板書，字寫得非常漂亮。」

「我想到其實粉筆是不太環保的，會產生很多粉塵，對學生和老師的呼吸道都會產生不利的影響。」

「我想到小學時的同桌，她會畫非常漂亮的粉筆畫。」

桑塔亞納老師看同學們說得太開心，急忙制止住了：「沒想到同學們對於粉筆的感觸竟然這麼多，我如果不讓大家停下來，大家大概能說一堂課吧。好了，我們還是回到剛才講的審美客體的自由性。剛剛我讓大家將粉筆看作審美對象，然而大家看到的卻不僅僅是粉筆，還想到了很多關於粉筆的事情和人，這些事情和人早已經超越了粉筆這個物體本身，體現的是同學們的聯想、想像，甚至是情感的變化。其實我們在面對任何審美對象時都是這樣的，我們看到的不僅僅是這個物體本身，還有我們對於這個物體的感受，以及透過這個物體產生的聯想、想像，這些都超越了這個物體本身的形象，還會因此而產生某種情感。因此我們能夠看出來，這時的審美客體已經不僅僅是一件物品了，它好像成爲一個自由體，既能夠代表自身，也能夠代表他物；既能夠觀照主體，也能夠看到他人；既能夠觸發情感，也能夠產生聯想。這時的審美客體早已被賦予了更加深層的意義，這就是審美客體具有的自由性。」

同學們聽得非常認眞，不知不覺，到了下課的時間。

桑塔亞納老師看著同學們說：「親愛的同學們，和你們一起度過的這一堂課對我來說非常有益，也希望你們今後的每一堂課都有所收穫。下課！再見！」

同學們整整齊齊地站起來目送老師：「老師再見！」

桑塔亞納老師推薦的參考書

《美感》喬治・桑塔亞納著。這本書是美國美學史上第一部真正意義的美學專著。在這部美學專著中，桑塔亞納鮮明自覺地遵循了自然主義的哲學路線，對美國的美學發展起到了非常重要的引導作用。

第八堂課

休謨老師主講「審美趣味」

美並不是圓的一種性質。美不在圓周線的任何一部分上。圓周線上的任一點和圓心的距離都是相等的。美只是圓形在人心中產生的效果，人心的特殊構造使我們可感受這種情感。

大衛．休謨（David Hume，1711～1776）

大衛．休謨是蘇格蘭的哲學家、美學家、經濟學家和歷史學家，他被視爲蘇格蘭啟蒙運動以及西方哲學史中最重要的人物之一。他畢業於愛丁堡大學，曾擔任過英國駐法國大使館的祕書和英國副國務大臣。他非常關心美學和文藝的問題，他的相關美學理論主要集中在他的著作《論審美趣味的標準》中，除此之外，《人性論》、《論趣味和欲望的奧妙》、《論悲劇》，也都是他具有代表性的美學作品。

又到一個週末的早上，今天陳學碩、王超然、尹文杰三個人都起晚了，他們掙扎著起了床，終於趕上了今天的美學課。

一進教室，他們三個人看老師還沒有到，就開始閒聊了。王超然和尹文杰盯著陳學碩問：「說，昨兒一天沒有見你，你去哪裡逍遙快活了？」陳學碩說：「昨天不是星期六嘛，當然是出門過週末啦。」

尹文杰一臉壞笑：「過週末，說得好聽，肯定是和小姑娘約會去了吧？」

「你不要總把自己的想法加到別人身上好嗎？昨天我表哥從國外回來，我帶他玩了一天，熟悉了一下現在的城市環境。你知道嗎？他在國外就是學美學專業的，他說美學是一門很高深的學問，我們現在在課堂上學到的這點兒東西還只是皮毛呢！他還讓我陪他去一趟博物館，我們在博物館裡遇到的所有展覽，他都能說出來好多相關的內容，就好像是一部活的講解器，眞是太棒了。」

王超然聽了之後，感覺很崇拜：「你眞有這樣的表哥啊？那下次帶著我們一起去玩，多好。」

陳學碩一口答應：「這當然沒問題了。不過……」

「不過什麼？」

「我表哥跟人講話的時候比較直接，他昨天就說我上了幾堂美學課，其實什麼都沒學到。」

「那可能是你的學習能力眞的有問題吧，或者我們還有好多課程沒有學呢。」

「昨天分別的時候，他還說，我的審美趣味有待提高，讓我繼續努力。」

「審美趣味指的是什麼呢？」

他們的聊天進行到這裡的時候，老師走進來了，他們急忙停止了聊天，恭敬地看著新來的老師。

審美趣味的內涵

「同學們好！」

「老師好！」

「很開心來到這裡給你們上美學課，我是你們這堂課的美學老師休謨。」

聽到老師的名字，同學們都發出了驚呼的聲音，表示不可思議。

休謨老師說：「我還沒有進行自我介紹，大家就已經瞭解我了嗎？」

同學們七嘴八舌地說著，老師讓大家安靜了下來。他說：「看樣子，你們對我已經有一些瞭解了，不過我還是要向大家介紹一下自己的情況。我來自蘇格蘭，1711年生於一個沒落的貴族家庭，我的外祖父是蘇格蘭最高民事法院的院長，我的父親是律師。我承襲家庭職業，從小就開始學法律，但最終因爲經濟原因，沒能完成學業。之後，我轉而從政，先後擔任駐法使館祕書、代理公使、國務大臣助理，最終退休還鄉。在我的一生中，我曾經有過非常好的朋友，比如狄德羅、伏爾泰、盧梭，跟他們的交往讓我的思想有很大的提升，我非常感激他們。我想同學們之所以瞭解我，是在你們學習政治或歷史的過程中知道的吧？」

同學們都點點頭。

休謨老師繼續講道：「的確，我一生的大部分時間都從事政治活動，寫過歷史和哲學方面的書，可能很多人都不記得我還有美學家這個身分了。但是對於美學，我始終有一種特殊的感情，因爲我覺得，美學是很多學科存在的基礎，只有認識到世界的美，才會有更多的興趣去研究這個世界。當我們看到每個事物、每個人、每個景觀的時候，如果能從心底產生一種愉悅的感受或莫大的興趣，這種狀態就一定能讓人們的生活充滿色彩和激情。」

同學們聽了休謨老師的話，都覺得受到了很大的鼓舞，在心裡暗下決心要學好美學。

休謨老師接著說：「我剛才在走進教室的時候，就聽到幾個同學在討論，無意中聽到他們討論審美趣味。你們眞的是聰明睿智啊，我今天要爲大家講的課題就是審美趣味。」

陳學碩聽到老師說今天講的就是審美趣味，立刻從見表哥的興奮當中回過神來，他想：「這堂課來得可眞是時候，我一定要好好聽講。等下次見表哥的時候，肯定不再是那個審美趣味不合格的小孩了。」

休謨老師說：「首先，我想聽聽大家對於審美趣味的理解，然後我再爲大家闡述準確的定義。大家可以先進行小範圍的討論，之後同學們再回答和補充。」

聽了老師的話，同學們展開了熱烈的討論。

「我認爲審美趣味應該是每個人都有的，是一種審美方面的能力和水準，像我們平常說的審美判斷、審美水準、審美能力，應該大致都是這樣的意思。」

「我認爲審美趣味和其他的審美概念還是應該有區別的。雖然我對這些概念的定義也都不太瞭解，但是我認爲每個人都有自己的審美趣味，所以就會造成審美結果的不同。審美趣味應該是屬於人的主觀因素或主觀能力，會受到人的文化程度、興趣愛好等各個方面的影響，這種主觀性的影響造成了人們審美的千差萬別。」

陳學碩聽了幾個同學的回答，再加上表哥之前曾說過自己的審美趣味的問題，也思考了很多。他回答說：「我想只從字面的意思來解釋審

美趣味。當我看到『趣味』這兩個字的時候，我最先想到的就是有趣、享受和快樂。我認為這樣的趣味一定是因人而異的，因為每個人對於有趣的理解都是不同的，這其中不僅包含了一個人的興趣愛好，還包含了人們的修養、學識、文化水準等。所以說，雖然從字面上看審美趣味是件很簡單有趣的事情，但是它在深層一定受到很多因素無形的影響。我們在研究審美趣味的過程中，應該對這些複雜因素一一分析，看到它們對於審美的塑造和影響。」

聽了陳學碩的發言，休謨感到非常欣喜，他說：「剛才進教室的時候，就是你和周圍的幾個同學在討論審美趣味吧？看來你們真是聰明的孩子，不僅能預感老師這堂課要講什麼，而且對問題的思考也很到位。」

陳學碩不好意思地撓撓頭：「其實剛才我們只是在閒聊，不小心就聊到了這個話題。因為我自己在私下也正好想過這個問題，沒想到今天誤打誤撞，正好您就來講這個課題。剛好我還有很多關於審美趣味的困惑，相信聽完老師講的課，一定能夠有所收穫。」

休謨老師繼續說：「好的，你仔細聽講，一定能夠解決你的困惑。話說回來，你對審美趣味的表面涵義解釋得的確比較到位，它指的就是在審美過程中使一個人感到有趣、快樂的因素，在審美中的具體體現就是欣賞、評判、鑑別美醜的能力。因為只要能夠感受到美，就能夠感受到有趣和快樂。所以說，審美趣味實際上指的就是審美的能力。之前講的這些都是比較簡單的，我們要著重分析和理解的，是審美趣味包含的幾個能力，大家請看我的板書。」

寫完板書，休謨老師接著講：「從深層分析審美趣味的時候，我們主要從五個方面的審美能力進行分析，分別是感受力、知覺力、判斷力、想像力和創造力。下面我為大家一一解釋這些審美能力。審美

馮延明老師評注

知覺是一系列組織並解釋外界客體和事件的產生的感覺訊息加工過程。換句話說，知覺是客觀事物直接作用於感官而在頭腦中產生的對事物整體的認識。知覺有這樣幾個特性：整體性、恆常性、意義性、選擇性。

審美趣味的內涵

感受力

這座建築的線條和輪廓給人一種美的享受，尤其是門上還有各種各樣的雕刻花紋和圖案，實在讓人喜歡。

知覺力

我覺得最讓我感動的是整個結構的對稱與和諧，還有周圍的大道與這個建築之間都是非常和諧的，整體給人的感覺非常雄偉。

判斷力

足見凱旋門在巴黎乃至整個建築歷史上都有非常重要的地位。

想像力

看到這座建築的雄偉，可以想像到戰爭的壯烈，正是因為有了那種壯烈，才有了這樣一種凱旋。

創造力

這種建築對我們中國的很多建築來說，都有借鑑意義，中國的建築中也有很多宏偉和對稱的因素。

感受力主要是指對色彩、聲音、線條等形式因素的識別力。審美知覺力是按照審美需要對審美客體進行加工和補充，構建起一個完美無缺的審美對象。同時審美知覺力還能感受各種形式因素之間互相聯繫構成的整體的韻律，也就是通常所說的是否具有整體性，是否具有和諧美。這一點是很重要的，能夠引起人心靈的直接感受。審美判斷力建立在理解的基礎上，在審美活動當中，審美主體以感性的形式先對審美客體產生直接的、整體的把握和領悟，在這個基礎上對審美客體進行一定程度的判斷，這種判斷實際上是一種對審美客體的理解。審美想像力是審美主體在長期的審美實踐活動當中產生的一種審美能力，這種能力的低級形式是聯想，高級形式是再造性想像和創造性想像。這些想像力都是透過對現實的認識和反思，表達出創作者對於未來的一種希望。這種想像力能夠引申出最後一個審美能力——創造力。審美創造力是審美能力當中較爲高級的一種能力，包括創造新觀念、新理論、新思維、新方法、新手法，以及創造新審美意象、新藝術形象的能力等。審美創造力實際上是各種審美能力的綜合提升和運用。」

休謨老師一口氣講了五種審美能力，同學們都感覺有些吃力了，還在不停地記著筆記。休謨老師笑笑說：「同學們，我在講這些審美能力的概念的時候，可能會用一些比較抽象的詞彙，讓大家對它們在理論上有完整的認識，但是實際上，這些能力都是我們日常生活中常見的。

舉個例子，當你看到一幅繪畫作品的時候，首先會用眼睛去看，這就是用感官感受，就是審美感受力的體現。其次，你會想，這幅畫到底是畫了什麼樣的人物或者景觀，整體畫面看起來是否和諧，這就是審美知覺力的體現。然後，你心裡就會產生一種對繪畫作品的理解和判斷，你從畫中是否能夠想到當時創作者的思維，你是否喜歡這幅畫，這就是審美判斷力。接著，你還可能會在看這幅畫的時候，由畫中的情景想到自己的生活，或者想到自己也渴望置身於這樣的情景之中，這就是審美想像力。最後，如果你是個比較有藝術造詣的人，你還可能依據這幅畫的啟發，創作新的作品，這就是所謂的審美創造力。你們看，透過這樣一個簡單的審美過程，就能夠把這幾個審美能力都聯繫起來了。大家要記住，在學習的時候，關鍵要理解，而不是記筆記。」

同學們聽了休謨老師講的內容，覺得很有收穫。休謨老師繼續說：「講完審美趣味的內涵，我還想講一下審美趣味的重要性。在審美活動當中，審美趣味是具最爲基礎和核心的部分。從剛才我爲大家舉例的審美過程中來看，審美經驗中包括的各種審美能力並不是單個的、不相關的審美能力，它們之間不僅密切相關，而且共同構成了審美活動的完整階段，並且每個階段都是非常重要的。所以審美趣味首先能夠鍛鍊一個人的感覺、知覺、領悟，使人們在面對問題的時候，能夠養成一種自我思考、自我想像、自我判斷的習慣，並逐漸對人的心理狀態和精神面貌產生一定的影響。其次是審美趣味能夠幫助人們塑造美的心靈。如果一個人的審美趣味是健康的、積極向上的，那麼這個人就能夠自覺地去欣賞健康向上的文藝作品，從這些作品當中汲取善良、正義、美好的能量，對人的思想道德會有很大的影響。這樣就是把審美趣味和道德行爲結合在了一起，將有利於人的進步。」

審美趣味的相對性和絕對性

休謨老師休息了一會兒，又開始講下一部分內容：「大家在清楚了審美趣味的基本定義之後，我們就能夠對審美趣味進行進一步的分析和研究了。第二個部分，我要講的是審美趣味的相對性和絕對性。概括來講，審美趣味是以個人興趣和愛好爲出發點，並且隨著人類社會實踐的發展而發展，這就是審美趣味的相對性的體現；不過，它同時也有一些不變的共同特徵，這就是絕對性的體現。講這一部分內容就是希望同學們能夠從辯證的角度理解審美趣味，認識到審美趣味同時會呈現出相對性和絕對性。」

這時，有的同學產生了疑問，有的同學表示能夠理解。休謨老師又說：「我相信這已經不是你們第一次在美學課上聽到『相對性』和『絕對性』的概念了，大家一定要清楚美學和哲學之間的關係。其實美學就是哲學的一個分支，所以在研究很多美學問題的時候，不可避免地會使用哲學上的一些方法和思路。大家應該習慣這種思路，並且最好能夠自覺養成這樣的思考習慣，或者在課餘時間多讀一些和哲學相關的書，這樣會對大家日後深入學習美學有很大的幫助。」

聽了老師的講解，同學們都稍微安靜了一些，按照老師的思路繼續聽課。休謨老師說：「我從兩個方面來講解審美趣味的相對性。第一個方面是審美主體自身屬性方面，第二個方面是客體條件變化帶來的影響。從人的主體屬性來講，審美趣味形成的過程中，會受到每個人的生活環境、文化教養、個性差異的影響，這些方面的不同會使得人們的需要、愛好、情感產生很大的不同，因此每個人才會產生各不相同的、相對獨立的審美趣味。用你們中國的一句俗語來說，就是『蘿蔔青菜，各有所愛』。除了個性差異之外，審美趣味還會隨著個人心境、情緒的不同而產生各種變化。從客觀的歷史社會方面來看，它會隨著人類實踐活動的變化而不斷發展，在歷史發展的過程中會產生不同的內涵。例如：在原始社會

馮延明老師評注

原始社會時期的佩飾質料通常有介殼、骨角、石、玉、陶、金屬等多種。據考古發掘資料中展示的原始時期的配飾種類，有穿孔蚧殼、鑽孔石珠、穿孔鴕鳥蛋皮扁珠、穿孔鳥骨扁珠等等。北京周口店山頂洞人遺址也曾出土一批石珠、石墜、穿孔魚骨飾、穿孔貝殼等原始佩飾。這些都是迄今所知，中國製作和使用佩飾的最早實例。

時期，社會生產力水準比較低下，當時的原始人雖然生活在自然美景當中，卻對自然的美渾然不知，因爲以他們的生活經驗，完全體會不到當時的大自然的美。他們只是對動物和身邊的石頭等工具產生美的感覺，**用石頭、動物的皮毛或牙齒作爲自己的裝飾**，以表示自己的勇敢和健美。進入農耕社會之後，人們已經開始把審美的方向投向自然界和生活領域，在這些領域當中，審美仍然保持著一定的實用功利性。隨著人類社會不斷進步，人類的審美世界不斷發展，不僅創造出了藝術領域，還將許多原來完全不會認爲是美的事物都納入審美的範疇。例如：在現代藝術創作當中，醜的大量出現，充分說明了審美趣味是具有時代性的。

這也就是說，審美趣味總是隨著時間、空間等條件發生變化，並且不斷產生新的狀態和特徵。」

聽完這部分，王超然好像忽然想到了什麼，舉手發言說：「休謨老師，您講的這部分內容，我在聽的時候總覺得非常熟悉。剛剛才想到，是上堂課的老師爲我們講審美客體的特性時，就講到了審美客體是具有變化性的，它有兩方面的表現。一是會隨著人的主觀感受的變化而變化，二是會隨著社會歷史的變化而變化。我想問問審美客體的變化和審美趣味的相對性，它們有內在聯繫嗎？」

休謨老師聽了王超然的提問，回答說：「你這個問題很好，能夠看到不同知識之間的聯繫。其實從本質上講，你所說的審美客體的變化和審美趣味的相對性，在審美過程當中，就是同一種表現，只不過是從兩個不同的角度去看這個問題，就會有不同的說法。上堂課，你們學習的是審美客體，所以就會從審美客體的角度去看，而這堂課，我們學習的是審美趣味，就從審美趣味的角度來看。」

王超然聽了老師的回答說：「也就是說，對於審美活動中出現的一種現象，其實有很多角度可以描述它，是這樣嗎？」

休謨老師說：「是的，的確是這樣。那好，接下來我就爲大家講解審美趣味的絕對性。審美趣味具有的絕對性，指的是主體在審美的過程當中，會產生普遍性和共通性的感受。雖然說審美趣味是透過人的個人愛好、趣味表現出來的，但是由於審美的對象總是客觀眞實的存在，具有客觀的屬性和具體的社會內容，因此在審美的過程中，也會表現出某種普遍性與共通性。在這些普遍特性當中，最主要的表現就是直覺性和愉悅性。」

休謨老師向同學們提問：「同學們對於直覺性有什麼自己的理解嗎？我想先聽聽大家的想法。」

「要理解直覺性，就應該先理

直覺，指直觀感覺，沒有經過分析推理的觀點。語出魯迅《花邊文學．算帳》：「但我直覺的感到，這恐怕是折了本，比用庚子賠款來養成幾位有限的學者，虧累得多了。」

解直覺。我認爲，直覺就是最直接、最直觀的感覺，是不經過思考就產生的結果。它應該最能夠反映人的內心感受。所以我認爲直覺性也應該如此，指的是審美趣味的這種直接的性質。」

「我認爲直覺性在審美過程當中，是很常見的。比如我們在看到一個物品的時候，有時候會說不出原因就喜歡它。當時可能還沒有經過思考，僅僅是看一眼就知道是喜歡。還有在電視劇中經常出現的一見鍾情，其實都是憑直覺而產生的。我認爲直覺性就是這個意思。」

休謨老師聽了同學們的回答，說：「不錯。審美是一種特殊的精神活動，跟其他精神活動比起來，審美活動的突出特點就是直覺性。就像第一位同學說的，我們在審美的過程中，面對繪畫作品、美妙的音樂和自然風光的時候，通常不需要思考就能在剎那感知到對象的美。因爲審美對象總是具體可感的，審美過程最開始是源於人對於審美對象的直接感知。當美的資訊透過感官進入審美的視野當中，使人產生審美想像，並做出審美判斷時，就能夠形成愉悅的情感反應，從而使人能夠得到直接的美的享受。」

有同學馬上提出了問題：「所以說，審美眞的是一種直覺嗎？」

休謨老師說：「我說的這個觀點只是想表明，在審美的過程當中，存在產生直覺這樣的現象，但這並不是說所有的審美活動都是靠直覺產生的。在理解了這個之後，我們接下來再講直覺性包含的一些涵義。首先，審美活動一定是審美主體的直觀活動，所以審美的體驗也一定是直接的。其次，產生直覺的過程中，不需要借助抽象的思考和邏輯的推

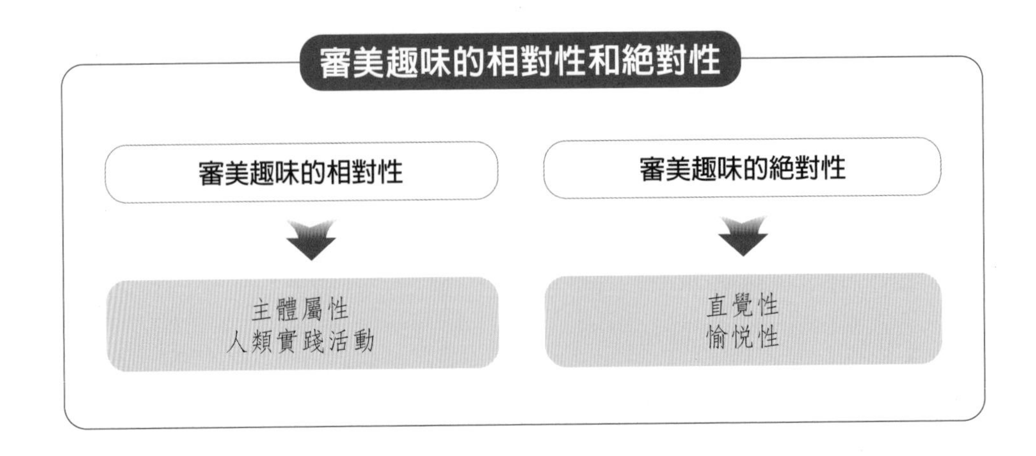

理，人們直接就能夠得出結論，也就是說，審美趣味是具有頓悟性和直觀性的。最後，審美趣味的直覺性是區別於在認識的初級階段產生的感覺和知覺的。在產生直覺的過程中，其實是滲透了一定程度的思考和理性，它並不是沒有根據就隨機產生的結果，而是能夠透過現象把握事物的本質。最後一點最為重要，大家一定要理解。」

「下面我繼續給大家講審美趣味的愉悅性。審美趣味的愉悅性主要體現的是在審美過程當中達到的精神享受和趣味滿足。第一，審美趣味的愉悅性和審美感受的本質相關，這種愉悅性就是人在審美中產生的滿足和快樂，它滲透了人類的感知、想像、理解。第二，審美趣味的愉悅性包括悅耳悅目、悅心悅意、悅志悅神三個層面。悅耳悅目指的是審美主體從對象身上得到的直接快感。悅心悅意指的是主體既有心意的愉悅，也不受外在的限制。悅志悅神指的是主體最終達到了一種將對象置於內心的樂趣和體驗。第三，審美趣味的愉悅是生理愉悅和心理愉悅的共同體驗，其中更加側重於心理愉悅。」

審美趣味的客觀性與個性

休謨老師繼續講課：「下面我們換一個角度來瞭解審美趣味，那就是瞭解審美趣味的客觀性和個性。客觀性主要體現在時代性、民族性和人類共同性；審美趣味的個性則主要體現在不可重複性、變異性和獨創性。」

「首先我們來講審美趣味的客觀性，這指的是審美趣味具有的一部分性質，是不摻雜主觀因素的，是整個時代、整個歷史時期、整個人類社會具有的共同特徵。第一個方面要講的是時代性。剛才我們講過，審美趣味是隨著人類實踐活動的變化而變化的，也可以說，審美趣味是某個歷史階段的產物，所以它一定能夠反映這個時代的內容。比如說在農業社會，人們嚮往的就是男耕女織、自給自足的恬靜生活，生活節奏緩慢，審美趣味也是偏向於安靜、祥和的生活狀態。到了工業社會，人們的生活節奏在機器的推動下，變得飛快，人們開始有新的生活節奏和生活方式，他們讚美快節奏和高壓競爭，並且崇尚簡潔方便，審美趣味又有了新的時代特徵。在如今你們這個時代，工廠、機器都不再是你們的追求了，也不再是美的象徵了，人和自然之間的和諧關係重新又成為人們關注的主題。從這些時代的變化中，我們能夠看出，審美趣味的客觀性和人類生活的物質基礎、生活方式以及由此產生的心理特徵，都有很大的關係。」

王超然聽完老師的講解，立刻說：「休謨老師，同樣是審美趣味的變化，在上一部分講審美趣味的相對性的時候，您著重強調的是審美趣味會隨著人類的實踐活動而產生變化；而在講這一部分內容的時候，您強調的又是每個時代都會有各自的特徵。我想問問，這看似不同的側重點，它們之間會不會存在矛盾呢？」

休謨老師笑笑說：「怎麼會存在矛盾呢？你想想看，審美趣味是不斷發展和變化的，但是在某個固定的階段，它會具有跟時代符合的鮮明特徵。這種變化和穩定並不是在同一個時期出現的，所以並不存在矛盾。我們在認識事物的時候，如果說它是絕對變化的或者絕對不變的，其實都會與事實不符合。我們應該用全面的眼光看待這些問題，只有這樣，才能夠對事物有全面的認知和理解。」

同學們都點點頭，王超然也若有所思的樣子。

休謨老師說：「下面我繼續為大家講民族性。所謂審美趣味的民族性，指的是審美趣味會受到民族共同的生活地域、文化傳統、人種體質、社會政治和經濟生活的影響。每個民族總是會有共同的審美趣味，並且這些審美趣味能夠代表民族的特徵。大家能舉出一些審美趣味的民族性的例子嗎？」

老師說完，馬上就有同學舉手回答：「在我們中華民族的傳統當中，黃色是最為高貴的顏色，曾經是皇族的象徵。但是在基督教文化中卻不是這樣。這樣對同一顏色的不同看法，應該就是審美趣味的民族性的體現。」

也有同學說：「我認為民族性主要是體現在不同的國家的差異，其次在同一國家當中也會有不同的民族，但是歸根結底，我認為影響審美趣味的因素，還是地域。因爲這些民族的分化，以及帶來的政治、經濟、文化的不同，其實都是根源於地域的差異。比如說世界上人們的膚色都是不同的，這就是因爲在不同的地域，有不同的地理條件，導致光照、溫度、生物遺傳因素、黑色素的多少都會有差異，進而形成了不同膚色的人種。在不同人種的心目當中，他們一定是崇尚自己的膚色的，這也是一種審美趣味的體現。」

休謨老師笑笑說：「你們想到的例子確實都是非常典型的，可見你們對審美趣味的民族性理解得比較到位。接下來要講的是人類共同性。在理解審美趣味的人類共同性時，需要在一個更加廣闊的視野上看，因爲這是根源於人類共同的審美追求，其中並沒有絕對的或突出的時代性和民族性的特徵，也沒有十分明顯的社會內容，這就是所謂的『人同此心，心同此理』。我舉一些最簡單的例子，人們對於平等、和平、自由、博愛的渴望，以及對仇恨、陰謀、病痛的厭惡，這些都是全人類的共同想法。」

看到同學們對這些概念都理解得很好，休謨老師接著爲大家講：「下面我要講的是審美趣味的個性。審美趣味的個性，是由社會群體的審美意識滲透到個體審美心理結構而形成的一種具有獨特性的審美趣味，是審美意識在個體審美心理結構中的表現。它第一個方面表現爲不可重複性，這指的是每個個體在審美趣味上，都有自己獨特的眼光和情趣。因爲人的審美趣味是有別於認識活動和理性活動的，它具有相

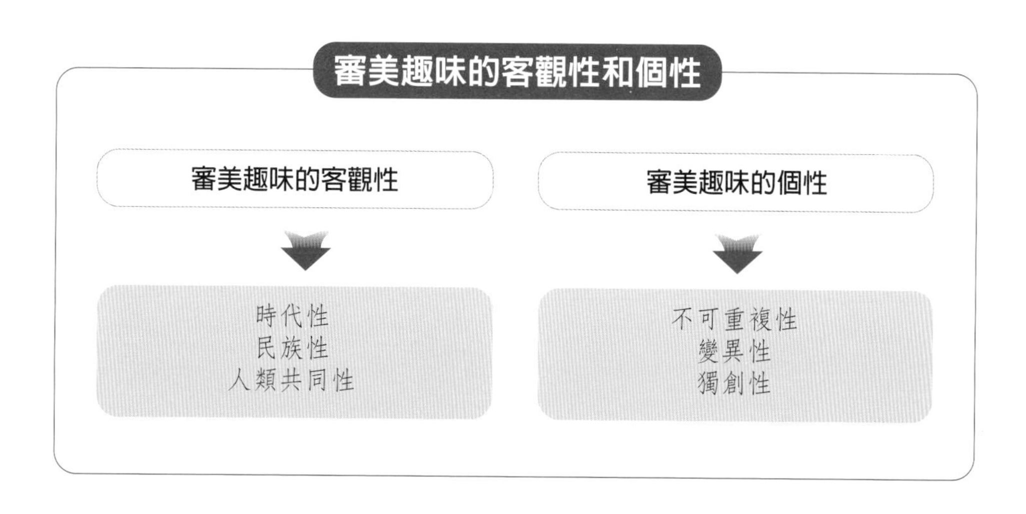

對自由的特徵，而且有強烈的個性化色彩。曾經有一句話是『一千個讀者心中，有一千個哈姆雷特』，產生這種現象的原因並不是莎士比亞的作品，而是因爲每個欣賞個體都有不同的審美趣味。正是審美趣味的這種不可重複性，才使得人類的審美趣味呈現出豐富多彩的形態。第二個方面表現爲變異性，指的是審美趣味會不斷產生變化的狀態。因爲審美趣味是由許多因素影響的，所以既有必然因素，也有偶然因素，比如說會受到一時的興趣愛好和心境影響，這樣都會對審美趣味產生一定程度的影響。第三個方面表現爲獨創性。對獨創性的理解是在一個相對宏觀的角度上分析審美趣味的個性。當審美趣味出現個性化的現象時，有時候並不一定是逆潮流，而是引領了新的潮流。這種審美趣味的獨創性發展，可能會成爲審美趣味歷史進步的新動力。我們在歷史發展的進程中能夠看到，很多在歷史上具有重要意義的藝術作品和文學作品，都是突破了當時的思想束縛，引導一種新的思潮，所以說獨創性是人類審美趣味發展的重要動力，具有非常重要的意義和價值。」

隨著休謨老師講完最後一部分，下課鈴聲也準時響了。同學們還想讓老師多講一會兒，但是也已經沒有時間了。最後，休謨老師總結了今天的課程：「今天，我們全面瞭解了審美趣味，讓同學們不僅認識到審美趣味的表面和深層涵義，還瞭解了審美趣味存在的各種特性。希望同學們能夠在課後好好複習這堂課學習的知識，並運用到今後的學習當中。今天的美學課到這裡就結束了。同學們，下課。」

休謨老師推薦的參考書

《論審美趣味的標準》休謨著。這是一篇休謨寫的論文，在論文當中，休謨將自己對審美趣味的標準做了比較詳盡的述說，值得愛好和研究美學的人們閱讀。

第九堂課

謝林老師主講「審美活動」

謝林（Friedrich Wilhelm Joseph von Schelling，1775～1854）

德國哲學家，德國唯心主義發展中期的主要人物，處在費希特和黑格爾之間。

他的哲學可以分爲三個時期：從費希特哲學過渡到強調客觀自然的重要性，也就是自然哲學；對精神和自然的同一性、無差別性的思考，發展成同一哲學；對消極的和積極的哲學的反抗，思想進而轉變成和宗教密切相關的啟示哲學。他的主要哲學作品有《論一種絕對形式哲學的可能性》、《先驗唯心論體系》、《對人類自由本質及與之相關聯的對象的哲學研究》。他的美學成就非常大。

這個星期天，三個好朋友照常早起，來上美學選修課。剛一坐下，王超然就拿出一本《哲學原理》，津津有味地看起來。

尹文杰和陳學碩不解地看著他：「王超然，我們知道你喜歡哲學，但是這是美學課，你不用什麼時候都看哲學吧？」

王超然看了看他倆，說：「你不記得上堂課，休謨老師說的話了嗎？美學是哲學的一個分支，所以在學習美學的過程當中，總會運用到哲學的方法。我們應該學習很多哲學的方法和思路，並自覺養成這種思考習慣，這樣才能學好美學啊！我可是謹遵老師的教誨，沒有不務正業。」

尹文杰略帶欽佩地看著王超然：「沒想到老師在課堂上隨意講的一句話，你都能記住，並且跟隨老師的想法。學霸的世界，我眞是不懂啊……。」

陳學碩說：「我覺得好的老師在講課的時候，不僅會教給我們知識，更重要的是會教給我們一些學習的方法和思考問題的思路。我們對老師教的這些，都應該好好領悟。」

王超然說：「是啊，我發現現在再看哲學的時候，確實能夠想到很多在美學課上的思路和想法，老師給我們講的，確實很有道理。」

哲學的分支

審美活動的基本概念

這時老師走了進來，站在學生的面前，說：「各位同學大家好，我是你們今天的美學老師，我的名字叫謝林。」

聽到這個名字，同學們都覺得詫異，因爲這聽起來很像中國人的名字。謝林老師笑笑說：「我知道同學們光聽名字，一定以爲我是個中國人呢，其實這只是諧音而已。我是來自德國的哲學家，和你們熟知的哲學家尼采、黑格爾、叔本華，來自同一個國家。」

同學們聽了老師的介紹之後，都紛紛點頭，因爲另外幾位哲學家都是他們非常熟悉的。雖然他們對面前的這位老師不太瞭解，但是他們相信這位老師也是非常厲害、非常有學識的。

謝林老師接著說：「看來你們對我不太瞭解，我先做個簡單的自我介紹。我就讀於杜賓根大學神學院，在那裡學習哲學和神學，並且和黑格爾、荷爾德林在大學成爲好友。畢業之後，我進入耶拿大學成爲編外教授，講授自然哲學和先驗哲學。」

臺下有同學發出讚嘆：「沒想到謝林老師也是一位厲害的哲學家呢！」

王超然說：「這就是你們孤陋寡聞了，謝林老師是德國唯心主義發展時期的重要人物。」

謝林老師笑笑，再次環顧講臺下的同學們，說：「同學們，下面就開始今天的美學課了。今天我要爲大家講的是審美活動。相信課程進行到一半左右，同學們已經學習了很多與審美相關的概念，在很多概念中都會涉及『審美活動』這個概念。大家仔細想想，你們對審美活動眞的瞭解嗎？」

同學們仔細想了想，有幾個同學想舉手發言，卻又好像覺得自己對這個概念不太瞭解，又放下了手。

謝林老師看出了大家的想法，說：「首先我要講一下審美活動的定義。從表面上看，審美活動就是日常生活中的欣賞活動及藝術欣賞活動，通俗來講，就是對美好事物的感受、欣賞。曾經有學者對審美活動下過定義，認爲在閒暇中對色、形、聲等所造成的美感的享受就是審美活動。而人類的物質生產活動、生存活動、認識活動、宗教信仰活動和社會交往活動等，都是非審美活動。」馬上有同學提出問題：「審美活動和非審美活動之間的界限，眞的有這麼明顯嗎？」

謝林老師笑笑說：「這樣的分類是能很明顯地看出二者的不同，尤其在我們研究審美活動的時候，是一定要將這種區別和界限分清楚的。在區分的過程中，我們還是要主要看活動的目的，從目的來區分它的性質。」

「其實大家已經學了這麼長時間的美學，對審美活動應該已經有了一定的瞭解，所以這些字面上的概念只是幫助大家做全面的理解。下面我想考考大家，看看大家是否眞正理解了審美活動。我想讓同學們將自己認爲的審美活動所具有的特徵寫在黑板上，我們共同來思考和解決這個問題。下面你們可以進行簡單的討論。」

不一會兒，黑板上已經有不少同學們寫下的答案了。謝林老師看著大家五花八門的答案說：「同學們的答案還眞是不少呢！這樣吧，我先講解幾個比較準確和關鍵的特徵。對於其餘的特徵，同學們可以發表自己的看法。」

同學們都對老師的這個提議表示贊同。

謝林老師看看黑板，講道：「首先我看到了一個特徵是超功利性，我覺得這個特徵總結得很好。它的意思是人們並不會因爲直接想要得到什麼物質功利而進行審美活動。因爲審美活動是基於**人類精神層面的需求**而產生的，所以它和普通的功利性活動是有區別的。它是爲人的精神性需求而產生和存在的，這就爲審美活動帶來一種非物質功利、超物質目的的特徵。」

這時，有同學表示不理解：「但是審美活動是能夠滿足人們某種欲望的活動，這樣來說，它應該還是具有

馮延明老師評注

人有五種需要。第一種是生存需要，即衣、食、色的需要。第二種是安全需要，即對於秩序、安定、經濟和職業保證的需要。第三種是愛和歸屬感的需要。第四種是尊重的需要，包括自尊和來自他人的尊重。第五種是自我實現的需要，這是一種精神層面的需要，包括個人責任、意志自由、探索眞理和審美需要。

一定的功利性吧，比如說可以稱爲精神功利？」

謝林老師回答說：「這位同學看到的這一點非常好，但是希望同學們注意，這裡提到的功利性，是狹義上的功利性，並不是絕對的功利性。我們講的是不會受到物質功利的影響。」

同學們都點點頭，表示同意老師的觀點。

謝林老師繼續講：「第二個我要講的是主體性的特徵。審美活動是人類活動當中最具主體性特徵的活動形式，它指的是人因爲具有主觀能動性而產生的自主性、主動性、能動性、自由性、目的性等特徵。在人的物質實踐活動中，人主動地認識、支配、改造自然，但是人的活動同時也會受到自然和規律的制約。在人的社會活動中，也存在各種社會規範和制度，這些都會對人類的活動產生一定的限制。但是在審美活動當中，人的主體性可以得到充分的發揮。審美主體在選擇對象的時候是自由的，可以不受外部力量的影響，憑藉自己的興趣、愛好，自由選擇自己的方向。在審美的具體過程中，可以按照自己的意願、情趣、愛好和審美，自由地展開想像，構建起與心目中的想法相符的審美對象。從這些能夠看出，審美活動具有強烈的主體性。第三個我要講的是感性特徵。一個完善的人應該是感性和理性統一的和諧體。人存在於世界上，本能地會有自然的需要和願望，如果在感性方面能夠得到滿足，人就會感到快樂和滿足。在審美活動的過程中，總是伴隨著人的情感、欲望、興趣的產生，這就是感性的表現。在審美活動的過程中，感性因素始終充斥其中，影響主體的心理活動。我主要講的就是這三點，剩下的內容同學們可以繼續補充，遇到理解困難的地方，我再幫大家做補充。」

這時，陳學碩舉起手來說：「謝林老師，我還有問題想要問您。剛才您在闡述審美活動的主體性特徵時，講到在審美活動的過程中，人們可以按照自己的意願展開想像，構建與心目中想法相符的審美對象，我不太理解，這是說人們在審美的時候會產生風馬牛不相及的聯想嗎？」

謝林老師說：「當然不是這樣，審美過程中產生的想像，不會是風馬牛不相及的，肯定是建立在對審美對象的理解和認知的基礎上的。爲了讓你理解這種自由的想像，我在這裡多引入一個審美方面的概念——審美理想。審美理想又稱美的理想，是主體心目中關於完美的觀念。審

審美理想

	具體闡述
涵義	審美理想是人們在自己民族的審美文化氛圍裡形成的，由個人的審美體驗和人格境界所肯定的關於美的觀念尺度和範型模式。審美理想產生於社會實踐中，從一定意義上說，人的全部社會活動就是不斷地認識現實、產生理想，並實現理想的過程。
特點	審美理想是相對的，具有可變性。它是在一定歷史條件下，在社會實踐的基礎上形成的，並隨著社會的發展而變化。審美理想表現還是整個社會集團和社會階級的審美關係的實踐，因而它所概括的審美感知和審美體驗的經驗比審美趣味來得更為深刻、自覺、廣泛，更鮮明地顯示著一定時代、階級的歷史必然的理性要求，所以與一定的世界觀、社會制度和實踐要求密切相關。

美理想就是主體透過想像在頭腦當中構造出來的理想形態的美。我們看似自由的想像，其實都是審美理想的一種體現，因爲人在審美的過程中就會產生這種審美理想，所有的想像都是圍繞這種審美理想而產生的。審美理想在主體的審美心理中處於很高的位置，一旦形成就具有很高的穩定性，會在審美活動中產生持久而重要的作用。其實審美理想是始終貫穿於審美活動的過程當中，這種隱含的力量會對審美的心理和想像都產生影響，所以不會產生風馬牛不相及的聯想。」

又有同學舉起手來，說：「謝林老師，我認爲審美活動是具有短暫性的。因爲審美是一種即時的感性精神滿足，是人們追求當下的精神快感的活動。與其他的哲學、宗教相比，審美帶給人的快感是當下的、暫時的，所以具有暫時性。」

謝林老師說：「這個觀點不錯，聽起來還是比較有新意的，你從現實生活的角度出發來認識審美活動，談到了審美活動帶來的影響，這一點是非常好的。我還想聽聽別的觀點。」

馬上就有另一位同學站起來回答：「我認爲審美活動具有愉悅性，這一點我是從剛才老師講的超功利性中得到的啟發。審美活動雖然不是追求物質功利，但是卻可以說它是在追求精神功利。審美是爲了滿足人

審美活動的特徵

這些藝術品都是人類精神世界的象徵，是無價之寶。
我喜歡這幅畫，但是不喜歡那幅……
審美活動的特徵
超功利性
主體性
感性
暫時性
愉悅性

的精神需求，因此人們會在審美的過程當中獲得精神的愉悅。這種精神的愉悅可以說是人從內而外釋放出的情感體驗。當人進行審美活動的時候，會將所有注意力都集中在審美對象上，用充滿生命力的力量體會審美對象，去觀賞、品嘗、領悟、感受，進入一種如癡如醉的境界。這種境界會使人超越現實，形成一種強烈的情感體驗和精神愉悅。」

同學們聽完之後，忍不住都要爲這位同學鼓掌了，謝林老師也微笑著說：「其實愉悅性的觀點應該可以算是對於超功利性的補充和延伸。但是這位同學在闡述理由的時候說得非常好，能夠將自己現實生活中的體驗和美學知識完美地結合在一起，論述得非常精彩。那好，我們對審美活動的特徵就先分析到這裡，其實審美活動還是有很多特徵的，也希望同學們在學習的過程中多多總結。」

審美活動的分類

謝林老師接著開始講第二部分的內容：「同學們，下面我爲大家講解一下審美活動的分類。按照不同的方法，可以把審美活動分成多種不同的類型，今天我只挑選其中的一種爲大家重點講解。我按照審美對象來分類，將審美活動分爲自然審美、生活審美和藝術審美。這三種類型的審美活動是人類審美活動中最基礎的三個部分，而且這三種審美活動之間又存在著互相作用的關係。」

這時有同學提問：「謝林老師，既然您說有很多種審美活動的分類方法，那爲什麼要挑選這種分類方法來講呢？我感覺我們已經比較熟悉這種分類了，爲什麼要講這種分類方法呢？」

謝林老師笑笑說：「其實我只是挑選了對你們來說，既重要又熟悉的分類講，因爲如果我講太過生僻的分類，那麼你們一定會感覺到陌生。眞正的學習，應該是將熟悉的內容都掌握徹底，這樣你們就能夠透過對知識的掌握，自己去發掘更深層的知識。而且我要強調的是，你們可能只是對審美對象的分類比較熟悉，不一定對這三種審美都瞭解。比如說，我現在請你來回答一下這三種審美各自的特徵，你能說出來嗎？」

中國古典文化中的自然審美

王維是唐朝著名詩人、畫家，他參禪悟理，學莊通道，精通詩、書、畫、音律等，多詠山水田園，為南宗山水畫之祖。被人評價為「詩中有畫，畫中有詩」。

這位同學語塞了，他才意識到自己對很多知識看似熟悉，卻不過是一知半解。

謝林老師繼續說：「其實很多人在學習美學原理的時候，都會遇到這種情況，因爲學習的過程中會接觸到很多看似熟悉的概念或者分類，但是實際上，我們每次學習的都是全新的知識，需要大家耐心學習。下面我們從最基本的內容學起，首先讓我們來瞭解這三種審美類型的定義和特點。我們從自然審美開始講起。自然審美看似很簡單，就是指審美對象是自然的審美活動。自然審美是最初出現的一種審美類型，它隨著歷史的發展，呈現不同的變化和發展。自然審美其實是人與自然的一種契合狀態，人們是在歷史的發展進程中逐步發現自然的美，有一句話說得很好，叫「美不自美，因人而彰」，這句話就能夠很好地說明自然審美的這個特點。因爲自然始終是存在的，自然美也是始終存在的，它甚至比人類存在的時期都要長久。然而，人們對自然美的認知卻是慢慢建立起來的，這就是說，自然美是因爲人類的審美意識才存在的。這樣說來，自然審美確實是人與自然的契合。自然審美主要表現在兩個方面：第一方面是借景抒情、托物言志，用自然事物來反映生活意識；第二方面是物我合一、全面交融，從而達到一種無我之境或者自然之境。」

剛才提問的那位同學不禁說：「沒想到看起來很熟悉的自然審美，在學習研究的時候，眞的變得不一樣了。的確都是新的知識，需要我們好好學習。」

老師說：「能夠看到自己的不足，也是一種進步。那麼接下來我們就來瞭解一下生活審美和藝術審美吧。生活審美，是審美主體面對社會生活中的人物、事件、社會現象等事物進行的審美活動。生活審美有兩個非常重要的特點，是現實性和反思性。生活審美的現實性，指的是這種審美活動與社會生活的現實發展和審美主體自身的現實經歷密切相關，也可以說，生活審美都是來自現實生活的。生活審美與社會生活的各個領域、各個方面的發展與階段進程都息息相關，與審美主體生活中的現實需要、利害關係、理想願望等都相關。生活審美的反思性，指的是由於對生活的感悟和思考而產生的對於自我的反思。普通人對於自己的生活有所感悟，在具體的審美活動中認識現實、認清自己，逐步在這種體悟當中進步和成長。而藝術家對於生活的審美常常具有代表性，他們會對眼前生活有所感悟，也會分析某一階段的特點，或者借助回憶反思過去的生活，在對這些進行感受和理解的基礎上，形成一定的藝術表現。」

聽到老師講到了藝術審美，同學們不禁疑惑起來。有的同學站起來問：「難道這幾種審美分類之間也是有聯繫的嗎？」

謝林老師說：「的確是這樣的，自然審美、生活審美和藝術審美之間，存在著非常緊密的聯繫。剛才我說的，僅僅是一個很小的方面，之後我們再對這個內容重點分析。我們先講藝術審美的定義和特徵。藝術審美，在生活中也被稱爲藝術欣賞、藝術鑑賞，它是基於自然審美和生活審美而產生的一種心理感應和理解活動。藝術審美是最複雜的一種審美活動。藝術審美具有很多特點。第一個是領悟性，指的是審美主體對於藝術作品意蘊的領悟，主要分爲**漸悟和頓悟**。這種領悟是審美主體以自身的審美經驗爲基礎，對藝術作品中出現的相似或類似的感性因素的把握。第二個是感應性，審

馮延明老師評注

頓悟即如醍醐灌頂，讓人豁然開朗，對於一件事或者一個道理因爲某個因素或者原因突然領悟，頓悟需要的是特定的環境和因素。漸悟則不同，如靜坐參禪，經過內心空靈狀態下，長時間地思考而領悟，當年佛祖釋迦牟尼是在菩提樹下參禪而漸悟佛法眞諦的。

自然審美、生活審美和藝術審美

自然審美——畫很多小朋友在老師的帶領下到郊區的公園，公園裡有垂柳，還有湖水，湖邊有各種各樣的小花小樹。

生活審美——畫一個家庭的場面，媽媽在廚房裡做飯，爸爸在陽臺上搭建盆景。

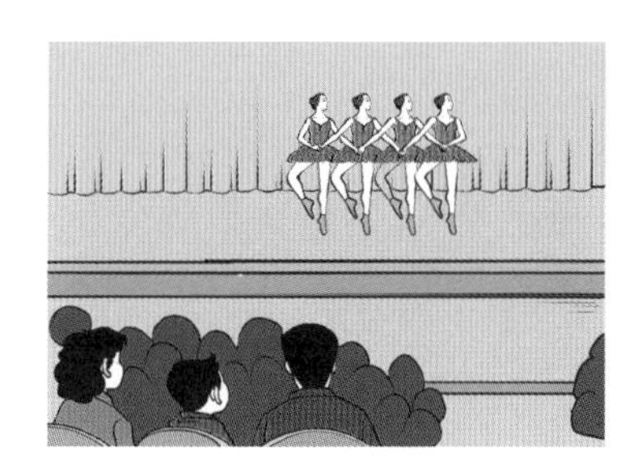

藝術審美——畫一家三口在劇院看現場演出的情景，大家都沉醉在現場的演出中，舞臺上「四小天鵝」在翩翩起舞。

美主體在欣賞藝術之後，往往能夠被藝術的境界所吸引，透過感應之心就能夠瞭解到藝術作品的意蘊或創作者的意圖。在藝術感應的過程中，審美主體常常會從創作者表現的藝術因素中找到與自身相同或相似的因素，也就能夠產生共鳴或溝通共振。第三個是理想性，指的是審美主體透過對藝術作品的欣賞，體會藝術作品中超現實、自由的部分，再透過再創造和想像進入審美理想和生活理想的境界，得到豐富的精神享受。大家能夠從我的講解中感受到，藝術審美其實就是自然審美和生活審美的昇華，它是以前兩種審美類型爲基礎的，也能夠對前兩種審美類型產生極大程度的影響。」

王超然聽了老師的講解，也提出了問題：「謝林老師，雖然剛才您是分別講的這三種審美類型，但是我在聽的過程中發現，您在講其中一個類型的時候，總會涉及別的審美類型的一點兒知識。所以說，它們之間雖然有界限，但是聯繫也是很密切的，對嗎？」

謝林老師說：「非常對！我接下來就會爲大家講解它們之間的聯繫和區別。首先講的是自然審美和生活審美。自然審美會使人的心理產生很大的變化，會對主體的人格、人性、生活等都產生很大的影響。審美主體從自然審美到生活審美，經歷了天人合一或天人感應的過程，將自然的感受轉化爲對生活的感受。而這兩者之間的主要區別就是自然審美在大多數情況下，它的主觀性並不明顯，但是生活審美卻常常帶有很強烈的主觀性。自然審美和生活審美這兩種審美類型，與藝術審美之間的關係是比較類似的。自然審美和生活審美中，本質上都是爲自然和生活中的事物賦予了人文的色彩，體現了審美主體的社會性、現實性。而藝術審美是爲自然和生活中的事物賦予了理想的色彩，在審美過程中體現了更多的情感因素。藝術審美是在獲得自然審美和生活審美的審美經驗的基礎上，對感性的因素達到更高程度的理解。我只是簡單地解釋一下三者之間的關係，讓大家能夠得到一種基本的認知。」

審美活動的過程

謝林老師接著講第三部分的內容：「可以說，剛才那部分內容是從靜態的角度認識審美活動，下面我們從動態的角度認識審美活動。我們將要學習的是審美活動的過程。審美活動的過程分爲審美準備階段、審美展開階段、審美超越階段這三個部分。首先我爲大家講的是審美準備階段。在這個階段，有兩點內容很重要。第一點是人會產生審美需要。因爲人作爲一種高級生物，會使用工具，會生產生活，這就決定了人一定會有豐富多樣的需求。簡而言之，人既有物質方面的需求，也有精神方面的需求。審美活動能夠滿足人們精神方面的需求，大多表現在情感和理想方面。情感需求是審美主體需要透過對生活的經驗和審美的體驗，以求再次達到內心嚮往的情感狀態。理想需求是人內心的深層需求，植根於人的道德性當中，是實現自我價值的必經之路。第二點是具體的外在表現，在主體身上表現爲生理、心理進入一種特殊的審美注意狀態。例如：會突然被身邊的雕塑、建築、自然風光吸引，好像隨時能夠進入審美的狀態當中。由此可見，審美準備狀態是主體的審美狀態和客體的審美屬性互相作用的一種狀態，在這個階段內，主體和客體之間完成了角色的設定，審美主體和審美客體之間即將建立起審美關係。」

尹文杰站起來說：「老師，您最後說的概念好像有一些抽象，爲什麼會有角色設定出現，能詳細講講嗎？」

謝林老師笑笑說：「可能是我最後說的內容有一些晦澀了。其實我所說的角色設定就是承認了審美主體和客體之間的這種關係是存在的。大家可以將我之前講的兩點轉變成兩種情境，第一種是人在心中已經產生出某種對於審美的期待和希望，第二種是某一種具體存在的刺激引起了審美主體的注意，使人的心理活動產生某種變化。」

尹文杰也笑笑說：「那就好，我還以爲老師講的內容，一下子變深奧了，其實還是那個道理啊。」

謝林老師又說：「的確是這樣，很多知識都有不同的表述方法，我只不過是換了一種方式表達。好了，下面我來講第二個階段——審美展開階段。審美展開階段是審美活動在生理和心理兩個層次上同時展開的過程。從生理層次講，審美主體在審美態度的支配下，感知器官對審美對象的外在進行全面的感知。而且隨著審美活動的深入，感知器官對事物的認知一步步深入，審美對象的形象更加鮮明地顯現出來，達到了審美對象表象深化的效果。這種感官感知帶給審美主體的大多是新穎的刺激和強烈的好奇心，此時審美主體的注意力會全部集中在眼前的審美對象上，並且會在這個過程中不斷感受到審美對象的整體是否處於和諧狀態。從心理層次講，審美主體在對審美對象的表象把握清楚之後，就會有感性的領悟，喚醒和調動了審美主體的生活經驗和審美經驗，在情感的推動下，產生豐富的聯想和想像，這會使審美主體的視野更加開闊，

審美活動的過程

審美準備階段		審美展開階段		審美超越階段
審美需要 外在表現		生理層次 心理層次		情感體驗 審美評價和審美欲望

得到的美感體驗也更加強烈。這個過程的完成可以說是想像和情感的結合。此外，審美展開階段有可能是個循環往復的過程，因爲人們在理解審美對象的過程中，可能會因爲逐漸地深入產生愈來愈豐富的理解。」

這時有同學說：「這麼說來，平常我們理解的審美活動就是審美展開階段。沒想到在審美展開之外，還有這麼豐富的內容。在這之後還有什麼呢？」

謝林老師說：「審美超越階段是審美活動的最後一個階段。在這個過程中會產生一種深層次的情感體驗狀態，在這種狀態之下，人們可能會產生不能自主、不能控制的強烈情感，可能會回憶起童年的經歷，或是聯想到未來的美好生活。這種情感不僅會使人們對當下的生活有更加深刻的認識，而且容易使人們產生對現實的批判或是推崇。在這個階段當中，更重要的是會產生審美評價和審美欲望。審美評價是根據審美判斷而做出的。在審美展開階段結束之後，理性認識就會得到恢復，人們就開始對自己的主觀願望和思想觀念方向進行分析和判斷。」

謝林老師講完後，下課的時間也到了，老師深鞠一躬，在掌聲中離開了教室。

謝林老師推薦的參考書

《藝術哲學》謝林著。在這本美學著作中，謝林明確肯定了建立藝術哲學的必要性，並且申明他所構建的藝術哲學體系，就形式和內容而言，與往昔的諸體系有著根本的區別。他認為藝術哲學是他的哲學的複現，本質上是哲學科學，而不是作為個別科學的純藝術理論。

第十堂課

康德老師主講「審美經驗的特徵」

伊曼努爾．康德（Immanuel Kant, 1724～1804）

德國古典哲學的創始人，古典美學的奠定者。他被認爲是對現代歐洲最具影響力的思想家之一，也是啟蒙運動最後一位主要哲學家。

今天的老師是一位身形瘦削的男子。他長著高挺的鼻子，面孔英俊，嘴角往兩側微微牽著。他來自遙遠的德國，他介紹自己時，讓大家聽到了一個偉大的名字：

「大家好，我是康德。」

他介紹自己時，顯得雲淡風輕，好像完全沒有意識到他是個多了不起的人，好像不知道他被多少人所仰慕、崇拜。他是一個溫和的、富有魅力的男子。無論是外貌上還是學識上，他都完美得無可挑剔。大家都深深被他迷住了，不弄出一絲響動。

「大家好嗎？這堂課，我們一起來度過！」

教室裡突然一下子沸騰起來，用呼聲、掌聲表達著對這位老師的歡迎，竟讓這位迷人的男子感到有些錯愕。他笑了，笑得更深了。

什麼是審美經驗

康德老師說：「能夠來到這裡，跟你們這些可愛的同學共度一堂課的時間，我真的十分榮幸。雖然我感覺你們對我是比較瞭解的，但是我還是要先介紹一下我自己。我出生在東普魯士的首府柯尼斯堡，我的父親是一個馬鞍匠，我的家庭都是虔誠的新教教徒。幼年時，我在學校學習知識，接觸到的都是人文主義的教育，當時我就對宗教帶給人們的思想僵化感到非常反感。從此之後，我的一生都是懷疑和反感宗教的。在大學期間，我雖然覺得自己有了很大的進步，但是最終因爲家境貧寒，沒能夠完成最終的答辯。最終經過我的努力，我進入了柯尼斯堡大學任教，在任教期間，我將自己的研究當作最重要的事情，最終確立了自己的哲學地位。」

聽完康德老師介紹自己的生平，同學們都唏噓不已。有同學說：「其實我們之前只是聽說過您的名字，沒有想到您在生活當中遇到過這麼多磨難，歷經這樣的磨難之後，您還能夠取得這樣令人驕傲的哲學成就，眞的是非常了不起。」 康德老師笑笑說：「其實苦難都是人生的財富，同學們一定不要覺得苦難會給人多大的壓力，其實當我找到哲學這個興趣之後，我就完全不在乎這些生活的苦難了，因爲我知道別的苦難在哲學的深刻面前，都是不值一提的。」

同學們仍然非常崇拜地注視著康德老師，目光中充滿了崇敬。

柏拉圖認爲，高明的詩人都是憑靈感來創作的，而靈感來自於兩種途徑：一是「神明憑附」，二是「靈魂回憶」。當詩人獲得了這種詩神的靈感或在靈魂中回憶到了理念世界，就可能產生一種精神上的迷狂狀態。

「我們今天來探討審美經驗。我們首先應當弄清一個問題，何爲審美經驗？」康德老師說，「在美學發展的歷程中，對於審美經驗這個問題的探討一直都沒有停止過，我爲大家舉一些簡單且具有代表性的例子吧。在古希臘的美學思想當中，就有關於美學經驗的一些學說，最具有代表性的是柏拉圖的迷狂說。在迷狂說中，柏拉圖描述和解釋了審美活動達到高峰時的經驗狀態，這種古老的學說至今都具有重要的意義。」

立刻就有同學提出疑問：「這就是所謂的審美經驗嗎？只從審美活動的高峰狀態來分析，是不是不太全面呢？」

康德老師說：「當然，這種觀點在今天看來是缺乏全面性的，但是在當時卻是很有突破性的。在現代西方美學的發展過程中，對於審美經驗的討論也是發展過程中的一個核心問題。總體上能夠分爲科學主義和人本主義兩大類型。科學主義美學是透過實證或者科學的方法來解釋審美經驗，而人本主義則排斥科學主義，試圖在人文科學或精神科學的基礎上認識審美經驗。」

有同學開始感嘆：「原來從古至今，審美經驗一直都是一個重要的美學問題，那我們眞的應該好好分析和認識審美經驗了。」

康德老師接著問大家：「有人把審美經驗等同於主體的審美意識，或審美意識的一部分，這種觀點妥當嗎？不妥當。」

有同學急不可耐地問道：「爲什麼呢？」

「審美經驗是在審美活動中，伴隨著審美現象與主體同時生成，主體在全身心地投入中，對審美現象的反應、感受或體驗。」康德老師解

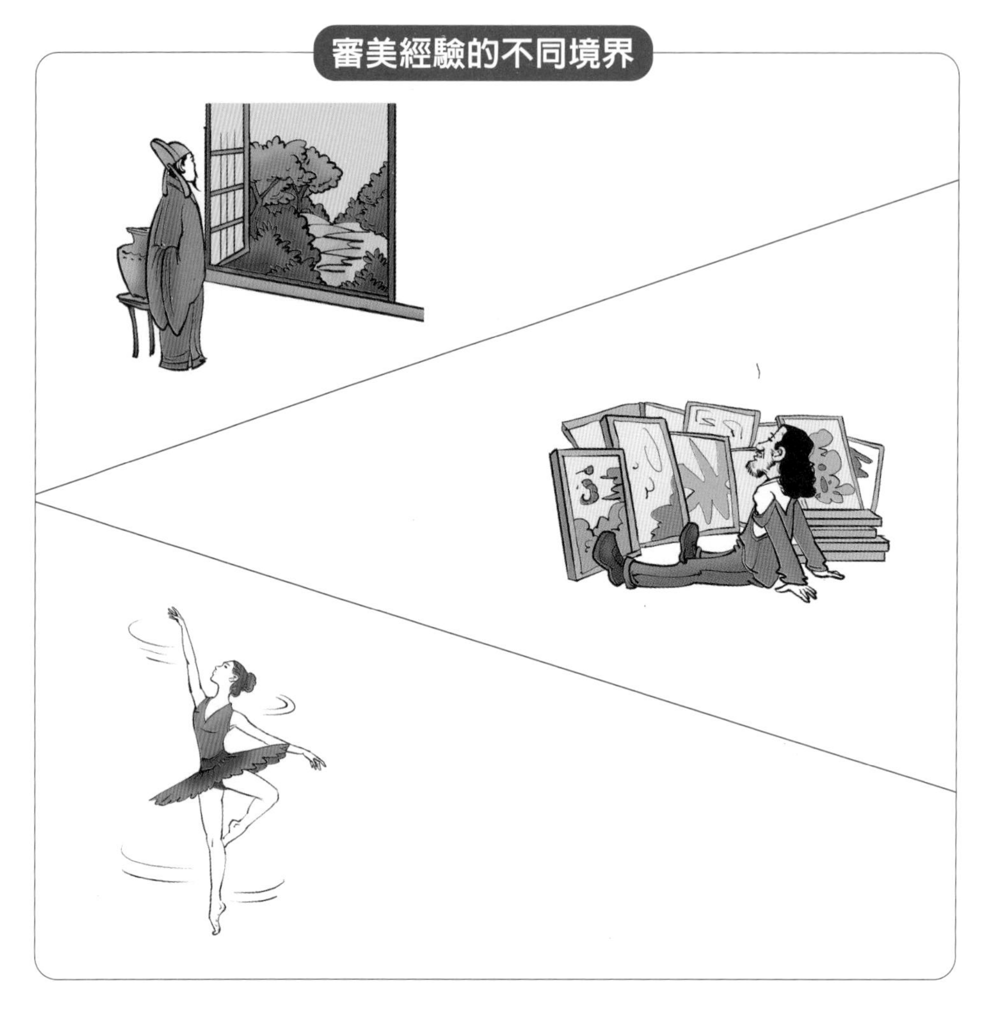

釋道，「它不僅是主體的意識或精神，還是審美主客體之間的一種活生生的動態關係。」

陳學碩問：「這也就是說，審美經驗既不能完全歸結爲主體的審美意識，也不能完全歸結爲對象固有的審美屬性，是嗎？」

「不錯！」康德老師讚賞地說，「審美經驗是由審美活動建構起來的、主客體之間的一種精神性關係，是一種主體知覺對審美對象生成過程的忘我投入時的反應、感知。如果從動態角度來說，審美經驗不但是審美活動過程在主體知覺上所留下的運動印痕，還是主體對對象審美的反應及感知。在這一情形下，審美經驗是不可重複的，是一次性的。」

「那麼，就靜態角度而言，」陳學碩又問，「審美經驗又是什麼呢？」

「嗯，是審美主體對審美對象的反應、感知的結果和凝定。」

「所以說，動態與靜態的辯證統一，應該是對審美經驗的辯證理解？」王超然問道。

康德老師點點頭，說：「不錯！」

此時，坐在後排的尹文杰眉頭皺得很緊，因爲他覺得老師的這番話有些難以理解。對於究竟什麼是審美經驗，他聽了半天，卻只留下這樣一個印象：可以把審美經驗理解爲主體感受、體驗、創造美的經驗。

「老師，」陳學碩又說，「審美經驗有什麼性質呢？」

「它最根本的性質，就是實踐性，」康德老師說，「是它與人生實踐不可分割的緊密聯繫。」

「爲什麼呢？老師能具體講一講嗎？」

「好，那我就詳細講講這個問題。」康德老師說，「首先呢，就根本而言，審美活動都是人生實踐的組成部分。」

「審美活動？這裡是指藝術創作，還是審美欣賞活動？」

「都包括在內，藝術活動本身就是藝術家審美的人生實踐，對不對？」康德老師說著，望向大家。

王超然說：「所謂藝術活動，是與藝術家探求人生眞諦、追求藝術眞理的人生實踐相統一的。」

「說得好！藝術家從事藝術創作，是直接以人生實踐方式參與到社會生活中去，爲的是直接記錄其人生體驗與感悟。所以我們從中不難看出，這決定了藝術家的審美經驗具有人生實踐的性質。說到這兒，我得插一句，有人認爲，藝術家是置身於生活之外，去冷靜地觀察、分析和認識生活的，這種看法是不恰當的，藝術家從事藝術創作可不是這樣的！而且，藝術家的目的也不是要去把握業已存在的客觀知識。」

王超然心想：是這樣的，藝術家嘛！人生體驗和感悟，才是他們要記錄的重點。

「我們說實踐性是審美經驗的最根本的性質，」康德老師伸出兩根手指，「第二個理由是，這種實踐性導致審美經驗具有創造性和生成性。這乍聽起來，大家可能覺得莫名其妙，是嗎？我爲大家解釋一下。」

「藝術家在藝術創作中所獲得的審美經驗，無疑是一種切身的感覺、體驗，是其在實踐中領悟到的人生價値和意義，對不對？它是主體的精神創造爲社會生活所增添的新維度。」說到此，康德老師停頓下來，用眼睛掃視著教室。他是想留白，好讓大家思索。

陳學碩想了一會兒，接話說：「老師，您看我這樣說是否正確——正因有了人生實踐的過程作爲前提，藝術家才得以長久保持其藝術激情，才在藝術創造中不斷達到新境界，對嗎？」

歷史上對審美經驗問題的探討

古希臘時期	赫拉克利特：將審美經驗看作人對美的性質的一種「波流」的感知，認為每一種事物都在不斷散發著波流，這種波流對人的感官造成衝擊之後，影響就會留在人的感官上。但是這種感官的刺激始終是比較短暫和低級的，所以人應該努力培養自己的理性，有更加深入的審美理解。
	柏拉圖：審美經驗實際上是對於「上界」的回憶。每個人在出生之前，靈魂已經經歷過永恆的真實，但是因為被肉體依附，所以原本的純真被蒙蔽了。只有很小一部分的人在內心非常虔誠的狀態下，才能夠回憶起前世的記憶。
古羅馬時期	亞里斯多德：從人的心理結構和功能方面而言，人的身體能夠成為一個有機的整體，身體和靈魂是不可能分開的。審美經驗具有以下幾個特徵：審美經驗是在觀看和傾聽過程中獲得的；審美經驗可以使意志中斷；審美經驗有不同的強度；審美經驗能夠真正使人感受到快樂，並且這種快樂來自於人本身。
	普洛丁：事物是否美，在於這個事物是否接受了一種理性的放射，想要真正瞭解美，就不僅要靠肉眼看，還要靠內心，因為只有內心對美的事物有著非常強烈的熱愛，才能夠突破塵世的局限，見到真正的美。
	湯瑪斯・阿奎那：美可以分成三個方面的要素，分別是完整、比例、鮮明。最完美和諧的境界就是上帝，只有上帝才是最美的。

「才使藝術經驗不斷得到創造性的體現！」康德老師笑著補充道，對於陳學碩的回答，他顯然很欣賞、很贊成。「我還想問大家，審美經驗僅僅是藝術家的人生實踐嗎？不是！」他自問自答，「隨著藝術作品被人們所接受、所欣賞，它必然要和廣大接受者的人生實踐發生聯繫，對不對？發生緊密的聯繫！」

「藝術作品的價值是有目共睹的，它既可以幫助讀者認識、理解社會，也可以幫助他們淨化心靈、陶冶情操，對他們的人生實踐予以正確的指導。藝術作品的確有著強大的導向功能。藝術作品所記錄的，是藝術家直接的人生體驗，所以藝術接受應該是以情感爲仲介的審美體驗過程。當接受者全身心投入到作品當中，切身感受人物形象的悲喜時，往往就會產生一種強烈的共鳴感。於是，以情感體驗爲標誌的審美經驗就得以眞切地形成。」

一口氣說了這麼多，康德老師終於暫時停下來，拿起講桌上的水杯，放到嘴邊。

陳學碩思索片刻，說道：「老師那這麼說，藝術欣賞不單是對接受者知識水準及審美修養的考驗？」

「不錯，它也是對接受者道德、人格境界的檢閱。」康德老師說，「我們不妨試想一下，倘若接受者在人生實踐中沒達到相應的境界，那麼藝術作品的價值功能還能得到充分的展現嗎？恐怕不能！」

陳學碩點點頭，心想反過來也是一樣：傑出的作品正因滲透著藝術家對社會、人生的積極評價，蘊含著高尚的理想與深沉的智慧，才能給接受者以深深的啟迪、美好的享受。

「老師，您的分析主要著眼於藝術作品的創造及接受過程，它是否具有普遍的適用性呢？」一位學生猶豫地問道。

康德老師笑了起來，說：「問得好！實際上，我們透過上面的分析所瞭解的審美經驗的實踐本質，無疑是普遍適用的！審美經驗在藝術、社會和自然三大領域都可能發生，對吧？社會領域的審美經驗和道德活動有著密切的聯繫，這是顯而易見的事實吧？所以其實踐本質更爲突出！」

「我們再說這自然的審美經驗，它與人生實踐的聯繫密切，我們可以說，對自然美的發現及欣賞，與人生實踐都是不可分割的。我認爲，

馮延明老師評注

透過「美是道德的象徵」這一命題，康德揭示：審美判斷確實有自己的獨立規則，因而可以保持其純粹性。但它的意義、價值對於作爲理性存在的人來說，只有在同道德的聯繫中才能顯示出來。因爲只有透過這種聯繫，審美所產生的愉悅才不僅訴諸人的感官、情感，同時也訴諸人的理性。這樣趣味才能避開被損害、被擾亂的危險，這種危險正是我們今天的藝術、我們的審美活動所面臨的。

自然對象可透過對主體精神世界的作用，激起主體的道德經驗。」康德老師愈說愈起勁了。

「如巍峨的高山、澎湃的大海……都能給人以審美的愉悅，爲何？原因就是，它們激起了人們的道德體驗。在面對這些對象之時，人們先是體驗到一種恐懼，經歷了生命力的瞬間的阻滯，但是接著便產生了更強的爆發……。」

有同學聽到這兒，打斷問道：「爲什麼呢？」

康德老師朝那位同學點點頭，然後解釋道：「原因就在於，主體開始動員自己的理性能力，以與之抗衡。這樣，他也擺脫了渺小，擺脫了平庸。他體驗到一種非常強烈的自豪感，以及一種勝利的喜悅。」

「這麼說，崇高感不在於客體本身，而在於主體的內在心靈？」一位同學驚詫地問道。

「對呀！可能很多同學都知道，我一直主張把審美判斷看作認識活動與道德活動之間的中間環節，就是因爲審美經驗與道德實踐的這種密切關係！」康德老師說，這讓同學們想起了他的「美是道德的象徵」的結論。

康德老師講到這兒，大家終於理解了審美經驗所具有的人生實踐性爲何是其根本性質之一。

審美活動是一種感性直觀的活動

「以上，我們瞭解了什麼是審美經驗，也揭示了人生實踐性是審美經驗的根本性質，」康德老師說，「接下來呢，我們就要著重講一講審美經驗的基本特徵。

這個問題很重要，因爲要把審美經驗與科學經驗、道德經驗等其他經驗形態相區別，就必須對審美經驗的內在特徵做進一步的揭示。那麼，審美經驗有哪些基本特徵呢？」

這個問題讓大家陷入了思索之中。教室裡靜極了，甚至連呼吸聲都能聽清楚。過了一段時間，一個女生站起來，回答說：「我想，審美活動是一種感性直觀的活動，所以感性直觀性應該是它的一個基本特徵。」

康德老師露出一個鼓勵似的微笑，示意她坐下，然後說：「回答得很好啊！在審美活動中，主體憑藉自己的感覺器官，直接與對象打交道，而對象也是以自己的感性外觀直接呈現給主體，從而在主客體之間，建立一種感性直觀的關係，這便是審美關係。因此，主體在審美活動中所形成、獲得的審美經驗，也具有感性直觀性。」

「老師，您能舉例說明一下審美活動與科學活動、道德活動的區別嗎？」趁老師暫停的工夫，另一個女生問道。

「當然！」康德老師爽快地說，「假如山上有棵青松，科學家會怎麼做呢？他通常會從植物學角度分析它，切入到對松樹本質的認識，而

直抒胸臆的審美活動

我記得那美妙的一瞬，在我眼前出現了你，猶如曇花一現的幻影，猶如純潔之美的精靈。

不僅限於對它感性外觀的欣賞；小學教師呢，可能會教育學生要珍愛植物，反對亂砍濫伐，這主要是從松樹與人的價值關係出發，進行道德判斷。」

「當我們全心全意欣賞松樹那挺拔的軀幹，欣賞它那四季常青的針葉，欣賞它那與陡峭山壁一起構成的雄壯風光時，我們就會感受到一種全然不同於科學、道德經驗的審美經驗。」

「老師，面對自然對象時是這樣，面對藝術對象時也是這樣嗎？」

「也是這樣！我們看畫展、讀小說、聽音樂，」康德老師說，「都主要用感官與具有感性直觀性的藝術意象打交道。同樣，也唯有憑藉感官感覺，主體方可直接把握到對象的感性意象，產生審美愉悅。總之，一旦離開感性直觀性，審美經驗就無從談起。」

「老師，我以爲超功利性也是審美經驗的一個特徵！」陳學碩大膽說道，語氣相當肯定。

「不錯，審美經驗具有非功利性或超功利性。我總是說，決定審美判斷能否成立的關鍵在主體，倘若作爲鑑賞判斷根據的主體，其快感滲入了功利關係的考慮，就有了偏愛，就不是純粹的審美判斷了。」

「老師，我們聽聞，您曾區分了三種愉快的理論。」

「是這樣的。」康德老師承認道，「一種是感官的快樂，它百分百依賴於對象實存對主體欲望的滿足與否；一種是善引起的快樂，它不僅與人的理性目的、概念有關，也與對象實存有關。」

感官對於審美活動的重要性

真希望造物者能夠給我三天的光明。因為只有耳聾過的人才會真正欣賞聲音，只有得過盲症的人才知道陽光多麼燦爛。

「老師，這兩種愉快都涉及功利關係，對吧？」

「不錯，因爲它們都與人的實際欲望有關，這是顯而易見的。而作爲審美經驗的愉快，則就是另一番景象了，因爲主體對對象的實存不關心，沒有目的，不含概念、欲望，而透過純粹靜觀獲得愉快——純粹的精神性愉快。

「所以我說，快樂完全局限於感官對對象實存的滿足。我說，善的快樂與感性沒有關係，只適用於理性存在。我說，審美對象需要一個感性對象，只與對象的感性形式有關，而不涉及對象的實存。我還說，主體需絕對處於靜觀之中，而不帶理性概念，也不帶感性欲念，唯有這時，方能產生審美經驗。當你沉入審美經驗時，會暫時忘卻世俗的利害

文學作品中的合理想像

賣火柴的小女孩在臨終前看到的那些場景，都是想像。這種想像一方面具有現實的合理性，另一方面展現了作者豐富的想像力。

孫悟空的七十二變，實際上也是符合情感的邏輯，在中國古代的情感當中，人們認為很多神就有這樣的超能力。

關係，超脫對物質實存或其他利益具有的欲念。」

「老師，無論是創作還是欣賞，」尹文杰說，「無論是欣賞自然之美還是藝術之美，都是如此嗎？」

「不錯！」康德老師說，「否則審美活動便會中斷，審美經驗便會被打破。我舉個你們中國的例子——我可是個中國通——曾有一齣名劇叫《白毛女》，當文工團演到地主黃世仁逼死楊白勞時，有名戰士衝上去，要向那位扮演黃世仁的演員開槍。這是什麼緣故呢？原因就是他把演戲當成生活的眞實了。這意味著什麼，同學們？」

尹文杰回答說：「他不該以現實的利害關係的眼光來看戲，他打斷了審美經驗。」

「對，對！」康德老師說，「所以我說，不涉及利害關係，是形成審美經驗的必要條件。」

「老師，情感活動伴隨始終，」尹文杰說，「這是不是審美經驗有別於科學、道德經驗的又一特徵？」

「哦？」康德老師望著他，露出一個鼓勵的笑容，「說說你的理由？」

「科學活動爲了求眞，應該排除感性因素的介入，所以我認爲科學經驗與情感體驗是對立的，是不相容的。」尹文杰說，「至於道德經驗，它以同情心作基礎，不能不涉及情感，然而我們應該看到，做出道德判斷並付諸行動的主要動力，依舊來自理性的道德觀念。只有審美經驗以情感活動爲重，並貫穿審美活動的整個過程。可以說，沒有情感活動，審美經驗就無從談起。對於這點，大家沒有異議吧？」

「沒有異議！」大家說道。

「好，那我們就接著說！」康德老師說，「現在我們要提到審美經驗的特徵，是它所具有的自由無限性。在我看來，自由既非上帝所賦予，也非從客觀自然中取得，實際上，它是人的意志的自我肯定。」

王超然很小心地說：「也就是人的意志具有的自發性、主動性？」

「不錯！這種意志的肯定性就是人生理性的閃光，」康德老師微笑著說，「它本身就是善，代表著人性的普遍性。我還要說，這種自由是能與現象、對象溝通的，其中審美判斷是一個重要途徑。我向來認爲，審美是包含且服務於自由的，美是道德的象徵。我也堅持認爲，審美經驗具有使人得以全面、豐富、健康展現與發展的特徵。」

「老師，這種特徵就是審美最高目的的表現嗎？」

「不錯，這也就是自由無限性。」

審美經驗具有不自覺性

「我們繼續講審美經驗的基本特徵，」康德老師說，「事實上，審美經驗現象中，呈現出了一系列有別於其他理性認識活動的特點，比如不自覺性和突發性，比如非邏輯性，比如創造性……。」

「總體來說，人的活動是有目的、有意識的，因而也是自覺的。這並不難理解，對不對？那麼，人的活動的自覺性主要是由什麼造成的呢？毫無疑問，是由理性因素的作用造成的。然而，審美經驗因爲非理性的作用，卻具有了某種不自覺性的特點。」

陳學碩這時問道：「老師，主體總是出於自覺選擇而進入藝術創造及欣賞活動的，不是嗎？」

「不錯，」康德老師說，「可是有時，審美對象卻是在不經意間打動主體，使主體突然進入審美活動之中的，對吧？」

陳學碩想了想，然後點點頭。

「比如歌德，他寫過許多偉大的詩篇，他說過自己的很多詩作都是在靈感來臨之際揮灑出來的。可以說，那時他幾乎就是完全處於無意識的狀態中。這到了什麼程度呢？他清醒過來後，甚至都認不出這是他寫的。」康德老師說。

「退一步來說，即便作者自覺進入審美狀態中，審美活動的進行也常會擺脫理性的控制，而在不覺間進入非理性狀態之中。這是事實！所以有些作家有時會發現，他筆下的人物違背了他自己的初衷，違背了他最初的構想，從而做出了某種出人意料的舉動。很多作家都曾有過這種體會。」

王超然想起了巴金，他最喜歡的作家就是巴金。巴金曾經承認，他開始構思《秋》的時候，並未想過淑珍會投井自殺，「我倒想讓她十五歲就嫁出去，這倒是更可能辦到的事。但是我愈往下寫，淑珍的路愈窄，寫到第三十九章時，淑珍向花園跑去，我才想到了那口井，才想到淑珍要投井自殺。」王超然覺得康德老師說得很對。這種神來之筆，的確不是作家預先設計好的，而是靈感在寫作過程中的突然爆發。這種不自覺性、突發性，不正顯示了非理性活動的特點嗎？

「審美經驗現象中，也呈現出了非邏輯性。」康德老師說，「首先我們要搞清楚，究竟什麼是非邏輯性？」

文學創作中的突發性

王超然回答說：「事物或事件的發展變化不受邏輯制約，所呈現出的不規則性及跳躍性，便是非邏輯性。」

「完全正確！」康德老師開心地說，「它不受邏輯規則的制約，不受因果聯繫的約束。無意識活動是一匹脫韁的野馬，是衝破堤壩的洪水。意識流小說，就是這樣表現人的潛意識活動的。有些小說家，比如**福克納**，常用一些非常規的手段來展現人的心理活動，他的小說有時連續幾頁沒有標點符號，也沒有正常的段落劃分。他為什麼這麼做呢？這是有他的道理的。他要以這種方式來表現潛意識綿延不絕、縱橫交錯的特點。」

陳學碩非常崇拜**福克納**，已經讀了多遍《喧嘩與騷動》，但總不覺得厭倦、煩悶。書中描寫了幼子智障班吉的潛意識活動，這讓他印象深刻。班吉在智力上存有缺陷，這無疑大大增強了潛意識本就具有的混亂色彩。福克納不愧是大手筆，他為了彌補這點，又在人物的回憶之間加入現實活動的情節，於是潛意識片段就銜接了起來。

「意識活動是一種綿延的流體，」康德老師說，「意識中的事件相互交錯，過去、現在、未來相互交錯，而空間距離也不是分割不同事件的依據。君不見，千里外的事情可能如在眼前，近在咫尺的事物可能讓人視而不見？因為無意識現象的聯結常常沒有任何合理性，所以一些作家，尤其是一些現代派作家，常使作品的情節、對話缺乏起碼的邏輯性。」

威廉・福克納（William Faulkner 1897～1962），美國文學史上最具影響力的作家之一，美國意識流文學領域的代表人物，1949年諾貝爾文學獎得主，獲獎原因為「因為他對當代美國小說做出了強有力的和藝術上無與倫比的貢獻」。

「貝克特有一齣著名的戲劇，叫作《等待果陀》，每位同學都知道吧？如果你有耐心通讀一遍，就不難發現，這裡面就沒有任何有意義的情節線索，支撐起全劇的就是兩個流浪漢之間漫無目的的談話。而在第一幕中已經枯死的兩棵樹，居然在第二幕中長出了新葉。」康德說。

「我們再舉一個例子。法國戲劇家尤奈斯庫，寫有一部名劇《禿頭歌女》，裡面多年夫妻竟然互不相識。大家看，貝克特也好，尤奈斯庫也好，他們都大量運用了非理性的表現手法。正因如此，人們才將他們的作品命名爲『荒誕派戲劇』。」

聽到這兒，王超然不禁對荒誕派戲劇產生了興趣。他以往讀的戲劇大多是比較傳統的戲劇。他決定課後要找一些荒誕劇來研讀。

「審美經驗是一種感性活動，倘若主體的理智因素過多地參與進來，常常就會不利於審美活動的順利進行。我們應該不難想像，如果藝術家在創作中始終保持清醒的理智，那麼情感、直覺等難免會受到抑制，而作家的筆觸往往會變得乏味，其作品就會缺乏藝術感染力，對吧？而當情緒高度興奮、理智的作用趨於衰弱之時，往往就會妙筆生花，誕生驚世駭俗的藝術創造！」

王超然心想：確實如此，李白就是一個明證！

康德老師停頓下來，微笑著望向大家，眼神是那麼眞誠，那麼親切。他不僅是位老師，還是大家的朋友。他說：「同學們，這堂課上到這兒，該結束了！眞高興大家聽我講課！」

同學們殷切地望著他，滿臉的不捨，他們都希望他能再講一會兒。然而，老師已經走出了教室，大家只好把掌聲送給他，目送他離開。大家都將永遠記得曾有過這樣一位老師，給他們講過一堂課。

康德老師推薦的參考書

《判斷力批判》康德著。康德在書中總結並綜合了歐洲大陸唯理派美學思想和英國經驗派美學思想，確立了德國古典美學的基礎。他從美的分析到崇高的分析，從純粹美到依存美，從趣味到天才等問題，都做了完整的分析。

第十一堂課

斯賓塞老師主講「審美經驗的結構」

沒有油畫、雕塑、音樂、詩歌以及各種自然美所引起的情感，人生樂趣會失掉一半。

赫伯特·斯賓塞（Herbert Spencer，1820～1903）

赫伯特·斯賓塞是英國哲學家、社會學家。他被譽爲「社會達爾文主義之父」，宣導將進化理論中的「適者生存」理念應用在社會學上，尤其是教育及階級鬥爭中。但是，他的著作對很多課題都有貢獻，包括形而上學、宗教、政治、美學、修辭、生物，以及心理學等。

這週的天氣很舒爽，王超然、陳學碩、尹文杰幾個人破天荒起個大早到操場上晨練，他們一邊在操場上跑步，一邊輕鬆愉快地聊著天。

「王超然學霸，你說是跑步輕鬆呢，還是學習輕鬆呢？」尹文杰又開始挑戰學霸的權威了。

王超然剛開始也不理他，後來又被他問了幾次，才說：「運動和學習是不一樣的提升，也是不一樣的放鬆方式，我覺得只有將運動和學習結合起來，才能讓生活更有益。」

陳學碩聽了，不禁嘖嘖稱讚：「要說這學霸就是什麼都厲害啊！連跑步都能想到這麼多。」

王超然和他們跑了幾圈就停下來了，因爲他們稍作休息之後還要去上美學課。

這時陳學碩又說起了美學課的內容：「話說上堂課康德老師雖然講得風趣幽默，而且同學們也有很大的學習積極性，但是我好像總覺得在審美經驗的問題上，老師講的內容有點少，只講了定義和特徵，我們的認識也比較淺層。」

王超然說：「講的內容的確比較少，希望這堂課的老師還能對審美經驗的知識做一些補充，畢竟我覺得審美經驗是個比較重要的內容，老師應該會重點多講一些的。好了，快到上課時間了，我們準備去教室吧！」

審美經驗的構成要素

王超然，陳學碩、尹文杰進了教室之後，看到老師已經早早到了。老師站在講臺上環視學生一周，神情嚴肅地說：「各位同學好，我是斯賓塞老師。」

同學們一聽到這個名字，立刻興奮起來了。

斯賓塞老師一臉疑惑說：「我還沒有介紹我自己，你們就認識我了嗎？」

同學們紛紛點頭，並且用崇敬的眼神看著斯賓塞老師。

斯賓塞老師笑笑說：「那好吧，我還是簡單自我介紹一下。其實我並不是眞正意義上的美學家。我的思想和實踐主要集中於社會領域和哲學領域。在我的學術成就中，讓我引以爲傲的是社會進化論，我認爲我的這套理論非常適用於社會領域，尤其是教育和階級鬥爭。此外，我一生都特別鍾情於實證主義哲學，在哲學和美學方面，我試圖用實證主義的方法和方式來解決問題。在文學方面，我注重文學和修辭學的研究，並且將這些思想都悉數應用在文學的創作當中。我的一生都是在這種理論當中度過的，非常充實。」

同學們聽完斯賓塞老師的自我介紹，目瞪口呆了，沒有想到這位老師是一位全才。斯賓塞老師接著說：「做完自我介紹，我來爲大家介紹一下我今天要講的內容，今天我要講的是審美經驗的結構。」

同學們立刻投入到學習的狀態當中，有同學提問：「斯賓塞老師，在上一節課我們已經學習了一部分關於審美經驗的知識，瞭解了審美經驗的定義和基本特徵。難道審美經驗還能夠解剖開讓我們分析它的結構嗎？」

「我也知道你們對於審美經驗已經有了一定程度的瞭解和學習，但是那些太過粗淺，不足以讓你們對其有深入的瞭解。今天我們主要是對審美經驗的結構進行深層的學習，我們首先要瞭解一下審美經驗的結構是什麼，才能詳盡分析。」

斯賓塞老師說：「我們所講的審美經驗的結構，是從靜態的角度分析審美經驗。一般來講，審美經驗包含審美主體在審美活動中所具有的一系列複雜的心理因素，主要包括審美主體的感覺、想像、情感、理解等。下面我們就要對這幾個結構因素一一進行分析。」

陳學碩舉手提問：「斯賓塞老師，您說的審美的感覺、想像、情感、理解，我們在之前的學習中也接觸過，在這裡您又將這些知識都重新歸在一個新的審美經驗的結構之下，我們有種既陌生又熟悉的感覺，好像又重學了一遍。」

斯賓塞老師面露微笑地說：「在美學原理中，很多基礎知識都是相通、相類似的，在不同的知識體系當中出現同樣的知識點或知識概念，可能是件很常見的事情，但這並不能代表你們完全掌握了這個知識。因爲同樣的一個美學術語，放在不同的知識體系當中，需要注重的關鍵點也是不一樣的。也許這幾個構成要素，你們之前都有所瞭解，但是在今天的學習中，你們需要把這些知識點都看作審美經驗的構成要素，並且要思考它們之間存在的聯繫，以及它們是如何在審美的過程中發揮作用。你們可以保留過去對於這些概念的認識，但是你們今天在學習的過程中也一定要把握好新的認知角度。」

同學們聽了斯賓塞老師的話，又都嚴肅起來，因爲他們都明白，自己對於很多美學知識還都是一知半解的狀態。

斯賓塞老師等同學們調整好狀態，繼續講課：「首先我要講的是審美感覺。感覺原本是心理學上的詞彙，用在美學的範疇內，既保留了感覺原本的心理學涵義，又與審美過程密切相關。在表面看來，感覺好像是指向物的，但是實際上，感覺是指向感覺本身的。也就是說，審美感覺其實是一種主觀性的感受。因爲在審美活動中，審美感覺是與審美主體的欲求和衝動直接相關的，它是人生命最直接和具體的一種欲望的表現。」

有同學舉手問：「審美也會和欲望有關嗎？如何理解這樣的關係？請舉個例子吧。」

斯賓塞老師說：「好，我爲大家舉個例子。人在欣賞音樂的韻律或繪畫的構圖時，常常能夠產生一種強烈的感覺，這種感覺可能是你曾經對某種事物的強烈熱愛或者追求，這完全可能就是你生命欲求的一種表現。」

又有同學提問：「那審美感覺有什麼特性呢？」

「從剛才我對審美感覺的定義來講，大家應該能夠看出它是具有強烈的主觀性的，反映著人的主觀心理和感受。」斯賓塞老師頓了頓，繼續說，「同時，審美感覺也具有一定的社會性。因爲人的感覺從一般的生理層面上升到審美層面，總是會受到社會現實的影響。」

馮延明老師評注

在心理學上，「感覺」是指個體對於事物個別特性的直接反映。具體地說，客觀事物直接作用於主體感受器官並產生神經衝動，經過傳入神經到達人的中樞神經系統而引起相應的感覺。

冷、暖色調的不同感受

冷色調	暖色調
冷色調就像是性格冷酷無情的人，這種人會使人望而生畏。	暖色調就像是熱心的人和熱情的場面一樣，會吸引人們朝它的方向靠近。

人對於不同色調的感受，就好像是對於社會行為的不同感受，這種感受就是受到了審美感覺的影響。

「除此之外，還有別的特性嗎？」

「審美感覺還是整體性的感覺。在日常生活中，人是用五官感覺事物的感性特徵，所以得到的結論大多是精神性的、感性的。但是在審美經驗中，人們不僅從外部感覺的角度參與了審美活動，還從內心深處激起了身體內部的感覺。所以說在審美的過程當中，是從身體到內心，是一種完整的、整體的體驗。」

王超然若有所思地跟著老師的思路說：「老師，聽完您的講解，我突然想到個例子，不知道是否合適。現在在大城市裡，有一種鄉村遊的潮流。大致就是在城市裡生活得太久的人們，都喜歡去鄉下體驗農村的生活，可能只是在菜地裡採摘一些瓜果，或者看看恬靜的田園風光，或者只是看看農家屋簷下的燕子巢，就能夠讓城市的人得到很大的滿足，有深深的幸福感。這一定是因爲在城市中，人們見慣了高樓林立，也不曾做過任何農事，才會對這樣的鄉村體驗很有興趣。這應該就是城市的人們所具有的共同的社會性。但是相反，在農村裡長大的年輕人，始終覺得農村是比較落後的，沒有便利的基礎設施，沒有好的工作和優越的生活條件，所以還是願意到大城市裡打工、賺錢、生活，這就是由他們的社會性而決定的。這兩種看似有所矛盾的選擇，其實就是因爲不同的人群具有不同的社會屬性和現實體驗。我這樣理解對嗎？」

斯賓塞老師非常開心地看著王超然說：「這位同學，你的理解是非常到位的。與審美感覺相關聯的，還有一個重要的概念，就是審美直覺。審美直覺是在審美過程中，不經過複雜的邏輯或智力過程，根據大腦的現有經驗和基礎，直接、迅速得到的對於審美對象的認知。」

「那審美直覺有什麼樣的特徵？與審美感覺又有什麼樣的關係呢？」有同學又提出了新的問題。

斯賓塞老師接著講：「審美直覺其實是審美感覺的一種特殊形式，它在本質上也是一種感覺的存在，但是具有很多的特殊性。它的主要特殊性表現在直接性、突然性，以及穿透性上。直接性指的是審美主體在產生審美直覺的時候，常常不經過嚴密的邏輯思考過程，就能夠得到關於對象的特徵或結果。突然性指的是直覺到來的時候，往往是不可提前預知的，在人毫無準備的情況下，就有可能降臨。穿透性指的是審美直覺雖然沒有完整的分析和理解思路，但是能夠對審美對象有直接、深刻的理解。這種看似比較神祕的現象，其實是由於人們在實踐的過程中積累了豐富的經驗和知識，因此才能夠達到這樣的穿透性。」

同學們紛紛點頭。斯賓塞老師繼續講道：「接下來，我們開始講想像的要素。在想像的要素當中，我們要講的是審美想像和聯想兩個部分。」

聽了斯賓塞老師這樣講，同學們好像又有了問題：「之前一直都認爲想像

馮延明老師評注

按照一般心理學的定義，想像是指在人的頭腦中改造記憶表象和創造新形象的過程。也就是說，想像是人在已有的知覺和表象基礎上，把它們從記憶中調動出來，重新加以編排組織或加工改造，從而在頭腦中產生新的形象，並且賦予這些形象以新的價值和意義的複雜心理過程。

和聯想是一樣的，按照老師的思路，這二者存在區別嗎？」

斯賓塞老師神祕地笑了笑說：「既然我將二者區分開，那麼一定是有區別的。我首先為大家講的是審美想像。在審美經驗當中，想像仍然與心理學上的意義有相似之處，它會改造記憶中的審美表象，創造新的審美形象。依靠想像的力量，審美主體能夠突破各種現實中的局限，比如說時間和空間、生與死、貧與富等。」

有同學提出新的問題：「所以說，想像其實是一種虛構。那麼，這些想像來源於何處呢？」

斯賓塞老師笑著說：「這就是接下來，我要為大家講的，審美想像主要來自於情感的影響。人之所以不能沒有想像，就是因為人類有情感需要，這種情感可能在現實當中得不到實現，於是就只能借助想像的力量來完成。」

王超然聽到這兒，突然想到了在書裡看到的「移情」現象，於是他問：「斯賓塞老師，在審美中出現的移情現象，是不是就是憑藉想像的力量產生的？」

斯賓塞老師對這個問題大吃一驚：「這位同學知道很多美學的知識啊。的確是這樣。審美中所說的移情，其實就是審美主體在審美的過程中借助自身的想像，賦予審美對象以情感，於是就產生了特定的想像結果。但是大家應該能明白，很多想像依靠的都不是理性邏輯而是情感邏輯。所謂情感邏輯，就是依據人們的情感而不是現實。」

尹文杰說：「像中國古代的很多神話故事，應該就是借助想像的力量才產生的吧。那些天神擁有的神力其實是有悖於人的正常生活的，但是在人們的情感當中，又渴望這樣超乎尋常的能力能夠對人們的生活產生改變。這些神話雖然違背了現實生活中的邏輯，卻符合了人們的情感邏輯。所以不論是在審美中，還是在藝術創作的過程中，想像都是必不可少的。」

斯賓塞老師說：「用神話來解釋審美經驗中的想像，眞的是再合適不過了。大家理解了想像之後，我們就開始講聯想吧。聯想與想像是不同的，它指的是在審美過程中，由此物想到彼物的一種心理過程。聯想主要分為三類，分別是相似聯想、接近聯想和對比聯想。這三種聯想從

文學作品中的聯想

相似聯想

字面來看就顯而易見，我想聽聽同學們對這三種聯想的理解。」

一位同學站起來說：「相似聯想應該是指由於兩個事物之間存在外在的或者性質上的相似，所以在審美的過程當中，審美主體就能很自然地聯想到與之相似的事物。」

另一個同學又說：「接近聯想應該是兩個事物在某些因素上有聯繫，所以就會由一個事物觸發另外一個事物。比如只要說起北京，就會想起天安門；只要說起鐵塔，就會想起巴黎……等，這種聯想就是因爲存在空間的接近。除此之外，可能還有時間、因果、地域等聯繫。」

尹文杰看著同學們都踴躍地回答問題，也按捺不住了：「那我就解釋一下對比聯想吧。所謂對比聯想，就應該是一些相對的、相反的事物之間會產生的聯想方式。比如春聯中就有很多簡單的例子，上對下，天對地，這些應該就是最簡單的對比聯想。」

斯賓塞老師聽完同學的回答，非常開心地說：「同學們解釋得不錯，而且運用了生活當中熟悉的例子，這就能夠幫助同學們更好地理解。接下來，我們開始講審美情感的部分。在心理學當中，情感是人對對象的一種態度，是一種非常複雜的心理現象，是人的欲望、衝動、激

審美情感中的現實性和超現實性

現實性的感情

這種情感是人在與對象直接接觸和貼近的過程當中出現的，這種感受與個人的經歷是緊密相連的。

超現實性的感情

這種感情是人在超現實的境遇當中產生的感情，這種感情與現實無關，甚至與個人的經歷完全沒有關係。

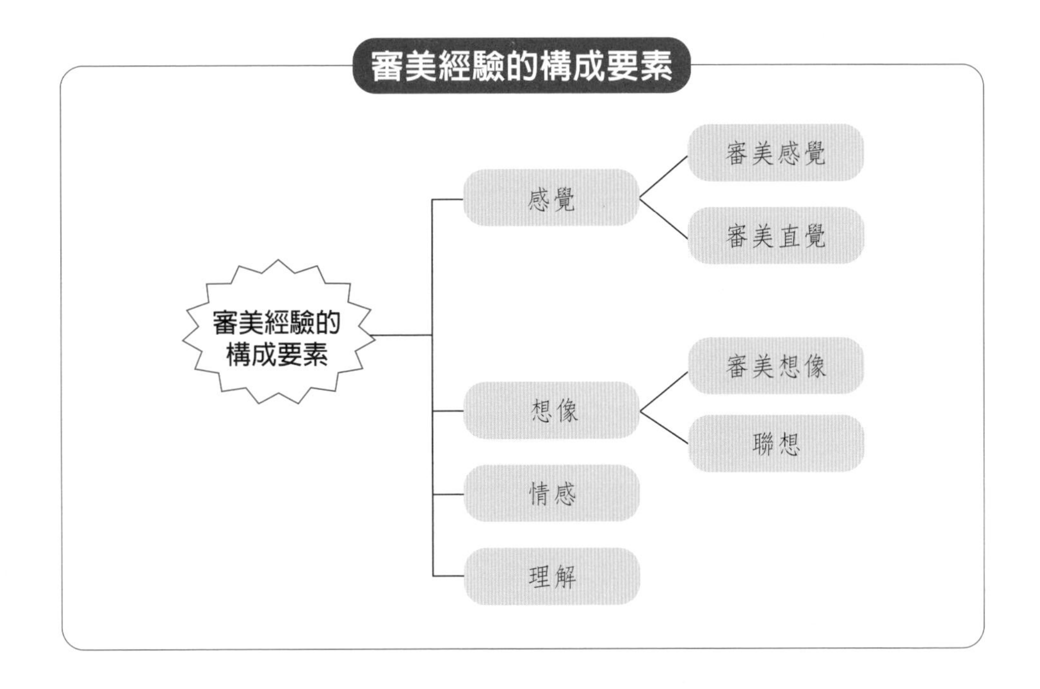

情、興趣等的綜合表現。在審美經驗當中，情感幾乎一致貫穿其中，任何一個環節都離不開情感的因素。可以這麼說，審美主體在審美的過程當中，總是從自身的情感出發去感知和理解審美客體的。當審美客體能夠對審美主體的某些需求回應的時候，審美主體又會呈現出新的愛憎、親疏、喜怒哀樂等不同的情緒，這些新的情緒代表著審美主體和審美客體之間的關係。所以可以這麼說，沒有審美情感，就沒有審美經驗。」

有同學說：「這麼說來，審美情感是審美經驗中最重要的因素嗎？那這樣會不會太過於注重審美主體的主觀性？」

斯賓塞老師連忙解釋道：「雖然審美主體的情感因素大多數時候都是從審美主體的個人利益出發的，但是在審美經驗當中，審美情感是具有特殊性的，是帶有超現實性的虛幻性的心理活動。」

「那這種虛幻是如何理解？能舉個例子讓我們體會一下嗎？」

「當然可以。同樣一件事情，發生在書本裡和發生在現實世界當中是非常不一樣的。比如大家都熟知的賣火柴的小女孩，大家在讀故事的時候可能會產生同情、憐憫的心理。如果這個事情是真實發生在現實當中的，想必大家的心理感受會更加強烈，也許不僅僅是同情，而是會上升到憤怒了。這就是超現實和現實之間的區別。眞正的現實的情感，會更加深刻。」

同學們點點頭：「原來是這樣理解。在審美經驗當中，大多數情感好像還眞不是來源於現實當中的。」

斯賓塞老師笑笑說：「的確如此。可見在審美經驗當中，情感還是非常複雜多變的。最後，我要爲大家講的是審美理解。審美理解是主體以某種形式對客體的意蘊和整體的把握，是審美經驗中的理性因素。」

「那這種理解完全是理性的嗎？這種理解是不是和科學認識活動中的理解一樣？」

斯賓塞老師回答說：「不，這種理解並不是完全理性的。因爲我們大家都知道，審美活動本身就是一個感性的過程，如果在這其中存在完全理性的理解，那一定是不符合常理的。但是我之所以說審美理解是審美經驗中的理性因素，是因爲審美理解是審美主體透過自身的感受和體驗，領悟到審美對象的意義所在，甚至明白了宇宙、人生的普遍意義，使整個人的心靈都受到了啟發和感化。這種審美理解，實際上是在長期的生活實踐的基礎上形成的高級心理能力，它並不是以科學的邏輯認識方式表現的，卻能夠滲透理性的把握能力。」

審美經驗的結構功能

斯賓塞老師講完構成要素之後，停了一會兒，希望學生們都能夠記住這些構成要素。接著他又講起來：「我們已經學習了審美經驗的構成要素，大家一定想知道這些因素具有什麼樣的功能吧。接下來我要給同學們講的是審美經驗的結構功能。首先，我希望大家能夠明白，審美活動中的要素——感覺、想像、情感、理解，這些心理要素都有各自的特點和作用，但它們並不是獨自存在的，而是互相交織在一起的，它們之間既互相滲透，又互相制約，形成了審美主體的相對複雜的審美心理結構。」

「那我們是不是首先應該明白這些審美經驗的構成因素各自有哪些

重要作用，才能夠再從整體上把握審美經驗的結構功能？」

斯賓塞老師說：「的確是這樣。下面我就爲大家分別闡述這些因素的重要作用。在審美經驗的構成要素當中，感覺是基礎，它提供審美活動的表象材料。情感是審美選擇的方向，它能夠控制審美選擇的尺度。想像爲審美活動提供了全新的創造力和生命力，使審美活動開闊和豐富起來。審美理解則是審美活動的制約力量，它以相對理性的因素對審美活動起到了一定的限定作用。在這四個審美經驗的構成要素當中，感覺、想像、情感和理解都不是單獨出現的，它們之間互相交融、互相作用。」

這時有同學說：「這四個因素雖然是同時出現的，但是我認爲，這幾個因素之間的重要性還是有差別的。從它們各自的功能和作用中能明顯感覺到，審美情感和審美想像是最爲關鍵的兩個因素。」

斯賓塞老師笑笑說：「你得出的結論是很正確的，在這其中，審美情感和審美想像的確是最爲關鍵的兩個因素。審美情感的重要性表現在它是審美活動的原動力，同時也是審美想像的對象和內容。我們剛才也曾說過，審美情感始終貫穿於審美活動的過程當中，滲透在藝術形象當中，整個審美活動都具有非常明顯的情感色彩。」

「那審美想像呢？」

「別著急，我慢慢講。審美想像是審美價值產生的工具和手段。除了會帶來情感的愉悅之外，還賦予審美一定的意義和思想內涵。從這些因素的分析當中，同學們能夠總結出審美經驗整體的結構功能嗎？」

同學們面面相覷，都有些疑惑。這時王超然站起來說：「老師，我想試著分析一下。我認爲在審美活動的過程當中，情感總是會起到很關鍵的作用，所以我認爲審美經驗的結構功能從整體上分析，能夠將感性方面的情感得到完全的釋放，這樣能夠讓審美主體的所有情感達到一種良好的狀態。」

斯賓塞老師反問他：「那你還記不記得，剛才我在講審美理解的時候，說過它是審美結構當中的理性因素，這種理性因素對審美情感在實際上有壓抑的作用。」

王超然一時語塞，思考了一會兒，又回答說：「這麼說來，我剛才的答案可能太注重感性因素，卻忽略了其中的理性因素。所以，它的整體作用應該是將情感和理智的因素達到統一，也就是將感性和理性的因素融合在了一起。」

斯賓塞老師笑笑說：「這樣就明顯合理多了。正確的結論應該是這樣的，審美經驗是以人的情感為核心的，在這過程當中，達到了感性和理性的統一。正如剛才我在講審美理解時候說的，不論是在審美活動中出現的理智因素，還是邏輯思維，本質上都是由情感帶動的。在審美主體的內心深處，這不僅僅是自身情感的釋放，也是一種相對理性的存在。」

審美經驗的心理構建

「第三個部分，我要講的是審美經驗的心理構建。」斯賓塞老師說。有同學不解地問：「請問審美經驗也能夠構建嗎？我們的審美認識、審美活動，難道不是隨著我們與審美對象的觸碰而產生的嗎？」

斯賓塞老師耐心地說：「是這樣的，真正意義上的審美活動，一定是要審美主體與審美對象同時出現，並且存在於審美關係當中才行的。但是現在我們講的是審美經驗的心理構建，指的是在審美對象還未出現之前，審美主體的內心就存在一種潛在的對於審美的認識。這與審美活動、審美關係的出現是不矛盾的。」

又有同學問：「這是否相當於，是用這種心理構建為審美活動做準備呢？」

斯賓塞老師說：「是的，正是這樣。審美經驗不僅需要在長期的審美實踐過程中積累，還需要我們在意識到這個問題之後，專門對自己的審美心理進行構建。」

同學們仍然有疑惑：「那經過構建形成的審美經驗，會真的對實際的審美活動產生影響嗎？」

斯賓塞老師面對同學們的追問，耐心地講解：「這需要先給大家講一下發生認識論。人類的認知結構的形成一直處於不斷構建的過程中。

兒童審美心理的構建過程

審美態度又可稱為審美廣度，一個人所能接納的審美形態愈多，他的審美廣度就愈大。審美趣味是主體的審美偏愛、審美標準、審美理想的總和。

審美趣味是個人文化的產物，它相當於心理學中所説的個性心理的傾向性。個體的審美趣味決定了個體審美活動的指向性、選擇性、判別性和動力性。

審美感興是審美心理過程的總稱，它既包含審美感知心理過程，也包括審美情感的興發過程，它是審美認知和審美情感的綜合，是個體審美心理發展水準的重要標誌之一。

這種構建主要有兩種形式，第一種是透過實際的審美活動，在審美活動的過程中，積累起對於美的事物的認識和對審美活動的體會，在以後的審美活動中會不斷回憶起這樣的經驗；第二種是有意地調整自己的認知結構，這樣在面對新事物的時候，就能夠利用這種意境構建好的認知結構去同化外界事物，或者是透過碰撞形成新的認知結構。」

王超然問：「那究竟應該如何對審美心理結構進行自我調節呢？」

馮延明老師評注

同化使人的審美水準穩定在一定程度上，使人產生自然而然的反應。

斯賓塞老師說：「這就需要注意兩點。第一點是要實現有目的與無目的的辯證統一。審美本身是有目的的，是爲了實現審美主體的精神需要或情感需要，但是在大多數情況下，審美其實又是在沒有目的的情況下突然進行的。所以在審美的過程當中，既應該注重審美的目的性，又不能忽略突然而來的審美活動，因爲它們都會帶來審美心理結構的變化。第二點是回饋調節。回饋調節指的是爲了實現審美的情感目的，在還未陷入審美關係當中時，應該不斷對自我進行校正和調整，這樣能夠達到更加滿意的效果，花費的時間可能會更少，或者達到目的的可能性會更大。這種調節就著重放在審美感覺、審美情感、審美想像上。比如說可以將審美的想像擴大，這樣與情感關聯的審美對象的範圍也能夠擴大，審美的情感目的就會比較容易達到。」

「好了，各位同學，今天的內容也講得差不多了，希望大家能有所收穫。下課！」

斯賓塞老師推薦的參考書

《心理學原理》斯賓塞著。斯賓塞雖然不是真正意義上的美學家，但是在這本書中，他闡述了很多與美學相關的問題。書中的實證主義的哲學觀點和研究方法，對現代西方美學產生了廣泛而深遠的影響。

第十二堂課

丹納老師主講「審美經驗的過程」

伊波利特．阿道爾夫．丹納（Hippolyte Adolphe Taine，1828～1893）

丹納是法國著名的文藝理論家和史學家，是歷史文化學派的奠基者和領袖人物，被稱爲「批評家心目中的拿破崙」。他的藝術哲學對19世紀的文藝研究產生了深遠的影響。他的主要文論著作有《拉．封丹及寓言詩》、《英國文學史》、《評論集》、《藝術哲學》等。

這個週末，王超然、陳學碩、尹文杰早早就到了美學課堂，一邊等待老師的到來，一邊閒聊。

陳學碩說：「我不知道你們有沒有發現，最近來的很多老師都不一定是美學家，有的是哲學家，有的是歷史學家，有的是社會學家，你們說爲什麼這些學者都可以來這裡給我們講美學課呢？難道美學的門檻眞的很低嗎？」

尹文杰在旁邊聽著陳學碩的話，立刻反駁：「雖然有些老師並不是專業的美學家，但是我覺得他們的講課水準一點兒都不差啊，對於美學的理解還是很深刻、很到位的。」

王超然也說：「其實美學是一個非常基礎的學科，在學術界，很多學科之間都呈現出互相交融的狀態，學者們交叉研究也是很正常的事情吧。」

尹文杰又說：「更重要的是，這些老師們眞的是在很多方面都有建樹，所以講課的過程中也能做到旁徵博引，最近的課上得眞是愈來愈豐富了呢！」

陳學碩最後笑笑說：「也不知道今天的老師是不是仍然會帶給我們很大的驚喜呢？希望如此了。」

審美經驗的呈現階段

「各位同學好，我是你們今天的老師丹納。非常開心今天來這裡給你們講課。首先，我想簡單做個自我介紹。我出生於法國的一個律師家庭，從小就擅長抽象思維，我的老師曾預言我將會成爲一個『爲思想而生活』的人。我在大學期間，進入巴黎國立高等師範專攻哲學，當時我就對哲學產生了濃厚的興趣。畢業之後，我輾轉於多個院校之間做老師，這是爲了能夠讓我繼續學術生活，但是教學生活始終都不那麼盡如人意，而且與我的初衷有所違背，所以過程也並沒有多麼順利。經過多年的努力，我終於當選爲法蘭西學院的院士，這對於一位法國學者來說，是至高無上的榮譽，我也迎來了自己在學術上的巔峰時刻。」

聽了老師的介紹，同學們都對老師滿心崇敬。

丹納老師接著說：「聽說你們之前已經瞭解了審美經驗的一些知識。我特別想知道，你們完全掌握這些知識了嗎？」丹納老師一開始就愉快地跟大家聊起天來。

聽到老師的提問，同學們都踴躍回答。

「第一堂課，我們學習了審美經驗的定義和特徵。」

「第二堂課，我們學習了審美經驗的結構和功能。」

……

丹納老師看著踴躍發言的同學們，說：「看來你們在課堂上都用心聽課了，但是聽了你們說完所學的內容之後，我認爲你們學習的審美經驗的知識還是有所欠缺的，我今天想換一個角度爲你們講解審美經驗。我們將從動態的角度，將審美經驗看作不斷變化和發展的過程，用這樣的思路再來深入理解審美經驗。」

同學們仔細想了想，發現確實沒有用過這樣的角度來認識審美經驗。他們更加佩服丹納老師獨到的視角。

丹納老師開講：「其實對審美經驗的過程這一問題，一直以來都是有爭議的，各個學派都有各自不同的看法。今天我講的是我透過融合很多學派的思考而形成的見解。希望同學們能夠在我講課的過程中多提問、多思考。我認爲審美經驗的過程可以分爲三個階段，分別是審美經驗的呈現階段、構成階段、評價階段。」

聽了老師的分類，同學們都點點頭。陳學碩站起來說：「丹納老師，您的分類其實就是將審美經驗分成了不同的階段。我現在很想知道，在每個階段當中，分別有哪些重點需要注意的部分呢？」

丹納老師擺擺手說：「這位同學啊，你不要這麼著急。我們學習知識應該是由淺入深的。我們把這三個階段拆分開，一個一個講。首先我爲大家講一下審美經驗的預備階段。預備階段是指，審美主體的注意力被審美對象的某種特質所吸引和打動，不自覺地從對一個實在對象的感覺向審美經驗方面過渡。」

立刻有同學問：「所以說，在這個階段最爲重要的就是審美主體產生了吸引或打動的情緒嗎？這種情緒一定和日常生活中的情緒有很大的差別吧？」

丹納老師開心地說：「非常好，這位同學很快就注意到了這其中的關鍵因素。的確是這樣，這種由對象的具體特質喚起的情緒是這個階段中十分關鍵的，被稱爲『預備情緒』，這種情緒具有非常特殊的性質，能夠將人的審美經驗與日常知覺區分開來，具有經驗的中斷和還原的功能。」

尹文杰打斷了老師的話，說道：「老師請您講得慢一些，這種預備

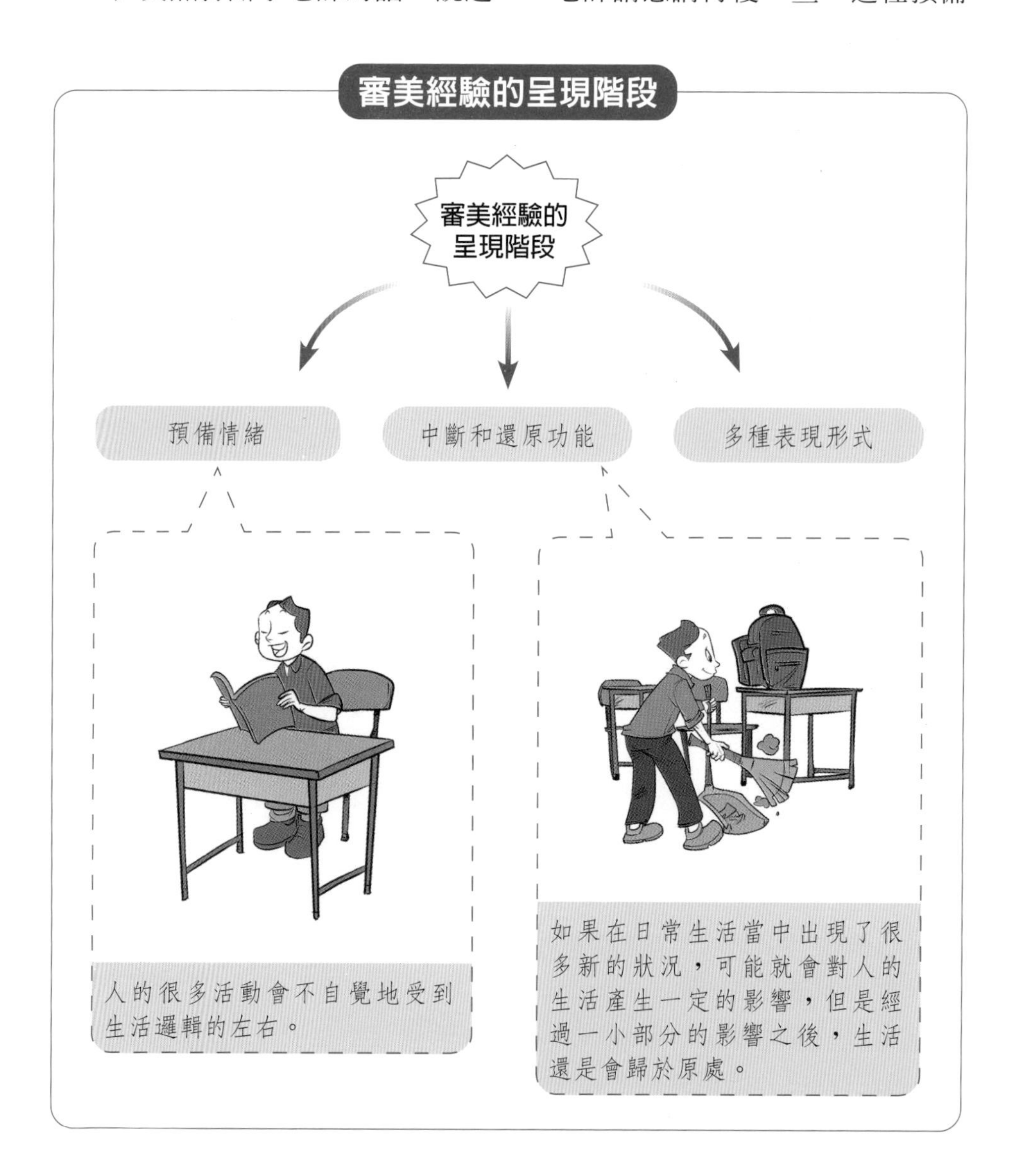

情緒到底具有什麼樣的特殊性質呢？這種經驗的中斷和還原功能又是什麼意思？」

「預備情緒的特殊性質主要體現在這種經驗的中斷和還原的功能中。審美經驗的中斷指的是，這種情緒能夠中斷審美主體對日常生活中具有使用價值的事物的關注，也能中斷審美主體對日常生活的實際態度，這就使人對於事物的態度從注重實用價值轉變爲注重審美價值。當人對於事物的認知處於這樣的狀態當中時，事物的存在力就失去了原有的約束力，事物開始拋棄自己的使用價值，顯露自己的審美價值，這就是進入了一種還原的狀態。」

尹文杰說：「我好像對這個中斷和還原的概念還不是很瞭解。請舉例解釋一下吧！」

丹納老師面對同學們的提問，耐心地講：「在日常生活當中，每個人都有自己的生活習慣，但是這些生活習慣總是不自覺地受到生活邏輯的左右。這種生活邏輯看似沒有什麼固定的力量，但是它會引著人向一個方向走去，形成一系列的行動，將這些獨立的片段行動組織成一個明確的、具有目的性的系統，就像機器運轉一樣，形成一種習慣性的動作。比如說一個上班族每天都要坐公車上下班，所以他每天都會在固定的時間到達公車站，坐公車去公司。但是一天早晨，他在路上忽然發現路邊開了一家很漂亮的麵包店，飄出了非常誘人的香氣，於是走進了這家麵包店。」

尹文杰聽著老師的講述，好像有些明白了：「老師，我想試著分析一下您剛才講的這個生活實例。這個人每天都在固定的時間到達公車站，這實際上已經形成了一種生活習慣，這其中貫穿了他個人的生活邏輯。但是這一天，他看到沿途的麵包店，就是中斷了日常習慣的生活邏輯。在他進入麵包店之後，可以說就是進入了一個新的體驗世界。這樣可能就開啟了他的審美經驗的旅程。」

丹納老師笑笑說：「這位同學說得很不錯，看來是眞的明白了。不過，這種中斷並不一定肯定會走向審美的方向，也可能只是短暫的停止，在這之後又重新回到生活邏輯當中。其實剛才我舉的例子也只是預

審美經驗呈現階段的其他表現形式

第一種是人專心致志地做一件事情，由於對這件事情的專注和用心，累積了一定的經驗。

第二種是人們總在尋找，但是卻在不經意間發現了生活中的奧妙。

備階段的一種情景而已，在現實當中，可能會出現很多種情況。比如說因為對於某一事物的興趣，會使人著重關注某一類型的事物，在瞭解這些類型的過程當中，人就會積累很多的經驗。有的時候，人會在完全沒有意識和認識的基礎上，接觸到自己從未關注過的事物，這樣產生的新鮮感和認知欲也是非常高的，能夠產生更加強烈的審美快感。有的情況下是人一直在尋找和搜索某一個目標，一直沒有什麼結果，卻發現其實目標就在距離自己很近的地方。」

同學們笑笑說：「這不就是古詩中講的『驀然回首，那人卻在燈火闌珊處』嗎？」

丹納老師回答說：「的確是這樣的，還有很多別的形式存在，這裡我就不一一講解了，大家可以在今後慢慢領會，因爲每個人在生活當中都會遇到這樣的情景——生活邏輯被中斷之後，進入一種截然不同的狀態當中。只要能夠把握住審美的實質，其他問題就能迎刃而解。」

審美經驗的構成階段

丹納老師繼續講：「接下來，我們就要重點講審美經驗的構成階段了。總體來說，在這一階段當中，人們所關心的審美特質會從審美對象存在的事物和背景當中顯現出來，與審美主體形成一種審美關係。在審美經驗的構成過程中，審美主體和審美對象都不再處於孤立、單獨的狀態當中了，它們會組合起來形成一個整體，或者被發掘出新的特質。在

審美經驗由外到內的過程

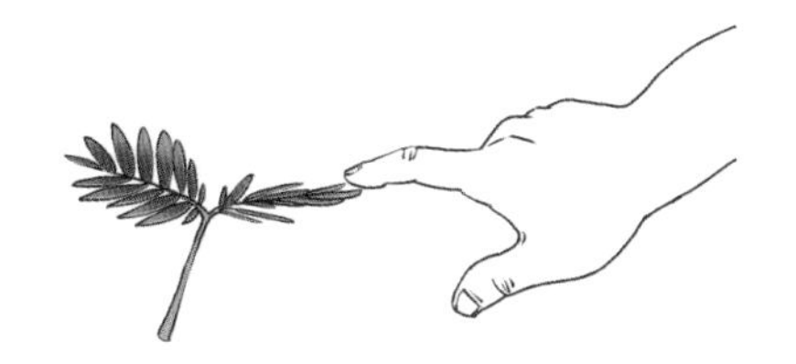

審美經驗的外部體驗——生理層次

審美經驗的內部體驗——心理層次

這一過程當中，重要的是要綜合這些審美關係中的各個事物，使它們形成一種和諧的整體關係，這樣才能夠眞正形成審美關係。」

「審美經驗的構成，也需要一定的步驟或者階段吧？」

丹納老師看著這位同學說：「的確是這樣的，審美經驗是需要一層一層展開的。在我看來，審美經驗的構成階段其實是個相對複雜的過程，我們從生理層次和心理層次兩個方面來進行分析。」

「生理和心理這兩個層次應該是審美經驗由外到內產生的過程吧？」一位同學忍不住問老師。

老師回答說：「你這樣理解是完全正確的。生理和心理這兩個方面既能夠體現審美經驗的過程，也能夠體現審美經驗的來源。從生理層次的方面來講，是審美感知的展開。首先會出現一種審美注意的現象。前提是中斷了人的日常生活的邏輯，在這之後，就有可能進入審美經驗的過程當中。從表面上看，審美注意的狀態是審美主體選定了一個對象或者事物作爲主要的目標，但實際上，這個過程已經包含了審美主體對審美對象的整體性的把握。這與之前的區別是，審美主體對審美對象已經上升到了全面的整體的理解。」

「而在這之後，就會產生生理層次的感知。這種感知指的是，具有獨特性質的審美對象會在審美經驗的過程中作用於人的感知器官。感知器官通過對審美對象的外在形象的分析和感知，使審美主體獲得一種生理上的審美愉悅感。這種愉悅感會隨著審美活動的深入而逐漸加強。」

王超然又提出了新的問題：「老師，我們經常說的『通感』，是不是就是在這個過程中出現的？」

丹納老師對王超然的問題先是一驚，然後慢慢說：「通感其實就是一種感覺對另外幾種感覺的誘發。以人自身的體會來說，會產生幾種心理感覺的混淆。因爲隨著審美活動的深入，感官認知的不斷重複，常常會出現這種通感的現象。沒想到同學們對這些知識都很瞭解啊。」

王超然撓撓頭說：「其實我只是對於這方面比較感興趣，剛好覺得這個概念應該是與生理層次有關的。」

丹納老師用讚賞的語氣說：「你這樣的學習習慣非常好，在課外保

審美知覺的選擇標準

審美主體在對對象產生特殊選擇的時候，是有一定的選擇標準的，雖然這種選擇標準看起來並不明顯，但是在實際過程當中起到了非常重要的作用。

這種審美來自於人類自身的精神要求。人會從個人的生活出發，在自己的生存環境當中看到周圍事物的模樣，然後從中得到一些關於美的認知。

這種審美的產生來自於人的隱形的生理存在，這說明了人在進行審美活動的時候，是以感官和生理刺激為基礎來把握美的。

證閱讀量和訊息量，在課堂上能夠透過老師的引導隨時聯想到自己瞭解的一些知識。這種學習方法是非常可取的。我們接著來講解心理層次的方面。心理方面的開展，我們主要講的是兩個方面，一個是審美體驗，一個是審美意象。」

「這兩個概念都是與心理層次相關的嗎？爲什麼我們感覺不到這些概念呢？」

「等我給你講完，你就能夠感覺得到了。先來講審美體驗，審美體驗指的是審美主體在審美感知的基礎上，透過對感性形式的把握，以及對自身生活經驗的調動，喚醒並調節自己的審美經驗，在這種審美經驗和情感的推動下，激發起審美主體豐富的想像和聯想。在審美感知的過程中，審美主體很容易就能夠感受到審美對象所含有的和主體的經驗結構相對應的部分，浸染了主體的情感和情緒的內容，就形成了審美意象或審美意境。」

馮延明老師評注

移情是指，審美活動當中，審美主體將情感置於審美對象當中，使審美對象彷彿有了主體的情感並顯現主體情感的心理功能。

同學們不禁感嘆：「哦，原來

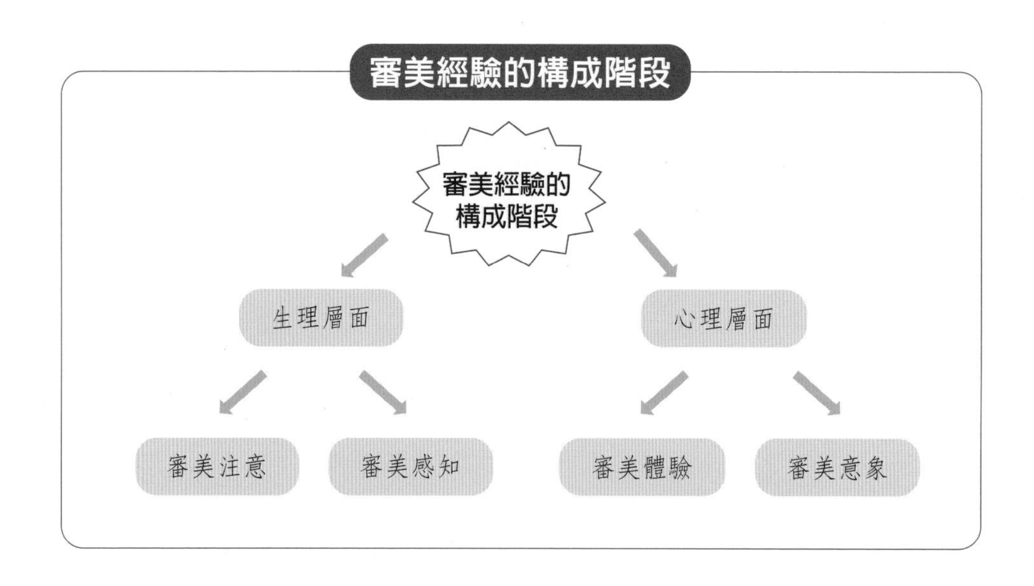

審美意象是這樣來的！」

丹納老師接著講：「是的，審美意象就是滲透了審美主體主觀情思的藝術形象。從審美心理的角度看，審美意象的形成，其實就是移情的結果。」

尹文杰聽到老師在講審美意象，立刻產生了興趣：「我們在語文課上都學過審美意象和審美意境，但是在美學課上，還是第一次聽老師說起過呢！我從小就是語文課代表，語文課上經常會特別注重意象和意境，注重文學作品當中的情景交融、虛實相生、節奏韻律，我一直都覺得這樣的美是非常有吸引力的，沒想到美學老師也是這樣認爲的。」

丹納老師說：「是的，眞正具有美的特質的東西，是無論如何也不會被忽略的。我們會在以後的學習中認識到更多美的東西，只要你們能更多發現生活中存在的美就好了。」

尹文杰又舉起手來問：「老師，我有個問題想問，審美的過程是不是一個審視自己的過程呢？」

丹納老師充滿疑惑地看著他：「你爲什麼要這樣問呢？」

尹文杰說：「剛才我在聽到老師講審美意象的時候，瞬間就非常興奮。我覺得這種興奮就是由於我自己的興趣和愛好而產生的結果，所以說，我的審美應該是對我自身的一種反映，是這樣嗎？」

丹納老師看著面前的這個同學說：「你這樣說是很有道理的，我們有時候對於審美經驗的過分思考，可能會把它帶向一個相對複雜的情況當中。但是當我們簡化這些思考的時候就會發現，審美只是我們的一個行爲，是我們內心的一種展現，在這個過程中，每時每刻都滲透了我們個人的特質。與其說審美帶給我們的是一種欣悅、滿足、快樂，不如說是審美主體借助審美對象來實現一種自我認同。審美主體能夠在外物上看到自己的情感、情緒，能夠感受到自己的生命好像被放大一般。在這個過程當中，審美主體也不再覺得自己孤獨，因爲在某種層面上，人與自然、社會之間是存在同構現象的。由審美而產生的這種快樂是發自內心的，是植根於深處的。所以我覺得你這樣講很合理。」

審美經驗的評價階段

丹納老師看著同學們說：「接下來，我們要講的是審美經驗過程的最後一個階段，審美經驗的評價階段。在這個階段當中，包括了審美高潮階段的延續。審美主體的細讀、揣摩等心理活動。在這一階段當中，審美主體的情感、情緒開始從高潮的激動和深刻的快感當中走了出來，趨向於平靜和沉穩。審美主體此時的心理活動不像在審美經驗的構成階段那樣感性，在評價的過程當中滲透了很多的理性因素。比如說審美主體會調動很多記憶中的生活經驗和審美經驗，和剛才審美過程當中欣賞到的對象、經歷的事情做一定的比較或對比，或者將自己的知識重新運用起來，重新審視和把握審美對象。」

王超然向老師提問：「所以說，這個階段已經不是感性因素爲主體的階段了嗎？」

丹納老師肯定地說：「是的，這個階段常常伴有邏輯思維或者理性思維出現，因爲審美主體會對自己剛剛的審美經驗的過程做一定程度的評價，所以不會像之前的過程一樣感性。」

「既然是這樣，審美經驗的這個階段是不是有更加特殊的特點啊？」

丹納老師繼續講：「在評價階段，理解和想像的心理因素還是很突出的，並且這二者之間的關係也更加密切了。想像原本是自由活躍的，但是在這一階段中受到了審美理解的規範和限定；而審美理解也是如此，會受到想像活動的牽制和引導。這就使得審美經驗的評價階段既具有確定性，也具有不確定性，既具有感性因素，也具有理性因素，可以說是形成了一種互相交融的狀態，最終達到眞正的自由。」

有同學提出：「這麼說來，評價階段可以說是審美經驗的過程當中，最爲關鍵的一個時期了。」

丹納老師說：「從對審美對象的理解上來看，評價階段確實是對審美對象的全面理解。而且透過對自己的審美理想和價值標準的重新構建，能夠達到對審美經驗的重新構建，這更爲重要。雖然第三個階段看起來與第一個階段之間有一定的相似性，因爲都是不直接接觸審美對象，而是憑藉大腦對審美對象進行感悟，但是它們之間仍然存在很明顯的差別。因爲第一階段的感知把握知識對審美對象的外觀和表面只是淺層瞭解，但是第三個階段是從整體上對審美對象角度進行深刻的領悟。這實際上展現了一種更深的認識，有更大的深度和普遍性。」

歷史上的審美經驗

丹納老師繼續講道：「雖然已經講完了審美經驗的過程，但是我覺得審美經驗還有很多方面的知識需要同學們瞭解。所以我想講一些歷史

在中國古代，女子的腳以小為美。

在現代中國，廢除了纏足的習慣，女性可以讓自己的腳自由生長，這才是美。

上著名的學者對於審美經驗的理解，希望你們能夠從中看到不同學者對於審美經驗的認知，這既能夠開闊你們的眼界，也能夠讓你們對知識的瞭解更加深刻。」

同學們都充滿期待地看著老師。因爲他們雖然一直都在學習美學原理的知識，但是對美學史的內容瞭解很少。所以同學們又都豎起了耳朵，認眞地聽老師講。

丹納老師看同學們都這麼有興趣，就非常有興致地開始講：「首先，我要給你們講的這個人物，是在西方美學史上絕對不能夠忽略的，這個人就是柏拉圖。柏拉圖認爲，審美經驗是人對於上界（前世）的回憶。每個人在出生之前，靈魂都會經過淨化，進入永恆的眞理當中。在靈魂依附於肉體之後，靈魂原本的純眞可能會被肉體蒙蔽。只有一小部分的人會在特定的情境下產生神靈附體，這時，人會處於一種虔誠、癡迷、敬畏的狀態。在這種狀態下，人們就能夠衝破原有的肉體的束縛，回憶起眞正的上界的美。這種回憶的過程就是審美經驗產生的過程，在這個過程當中，人的感官和心理因素同時作用，會使人產生一定的快感。」

同學們聽完之後，還是比較疑惑的：「這麼說來，柏拉圖的審美經驗的觀點帶有太明顯的主觀色彩了，這種觀點對我們的借鑑意義是不是不大呢？」

丹納老師馬上擺擺手說：「首先你們要看到，在當時古希臘的時代背景中，柏拉圖的美學思想可以說是非常超前了。其次，這其中有很多正確的因素。比如說感官和心理同時作用、會產生心理的快感等。這些正確的觀點對之後美學理論的發展都是非常有幫助的。同學們在這其中要學的並不只是表層的東西，而是這些思想家的精神和思考問題的角度。」

聽完老師的一番話，同學們都若有所悟。他們明白了，這些知識可能在今天看來有很多片面的或不準確的地方，但是他們要努力從中學習。

丹納老師繼續講：「下面我想講的是中世紀時期的神學家湯瑪斯·

阿奎那關於審美經驗的學說。他的思想具有鮮明的時代特徵，在當時就是爲了服務於神學，爲了證明上帝的至高無上。首先，他將美分成了完整、比例和鮮明，他將審美經驗看作一種形式體驗，並賦予這些形式以神祕的色彩。在他的眼中，最完美的就是上帝的存在。」

有同學提問說：「這麼說來，他對審美經驗的認知，都是具有神學色彩的嗎？」

丹納老師笑笑說：「並不是這樣，其實他的貢獻還在於他用世俗的眼光看到了很多審美經驗的確具有的特性。他認爲審美經驗是以人的感官的比例來認同事物的比例，這個認同的過程能夠從人喜歡的外在事物上發現人具有的特點。他認爲這種過程並不是用人的尺度來衡量外物，而是人和外界事物之間有某種特殊屬性的相遇，正好形成了一種對應的關係。同時，他還強調審美經驗中得到的美感和快感，與普通生理反應中的感官產生的反應，存在本質上的不同，這種區分直接說明了人的特性。」

同學們聽完，說：「這麼看來，從世俗的角度來看，他的很多觀點與我們學習到的也是很相似的。」

丹納老師說：「不錯，確實有同學發現了。我之所以介紹他的思想，就是因爲他的思想在神學和世俗兩個方面都具有很重要的意義。在神學方面，因爲受到基督教的傳播的影響，他的審美經驗論至今都有一定的市場；在世俗方面，他的很多見解並不是浮於現象表面，或者直接將所有的結果都指向上帝，而是有很多觀察和思考的結果。」

「緊接著我要爲大家介紹的是夏夫茲博里，在他看來，人天生具有能夠專門感受審美經驗的感覺器官，就像人的眼耳鼻舌一樣，是眞實存在的，這種感覺器官就是人內在的眼睛、內在的節拍感。」

同學們聽著聽著就產生了疑問：「這個觀點眞新奇，他一定認爲人的內在感官具有特殊的能力吧？」

丹納老師看著同學們說：「的確是這樣，他把這種感官稱爲人的內在感官，並總結出內在感官具有的五個特點。第一，內在感官既能夠區分美和醜，也能夠區分善和惡。第二，這種區分的能力並不是理性的思考結果，而是一種感覺能力。感覺能力指的是，內在感官在一見到美的事物的時候，就具有一種直接分辨的能力，能夠將它從其他事物當中篩選出來。第三，內在感官和一般動物性的感官相比，是相對高級的。比如說動物在看到食物而衝上前的時候，並不是因爲這食物有多美，而是因爲食物能夠使它產生飽腹的感覺；但是人在品嚐食物的時候，常常既要關注食物的品相，還會注重食物對自己身體的益處，所以說人的內在感官是更加高級的。第四，人的內在感官之所以能夠同時感受到美和善，是因爲最高的美和善其實都是屬於人的，人本身就是一種和諧美好的存在。第五，內在感官能夠本能地接受健康的部分，也能夠本能地排斥疾病和災難。」

「好了，各位同學，今天不僅爲大家講了審美經驗的過程，還補充了很多歷史上著名的關於審美經驗的學說。希望大家能夠掌握這些知識，也能夠將這些對審美經驗的思考，運用於自己的生活當中。下課！」

同學們看著丹納老師離開的背影，非常戀戀不捨。

丹納老師推薦的參考書

《藝術哲學》丹納著。這本書是丹納在巴黎美術學校講課時講稿的輯錄，也是丹納最重要的文藝理論著作，集中體現了他的文藝理論思想。

第十三堂課

維柯老師主講「悲劇與喜劇」

維柯（Giovanni Battista Vico，1668～1744）

維柯是義大利偉大的哲學家、語文學家、美學家和法學家，是歐洲啟蒙運動時期最傑出的思想家，在世界近代思想文化史上影響巨大。他的代表作有《新科學》、《普遍法》、《論義大利最古老的智慧》等。《新科學》是他最爲著名的一本著作，其中包含了豐富的美學思想。

今天的課堂，老師和同學們都來得特別早。可能是雙方都希望能夠早點兒到課堂上交流。

「你們好，沒想到同學們都來得這麼早！我的名字叫維柯。」

「您好，維柯老師，很榮幸今天聽您講課。」尹文杰坐在最前面和老師聊天。

「我和你聊一些美學方面的問題好嗎？」維柯老師繼續說。

「維柯老師，我並不是學霸，我這個人，學習並不好……」說著，尹文杰趕緊指了指王超然說，「這個人才是學霸呢，老師您還是和他聊吧。」

「沒關係，我只是想瞭解你們對目前學過的美學知識有什麼看法而已。」維柯老師笑咪咪地說。

王超然剛想回答老師的問題，這時尹文杰來勁兒了：「原來是這樣啊，老師，這方面我有想說的。我覺得我們學習的美學知識都有些抽象，完全都是純概念、純虛構的，幾乎都是沒有實體的東西，這樣學習起來眞的挺費勁兒的。」

王超然看看尹文杰說：「我看你還是對知識的理解不到位，很多抽象的概念其實都是能夠運用到具體的實際當中，這樣就完全不會有抽象的感覺了。」

尹文杰撓撓頭看著老師，老師看著他說：「這位同學說得很對啊，你只要將所學的這些概念都對應到具體的審美活動當中，就不會感到抽象了。不過今天我們學習的是比較具體的內容，應該會很好理解的。」

臺下的同學們聽了維柯老師的話，都感覺很開心，因爲他們都認爲純理論的知識太抽象了。

悲劇使人性變得完整而深刻

維柯老師接著說：「今天我們要講的是悲劇和喜劇的知識。我們先來討論悲劇。悲劇是西方藝術中的一種重要形式，今天我們在文學、戲劇、電影當中都能夠看到悲劇。它最早誕生於古希臘，源起於古希臘人每年秋季舉行的祭祀酒神的歌舞表演。後來經過不斷演變，並且深入到很多不同的藝術領域當中，形成了今天我們所看到的悲劇。」

有同學提出自己的問題：「我們在日常生活當中，在文學和電影裡接觸的悲劇應該最多了，但是在美學上還是第一次接觸悲劇，它在美學中的定義是不是也有不同之處呢？」

「是這樣的。」維柯老師說，「在美學範疇當中，悲劇是一種特殊的表現形態，也可以被稱爲悲劇性或悲劇美。它指的是在現實生活或在藝術當中，一些肯定性的社會力量會在矛盾的鬥爭當中不可避免地遭受到苦難或者毀滅，這種情況下，人們會產生同情或悲憤的心理，產生對眞理和美好的探索精神，在這種強烈感情的指引之下，人們會奮發圖強。」

馮延明老師評注

社會力量指的是能夠作用於社會生活各個方面的某些因素，既包括實際性的因素，也包括精神性的因素。這裡講的肯定性的社會力量，指的是一些具有善良、正義、美德的人。

美學的定義

魯迅

車爾尼雪夫斯基

這時，有同學又提出了疑問：「可是我感覺悲劇應該有各種各樣不同的分類，我們所看到的一些愛情悲劇、社會悲劇都好像有各自不同的特點，是不是在美學範疇內，悲劇也有自己的分類呢？」

維柯老師笑著說：「你說得很對，在美學範疇確實有悲劇的分類，但是並不是你所說的那些分類。我認為可以將悲劇分為三類，第一類是命運悲劇，第二類是性格悲劇，第三類是社會悲劇。接下來，我就分別為大家講這三種類型的悲劇。命運悲劇是反映超人的社會力量或自然力量與人之間的矛盾和衝突。因為社會歷史是具有必然性的，自然之力也是不可抗拒的，所以在這種矛盾對立當中，人一定是處於弱勢的。最終會產生對人的毀滅性的力量，從而導致悲劇的產生。比如，著名的古希臘作品**《俄狄浦斯王》**就是典型的命運悲劇。第二類是性格悲劇，在這種悲劇類型中，主人公的命運可能有一部分社會和自然的因素，但是最重要的是主人公在性格方面有很大的弱點或缺陷，這些會直接導致悲劇的產生。比如說在莎士比亞的作品《哈姆雷特》中，主人公哈姆雷特的性格猶豫不決、優柔寡斷，這樣的性格弱點就一定會帶給他悲劇的命運。第三類是社會悲劇，這種悲劇的產生主要是由於社會歷史的必然性還沒有達到順理成章的狀態，但是現實生活中已經產生了這樣的需求，在這樣的社會矛盾當中，人與人之間的關係變得愈來愈難以捉摸。此時正直的人在對抗社會的時候，就會陷入內心的矛盾和恐懼當中，甚至遭到毀滅。像你們熟悉的《巴黎聖母院》、《茶花女》，都是這種類型的悲劇。」

馮延明老師評注

《俄狄浦斯王》是索福克勒斯創作的古希臘悲劇。該劇講述了俄狄浦斯為了平息國內瘟疫，按照神示，尋找「殺死自己的親生父親，娶了自己的親生母親並與之生兒育女」的兇手。結果他千方百計尋找的兇手就是他自己。真相大白後，他選擇離開家園獨自流浪。俄狄浦斯竭力逃避神諭所示的命運，而這逃避本身恰恰在實踐著神諭。此劇展示了富有典型意義的希臘悲劇——人和命運的衝突。

同學們又問：「這樣的分類是不是不太好區分呢？很多作品的分類都是有重合的。」

維柯老師說：「我們能夠看到，一個悲劇的誕生，一定不會只是單純的某一方面因素，但是一定會有一方面的因素是最爲重要和關鍵的，一定要抓住主要的矛盾，才能夠分清悲劇的類型。」

同學們不禁感慨：「這麼說來，對悲劇的分類也需要對作品本身的深入理解了。」

維柯老師接著講：「爲了幫助大家對悲劇進行深入的理解，我們需要重點瞭解一下悲劇的基本特徵。悲劇的第一個基本特徵就是悲壯性，指的是英雄人物或者美好的事物被毀滅，正義的力量被非正義的力量摧毀，就會產生一種強烈的悲壯感。在悲劇的所有特徵中，悲壯性應該是最令人印象深刻、感觸良多的。當發生這些悲壯的事實時，人們能夠感受到，這些具有悲劇色彩的人物是眞正不幸的，他們雖然站在正義的一端，站在社會發展的前進道路上，但是他們最終卻都經歷了不幸、苦難，甚至是死亡。他們擁有的正面能量非但不能幫助他們度過難關，反而使他們陷入更加危險的境地當中。雖然這種悲劇的設定總是不具有普遍性的，但是這種特定的情景和場合反而會令悲劇的表達效果更加強烈。」

聽著老師的講解，同學們都開始揪心：「有時候看悲劇，覺得命運眞是不公，這些人明明是正確的，沒有任何不對的地方，但是卻一定要將懲罰都降臨在他們身上，這實在是太不公平了。」

維柯老師看著單純的同學們說：「這只是在講相關知識，你們就這麼激動了，當你們面對悲劇作品的時候，一定會感受到更加強烈的情感。第二個要講的特徵就是悲劇的情感會一直發生變化，並且最終會達到一種崇高的狀態。在觀看悲劇的過程中，我們看著劇中人物的經歷，見證著他們的成長，好像內心也隨著他們一起變化。在這樣的過程中，我們更容易感受到他們在面對這些悲劇性的結果時，是怎樣抗爭和努力。正是在這種情境的感受當中，悲劇所體現的偉大力量、鬥爭精神、英雄氣概在對比當中才會顯得愈發強烈，會使人讚嘆不已，使人鼓舞振奮，眞正能夠激發人的生命感和努力向上的意識。尤其是悲劇的發展帶來不幸或死亡時，人們會更加深刻地感受到悲劇中具有的抗爭精神和英雄性質。這種精神會使人自然而然地產生一種奮發向上的力量和獨特的崇高感，同時也會使欣賞的人們眞正體會到人生生存的價值，從而更加珍惜人生。」

同學們都認眞地思考著，一位同學說：「悲劇的確是這樣，通常在情感變化之後，都會產生一種非常強烈的正面精神，這種精神應該就是崇高感吧？」

維柯老師說：「是的，這種體驗就是崇高。不過崇高是一個比較複雜的美學概念，之後我們會對這一概念進行深層的分析。在認識了崇高感之後，我們就來討論悲劇的第三個基本特徵。第三個特徵講的就是悲劇的本質。悲劇藝術被稱爲藝術的最高階段和冠冕，你們知道這是爲什麼嗎？」

同學們都面面相覷，各自都有不同的答案。

「難道是因爲悲劇帶來的力量很強烈？」

悲劇《哈姆雷特》的場景

《哈姆雷特》是莎士比亞創作的一部悲劇作品。戲劇講述了叔叔克勞狄斯謀害了哈姆雷特的父親，篡取了王位，並娶了國王的遺孀喬特魯德。哈姆雷特王子因此為父王向叔叔復仇。《哈姆雷特》是莎士比亞所有戲劇中篇幅最長的一部，也是莎士比亞最負盛名的劇本，具有深刻的悲劇意義、複雜的人物性格，以及豐富完美的悲劇藝術手法，代表著整個西方文藝復興時期文學的最高成就。它同《馬克白》、《李爾王》和《奧賽羅》一起組成莎士比亞「四大悲劇」。

「是不是因爲悲劇中有正面形象和負面形象的矛盾和衝擊？」

維柯老師看著正在努力思考的同學們，說：「我已經提醒過你們，要從悲劇的本質層面思考這個問題，你們好像都沒有注意到這個提示。概括來講，悲劇在本質上體現了人們對於眞理的苦苦探索，使人能夠感悟深刻的人生哲理，並且強化了對人生理想和人生價值的理解。從歷史的層面來講，悲劇能夠讓人們很好地認清歷史和現實，把握歷史的必然規律，並將這種規律應用到自己的生活當中；從認識的層面來講，悲劇能夠激發人們對於主觀世界的思考，能夠讓人們深化對自我的認識；從倫理方面來看，悲劇表現出了人們對善惡的認知和理解，更好地幫助人們實現對於善的追求。所以說，悲劇能夠使人的思考上升到哲學的高度，使人的心靈在思考當中得到極大的提升，進一步引起人們對於眞理的探索。」

「還有一個問題是我們在講悲劇的過程中一定要講的內容，那就是悲劇的效果。我們都能夠體會到，在觀看悲劇的過程中，有的人會幸

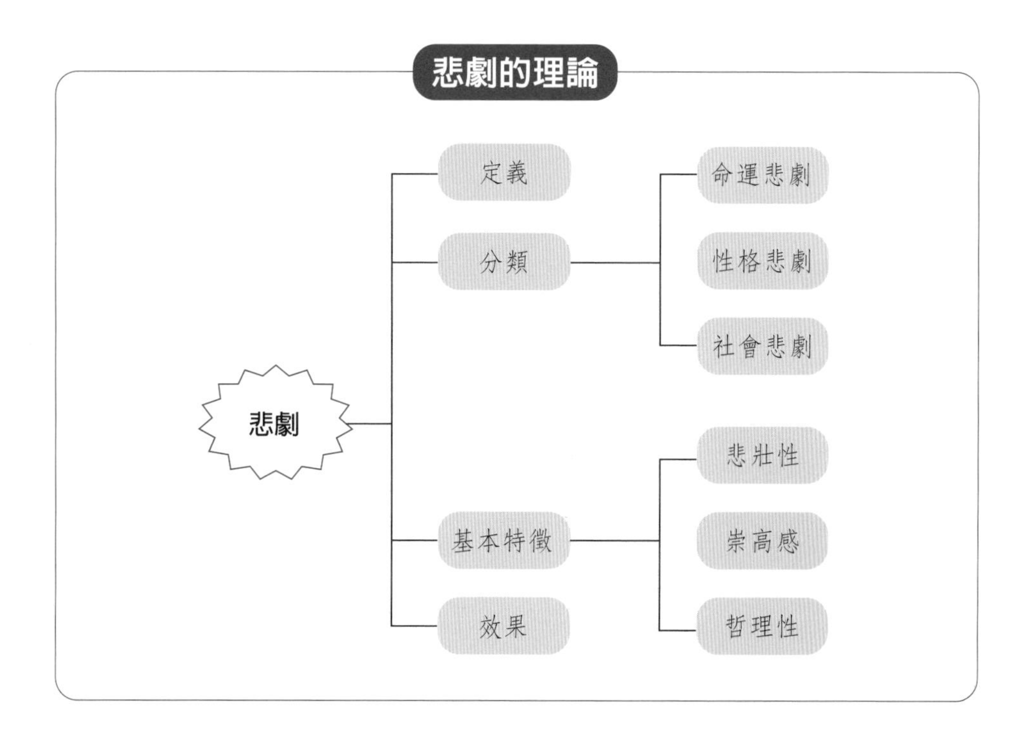

災樂禍，有的人會流淚，有的人會恐懼，但是這些現象其實都是表面的現象，最終人們會在欣賞悲劇的過程當中產生快感。但是大家可曾好奇過，爲什麼悲憫和畏懼的心情能夠讓人們產生快感呢？」

同學們也紛紛好奇起來，似乎這種心情眞的能夠讓人們產生一種心靈上的快感，但是他們也都不知道這種快感是從何而來的。

維柯老師繼續講下去：「從表面上看，我們從悲劇當中得到的是痛感，因爲悲劇的人物和情節會讓人產生這種直接的感受，但實際上，我們最終能夠得到的卻是一種快感。這是因爲，當我們猛然感受到悲劇主人公的悲慘境遇時，我們首先會產生的情緒是痛感，還有憐憫、恐懼的感覺。人們之所以會產生憐憫的感覺，是因爲在看似可怕的悲劇當中，總是隱含著一些柔情的，總有讓人們動心和惋惜的東西。人們之所以會產生恐懼的感覺，是因爲在能夠壓倒一切的命運的力量面前，人們能夠深深感受到自己的無力和渺小。但是這種沉痛的感覺會慢慢轉化爲振奮，因爲在觀賞悲劇的過程中，人們會產生一種自我的擴張感，尤其是在恐懼之後，這種感情會變成驚奇和稱讚。在這之後，之前的所有感情都會昇華，昇華成一種深層的領悟。這種領悟會讓人們感受到精神的無窮威力，感受到世界的永恆不朽，感覺到正義的偉大力量。因爲悲劇說明了有限的人生具有無限的意義，強調的是人生的價值，是人類的價值。這種理解的轉化，其實是因爲悲劇能夠讓人們在黑暗當中見到眞正的光明，所以就能夠產生一種淨化人心的作用。悲劇的最終意義就是使人性變得完整而深刻。」

在維柯老師講完這些之後，同學們好像久久不能回過神來，可能是陷入了對悲壯的思考，也可能是展開了哲學的思考。但是有一點能夠確定，現在他們對於悲劇的理解，肯定不再像以前那樣局限了。

喜劇是一門誇張的藝術

維柯老師看著同學們還在入神地思考著悲劇，希望同學們能快點兒回神：「親愛的同學們，趕快從悲劇當中抽離吧，因爲接下來，我要爲大家講喜劇的相關知識了。首先我仍然是爲大家介紹一下喜劇的起源。喜劇仍然來自於古希臘，最初的涵義是『快活的演出』，是古希臘較早的藝術表演形式，它起源於農民收穫葡萄時進行祭祀酒神的狂歡遊行。遊行者化妝爲鳥獸，載歌載舞，與當時流行於民間的滑稽諷刺性演出類似。在這之後，它作爲一種戲劇體裁流傳了下來。『喜劇之父』阿里斯托芬奠定了西方文學中以滑稽形式表現嚴肅主題的傳統。」

同學們不禁讚嘆：「古希臘的人們眞是太厲害了，現在所學的很多文化知識都起源於古希臘的傳統，他們創造了太多優秀而寶貴的精神財富。」

還有同學說：「這麼說來，以後有機會的話，一定要去希臘感受一下當地的文化。能夠在古代就創造出這麼豐富的文化，一定是一個非常完美的地方。」

維柯老師看著同學們很感興趣，接著講：「我們繼續講喜劇的內涵。從廣義上來講，喜劇是與悲劇相對的一種美的獨特的表現形態，它泛指在社會生活中或各種藝術形式當中一切荒謬滑稽的事物。從狹義上理解，喜劇就是戲劇的一種類型，一般會運用誇張的手法、巧妙的結構、詼諧的臺詞，以及有趣的人物形象，引起人們對醜、滑稽的嘲笑，對美好的生活和正確的價值觀給予肯定。喜劇擅長運用各種引人發笑的表現方式和表現手法，通常會有讓人大笑的效果。」

同學們聽著聽著就不由產生了疑問：「那喜劇也應該有很多類型吧？」

維柯老師說：「是的，接下來我

馮延明老師評注

正喜劇的說法是來自於正劇。正劇不拘泥於悲劇和喜劇的劃分，靈活利用了兩者的有利因素，加強了表現生活的能力，適應了戲劇發展的要求，又被稱爲嚴肅劇。正劇的外部表現特徵，主要在於人物命運、事件結局的完滿性。它既指完美的收場、幸福的結局，又指生活的肯定方面或生活的否定方面。正劇人物現實地實現著自己的意志，自由地創造著生活。他們既具有悲劇人物那種嚴肅的旨意、眞誠的信念、深刻的思想情緒、爲所追求的目的而獻身的精神，又具有喜劇人物那種自信自足的性格。

們就講喜劇的類型。喜劇的類型是非常豐富的，因爲有不同的表現對象和作品態度，所以分類也特別多。喜劇可以分爲諷刺喜劇、幽默喜劇、歡樂喜劇、正喜劇、荒誕喜劇、鬧劇。諷刺喜劇一般針對社會生活當中的負面的事物。諷刺喜劇中的人物都會一心一意地追求目的，但是目的本身的設置和發展就是不合理的，所以這種目的是根本不可能達到的。因此，喜劇人物愈積極，期望就愈容易落空，在這種情況下，便出現了滑稽或諷刺。在幽默喜劇當中，喜劇人物追求的目的正當合理，是有積極意義的。但是他的行動卻往往跟自己的目標相悖，於是期待總是會落空。歡樂喜劇注重的是人的價值和個性的解放。在文藝復興時期，莎士比亞創作了很多這樣的作品，比如《仲夏夜之夢》、《第十二夜》等，這些作品的主旨在於展現生命的幸福、青春的快樂、人性的自由，這類作品當中，總是能夠折射出人類的智慧和樂觀。正喜劇與其他的喜劇作品不同，這類作品積極表現生活當中的正面，在這種喜劇中出現的笑聲既不會是嘲諷，也不會是戲謔，而是對於人類的美德、智慧的讚美和肯定。正喜劇中的主旨一般都是積極向上的，比如歌頌主人公的機智和勇敢，讚美愛情的忠貞，認爲正義一定能夠戰勝邪惡。正喜劇與正劇相比，趣味性和可笑性都有所增強，但是與一般的喜劇相比，又有很強的正面能量。荒誕喜劇是現代西方藝術中出現的一種新的體裁。現代人在過分思考人生的價值、苦難等之後，往往會陷入一種思維的泥淖當中無法自拔。很多藝術家就根據這樣的現狀創作了荒誕喜劇。最具代表性的就是《等待果陀》，這部劇的背景是光禿禿的沙漠，兩個主人公也不知從何而來，也不知道該做什麼動作，只是說著在『等待果陀』。這種荒誕喜劇正是將原本悲劇的意境轉化成滑稽的境況，隱喻人們在現實社會當中，常常身處的尷尬處境。最後一種喜劇的分類是鬧劇。鬧劇一般屬於粗俗喜劇，就是透過誇張的情節和蠢笨的行爲將觀眾逗樂，常常缺乏深刻的寓意和內涵。在這種喜劇當中，往往只追求外在的喜劇效果，即只要讓觀眾發笑就好，因此會出現各種各樣的插科打諢和無理取鬧，所以被稱爲鬧劇。」

同學們聽老師一口氣講了這麼多喜劇的分類，都對老師讚嘆不已：

「老師您眞是太厲害了，一口氣講了這麼多分類。那在這些分類當中，一定有重點吧？」

維柯老師回答說：「其實最重要的就是諷刺喜劇和幽默喜劇這兩種，因爲它們是最初出現的喜劇形式，並且一直延續到了今天，它們是最古老的，也是最具有生命力的。」

「下面我們要講的就是喜劇的特徵。喜劇的第一個特徵，也是最重要的一個特徵，表現在它具有不協調性和矛盾性。美國學者霍蘭德有這樣一句話，『我們發笑，是當我們看到一項不協調的時候。』喜劇中不協調之處，是喜劇當中會存在很多原本就互不相干，甚至是互相矛盾的事物，有的事物之間還會存在互相排斥的特性。因此當喜劇中的某一個方面失去了理性的時候，就會被另一方面嘲笑或形成對立，正是這種嘲笑和對立，引發了喜劇中的滑稽效果。而在很多的喜劇作品當中，往往不僅出現一對矛盾，而是會有多重矛盾，人物的性格、動作、語言，以及事情發生的環境、背景、情節，這些在喜劇中經常出現的現象都會呈現出不協調性。喜劇中不協調性的呈現本身是非常滑稽的，但是對於這種不協調性的捕捉，往往具有理智的因素。這體現在人對於這種不協調性的審美頓悟當中。喜劇常常首先會呈現出變化多端的情景，這些情景總是給人以驚奇的感覺，從而能夠喚起人們的猜疑和探究，在得到眞相之後，便會產生一種輕鬆愉快的頓悟。而在刹那間的領悟正是能夠引發人們發笑的強大動力，而且這種笑是發自內心而且具有智慧的。

「第二個方面的特徵是喜劇能夠帶給人們輕鬆和快樂。喜劇最突出且直接的審美效果就是笑，透過喜劇而產生的笑能夠讓審美主體直接感受到生命的快樂。喜劇結構中的不協調性，原本就使人的心理產生波動，在這種波動的過程中，人會不斷產生期待，再不斷落空，這種變化會使人的心理時而緊張，時而鬆弛，最終在集聚了一定的能量之後，會在痛快的大笑當中得到釋放。我們總說，人生常有不如意，所以每個人在生活當中都會產生消極的情緒。如果情緒經常處於這種不快的狀態，人就會產生一種鬱鬱寡歡或者消極厭世的情緒。因看喜劇而產生的笑，能夠很好地調節人的心態，讓人的心理從不愉快到愉快，從緊張到輕

霍布斯的「突然榮耀說」

霍布斯的「突然榮耀說」指的是，人們在欣賞喜劇的過程當中，會突然發笑。人之所以在這種時候發笑，是因為在這個時候，人認識到了旁人的某種弱點，也認識到了自己過去的弱點，於是當下的優點就變得非常突出，所以他就會產生突然的榮耀感。

鬆，對人的心理有一定的調節和平衡的作用。」

同學們聽完老師的講解，都很吃驚：「沒有想到，只是單純地觀看喜劇，就能夠帶給人們心理上的享受。看來以後一定要多看喜劇了。」

維柯老師說：「是這樣的，以後同學們如果覺得心情不好又難以調整的時候，不妨去看看喜劇，挑選一些經典的橋段來看，或者看一看喜劇劇本，你們一定能夠得到很多快樂，也能夠得到很多心靈上的優越感。」

同學們又開始疑惑：「爲什麼會有心靈上的優越感呢？」

維柯老師好像是故意要跟大家賣個關子，一臉神祕地說：「這是因爲喜劇還有第三個特徵。雖然喜劇也會在表現的過程當中製造一些緊張，但是最直接的表現還是積極和快樂。因此人們在欣賞喜劇的過程當中，不會感覺到生命的阻礙，也不會感受到情感的壓制，而是會隨著人物和情節的變化，始終享受一種輕鬆愉快的心情。這種心情就能夠體現爲審美主體自我肯定的一種優越感。英國的霍布斯曾經提出『突然榮耀說』，指的就是人們會在喜劇之中產生一種優越感。他認爲笑的情感是來自於發笑者突然覺得自己很能幹，因爲在喜劇當中總能夠看到旁人的弱點，人們總會不自覺地將自己與之進行比較，從而得出這樣的結論，於是就會產生一種突然的榮耀感。尤其是在這種心態已經形成之後，人們以這種優越的心態再去觀看喜劇，就能獲得更大程度的精神鬆弛和心理平衡，既能夠使輕鬆愉快的感受更加深刻，也能夠充分增強人們的自信心。」

同學們都恍然大悟：「這樣說來，喜劇眞的是有益於身心健康啊！」

維柯老師說：「這樣理解也是可以的，因爲喜劇眞的能夠給心理帶來很多慰藉。同學們有沒有想過，產生這些特徵的原因是什麼呢？」

同學們都感到疑惑，不清楚老師說的原因指的是什麼。於是維柯老師接著說：「在我的理解看來，喜劇之所以能夠產生這樣的效果，主要是因爲它具有非常特殊的表現手法，即幽默和諷刺。」

這時同學們又問：「幽默和諷刺有什麼區別呢？」

維柯老師仍然慢條斯理地講道：「我給大家慢慢地講這二者的區別。諷刺大多是用在否定的、消極的內容方面，具有非常明顯的貶義。它與嘲笑、批評、抨擊在本質上是相同的，是用一種眞實而又誇張的手段，將毫無價値的東西撕破給人看。在某種程度上，它會使被抨擊的對象感到尷尬甚至是狼狽不堪，在某種程度上會使旁觀者得到否定醜陋的精神愉悅。隨著諷刺的對象不同，諷刺者的立場的變化，旁觀者的心態不同，諷刺產生的結果也會呈現出不同的狀態。一般來說，諷刺是具有明顯的惡意，但因爲這種惡意是針對那些醜陋而產生的，所以對於旁觀者來說，好像又有善意的成分。不過，大多數情況下，還是在表達諷刺者的感受或評價，說不上是惡意也說不上是善意。」

同學們好像對諷刺的特點還不是很清楚，於是又問老師：「您剛才講的都是對於諷刺的分析，那諷刺的例子一般是怎樣的呢？或者說我們應該怎麼區分諷刺和幽默？」

維柯老師耐心地說：「一般來說，諷刺最主要是表現在形式和內容的矛盾上，它的語言一般是平和的，或者是有趣的，但是涵義是非常深刻嚴厲的，可以說是棉裡藏針。從字面意思來看，就好像有一根刺一樣，能夠扎到人們的心裡。」

「但是幽默就不同了。幽默雖然也是喜劇中的一種特殊表現形式，但是它並不像諷刺那樣辛辣和刺激，它只是將內容和形式中的美和醜以一種直接的方式表現出來。很多學者都認爲幽默是一種善意的美德。列寧曾經說過，『幽默是一種優美的、健康的品質。』幽默有時候會有輕微的批評因素，但是實際上，它並沒有批評的涵義，它展現的是人們對於事物本質的認知和深層的理解。」

同學們聽完老師的講解，都感到很不可思議：「沒想到在喜劇當中，蘊含了這麼多奇妙的知識。」

維柯老師繼續講：「其實在這其中，還有一個非常重要的特徵是誇張。喜劇就是一門誇張的藝術，如果沒有誇張，就沒有喜劇。誇張是根據一定的目的，在客觀現實的基礎上，將事物的某種狀態進行突出和擴大，比如說事情發展的背景、邏輯，人的聲音、動作，這些都是爲了將原本比較平淡不明顯的事物突顯出來，激發人們對它們的關注和在意。在喜劇當中，被誇張的對象一般是醜陋的，因爲將醜陋擴大，能夠使醜陋的本質暴露得更加明顯，激發人們去糾正醜陋的存在，這樣就能夠形成強烈的喜劇效果。」

有的同學問：「維柯老師，那這樣的誇張是不是等同於虛假呢？」

維柯老師立刻搖頭說：「誇張並不是虛假。誇張之所以能夠存在，就是因爲它有眞實作爲基礎。誇張只是將原來的事物或特點加以放大，這樣就能夠讓人們看得清楚，從而更好地揭示事物的本質。如果沒有了眞實，誇張就不能被稱爲誇張，而是虛假了。所以喜劇藝術當中的誇張，也需要適度，要符合事理的發展，不能形成畸形或變態的狀態。誇張是不能與事物的本質發生衝突的。」

「那在喜劇作品當中，誇張有什麼樣的表現呢？」

「喜劇中的誇張是多種多樣的，比如，情節的誇張、人物形象的誇

喜劇的美育意義

《欽差大臣》的美育意義：在作品當中，人物和情節總是表現出一種矛盾和不協調，從這種人物的塑造和情節的推進當中，能夠展現出高貴的假象，也能夠展現出偽裝背後的空虛和可惡，從而使人們對人的存在價值有了真正的領悟。

《摩登時代》是卓別林非常著名的一部作品，在這種誇張可笑的喜劇表演當中，人們能夠體會到長期的機械工作使得工人變得神經緊張和手腳失常，這體現了現代文明對於人性的極度摧殘，也表現了資本主義制度下，工人的深深悲哀。

張、人物性格的誇張、語言修辭的誇張等。這些誇張都會使喜劇作品產生離奇、意外的特性，但同時又能夠維持喜劇本身的有趣和歡樂。在這些誇張的不同形式當中，最爲核心的是人物性格的誇張。因爲喜劇的核心就是人物，人物的塑造是喜劇當中最重要的一個部分。古今中外的所有喜劇作品當中，爲我們塑造了太多誇張的人物，如迂腐頑固的唐吉訶德、貪婪狠毒的夏洛克、吝嗇的嚴監生、俠義善良的趙盼兒等。這些個性鮮明的人物都是透過誇張的手法塑造出來的，不僅具有鮮明的人物性格，而且具有豐富而深刻的思想內涵，更重要的是對社會事實有一種眞實的反映。這樣就更容易展現喜劇的特點，令喜劇更加具有表現力。今天講的悲劇和喜劇都是非常具體的內容，相信大家不會再覺得知識難懂

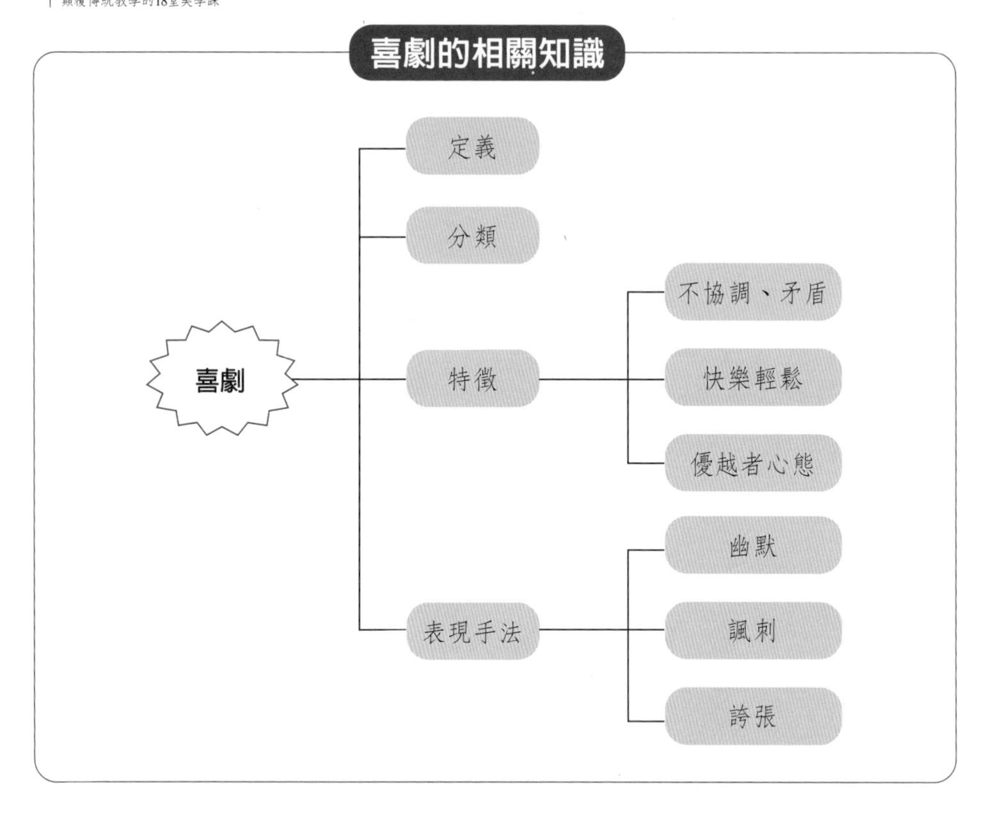

了吧？」

同學們都開心笑著，都說這堂課相對輕鬆，知識豐富但是也很好理解。

最後，維柯老師說：「你們這樣說我就放心了，希望你們以後仍然好好學習美學。這堂課就結束了，下課！」

維柯老師推薦的參考書

《新科學》維柯著。這本書出版於1725年，書名的全稱是《關於各民族共同性的一般原則》。《新科學》中涉及哲學、歷史、法律、語言學、民俗學、心理學，以及各門自然科學，維柯的目標是建立一門包羅萬象的社會科學，探討人類社會全部歷史文化的發展規律。在這其中最重要的成就是，他提出了歷史規律性的思想。在書中，他對想像的研究為近代美學科學的誕生準備了條件，可以說是近代美學的先驅者。

第十四堂課

鮑桑葵老師主講「優美與崇高」

鮑桑葵（Bernard Bosanquet，1848～1923）

鮑桑葵是英國哲學家、美學家，表現主義的主要代表人物之一。主要著作有《美學史》、《道德自我心理學》、《國家的哲學理論》、《美學三講》、《當代英國哲學》等。在美學思想上，他試圖將18世紀美學中的形式原則和浪漫主義中的情感原則結合在一起。他最重要的美學研究在於美學史的方面，《美學史》是他最爲重要的作品。

又到上美學課的時候，這一天幾個好朋友雖然沒有相約一起，但還是在出宿舍門的時候就遇到了。他們相視一笑，一起朝教室走去。

尹文杰突然問陳學碩：「你和你表哥最近相處得還好嗎？有沒有跟著他出去增長見識？」

陳學碩一聽問起了他表哥，立刻精神了起來，他說：「我表哥回國之後，依然過著非常藝術的生活。雖然我們平常總覺得城市的生活挺無聊的，但是他卻能夠找到很多既有樂趣又高雅的事情。」

王超然這時也好奇起來：「是嗎？你們去做什麼了？」

陳學碩繼續說：「上個星期，他帶著我去參加了一個藝術節。這種藝術節並不是特別昂貴和莊重的那種，而是非常自由和輕鬆的。我們就在藝術節的場地裡一直閒逛，走幾步就能看到幾個人組成的小樂隊在演奏，走幾步又能夠看到在現場雕刻的藝術家，還有在旁邊穿著華服跳舞的孩子，那場景眞的是太迷人了！」

王超然說：「照你這麼說，豈不是像行走在異國街頭一樣？」

陳學碩說：「還眞的是像那樣的體驗。那種感覺眞的是太美妙了。看來我們身邊其實也有很多美的事物，只是我們並沒有發現而已。」

說著說著，他們已經走到了教室。

寧靜而和諧的優美

他們三個往教室裡一看，發現老師早已到，於是趕快坐在位子上。

看同學們都到得差不多了，老師開始講話：「各位同學們，大家好，我是你們今天的美學老師，我叫鮑桑葵。」

聽到這個名字，臺下的學生們有些驚訝。一個同學站起來問：「老師，您是《美學史》的作者鮑桑葵嗎？」

老師開心地笑著說：「是的，我是寫過一本《美學史》。沒想到你們還知道我寫的這本作品，眞是太榮幸了。」

同學們不禁爲老師的謙虛而感到欽佩。只要是學習美學的同學，沒有人不知道鮑桑葵老師寫的《美學史》這本書。

鮑桑葵老師接著說：「既然同學們都瞭解我，那我也就不用過多介紹自己，我們趕快開始今天的美學課程吧。同學們應該都瞭解審美類型

美學的四種表現形態

優美

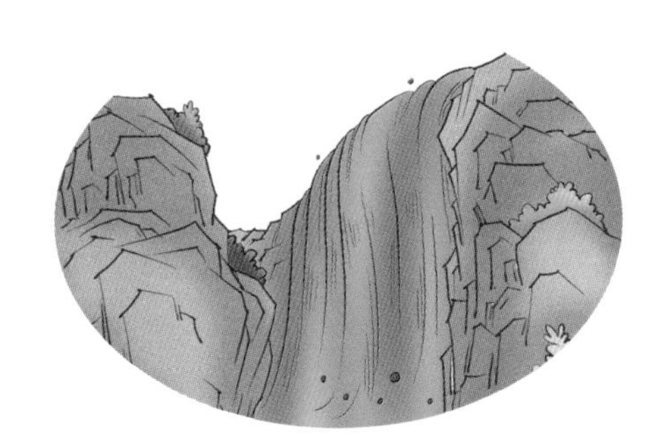

崇高美

喜劇美

悲劇美

美學的四種表現形態分別為優美、崇高美、喜劇美和悲劇美。

是有很多分類的，透過長時間的美學的發展歷程，已經形成了很多已經確定的審美類型。其中優美和崇高就是非常重要的兩個審美類型，這就是我們今天將要學習的內容。我們先來講優美。」

「首先，我要講的是在美學史上，人們對於優美的認識的變化。最早在古希臘時期，畢達哥拉斯學派就提出了『美在於和諧』的美學思想，而且還發現了黃金分割的比例關係。雖然在當時，他們並沒有直接提出這是一種優美，但是這種追求外在形式和比例的思想內涵，其實正是後來優美所追求的。在這之後的蘇格拉底追求的是形式的美，就是注重美的外在的秩序、勻稱和明確，並認爲這些都能夠引起人的快感。這些理論都是最初的優美的雛形。眞正將優美作爲一種美學概念提出來的，是英國的**博克**。博克總結了優美的事物具有的幾個特徵——它是小的、光滑的，不露稜角但是又融成一片，結構嬌柔纖細，沒有強有力的外表，顏色鮮明但是不刺眼。很明顯，這些優美的特質都是能夠讓人感到舒服和柔和的。」

同學們聽老師說這麼多，已開始急著追問：「那優美的定義究竟是什麼？」

鮑桑葵老師說：「我認爲優美就是一種優雅的、柔性的、偏於靜止的美。在內容方面，它是審美主體和審美客體的統一、內容和形式相協調所表現出來的一種寧靜而又和諧的美，這種美一般都呈現出一種容易被人欣賞和接受的狀態，不會呈現出激烈的衝突。外在的形式方面，優美的事物常常具有小巧、柔和、淡雅、細膩、光滑、圓潤、精緻、輕盈、秀美、嫩弱等特點。在生活中，我們常見的優美的事物有很多，比如和風習習、楊柳依依、芳草萋萋、流水潺潺、鳥語花香、鶯歌燕舞等。優美不僅體現在審美對象的形式和內容是和諧的，還體現在審美對象和審美主體之間的關係是和諧的。」

馮延明老師評注

博克是英國政治家、美學家，經驗主義美學集大成者。美學著作有《關於崇高和美的觀念的根源的哲學探討》。其美學觀點，以經驗主義感覺論、情欲論爲基礎，認爲美源於人的自我保全本能和相互交往本能。

中國古代文化中的優美

聽老師講著這些，同學們突然覺得老師這樣輕聲細語的講話好像也是一種優美。同學們沉浸在其中的時候，確實能夠感受到一種寧靜的意境。

鮑桑葵老師接著講：「好的，接下來我們講的就是優美的表現形式。表現形式指的是在不同的領域當中存在的方式，優美在不同的領域有不同的表現。」

有同學提問：「這麼說，表現形式是按照不同的領域來分類嗎？有哪些不同的分類呢？」

鮑桑葵老師說：「按照不同的領域，能夠將優美的表現形式分爲三類，分別是自然領域、社會領域和藝術領域。下面我們就來講解這三個領域。在自然領域當中，優美主要是在形式方面表現出來的。自然界中有很多美的事物，它們大多是自己本身的狀態。優美首先體現在外在形式上，外在形式上要有恰當的比例、合理的對稱、有序的結構、適宜的均衡等，一般表現爲小巧圓潤、線條優美、色彩柔和、動作輕盈等。從事物的整體性來講，通常都會出現一種低調平和、多樣統一的狀態，這種狀態都是安靜祥和的。」

同學們聽完老師的講解，也開始發表自己的看法：「鮑桑葵老師，我想到一些自然領域當中的優美的事物，您看我說的對不對。我覺得像農村郊野那樣的景觀，應該就是優美吧。在這種景觀當中，一般都是一望無際的田野，在農田當中不時有農民在辛勤地勞動，偶爾也會有鳥兒或者是什麼小動物出現。這樣的畫面一定能夠帶給人們一種安謐的享受，這就是我理解的優美。」

還有同學說：「很多風景名勝、自然風光也都是優美的。比如說桂林山水，山和水連綿起伏，形成一種和諧的景觀，人只要置身其中，就能夠感受到自然的美和心靈的寧靜。再比如說海灘的風光，有沙灘和椰子樹，還有捕魚歸來的船隻，靜靜的大海，這些風光都能夠帶給人們一種寧靜的享受。」

「還有很多詩句中描寫的自然風光。『水光瀲灩晴方好，山色空濛雨亦奇。欲把西湖比西子，淡妝濃抹總相宜。』西湖的美景可以說是最適合用優美來形容了。」

鮑桑葵老師回答說：「一般來說，能夠讓人們感覺到寧靜和祥和的景觀，就是優美。剛才同學們描述的畫面確實是屬於自然領域的優美。但是第三位同學說的在詩句中出現的美景，不能單純認爲它是自然美景了，因爲在詩句當中被賦予了文化的色彩，所以應該是我們理解的藝術領域的優美。」

那位同學點點頭說：「是啊，詩句中的美景和現實中的美景總還是存在一定的差別的。」

鮑桑葵老師接著說：「下面我爲大家講的是社會領域的優美。社會領域的優美就不再偏向形式方面，而是偏向內容方面。社會領域的優美體現的是社會事物當中的眞善美的和諧統一。這種適應於倫理規範和道德規範的行爲，就是社會優美的觀念。」

又有同學問：「那麼，簡單地說，社會領域的優美其實就是與眞善美相關的、符合倫理和道德的一些精神品質吧？」

鮑桑葵老師笑著說：「可以這麼理解。最後我們要講的就是藝術領域的優美。剛才就有同學在舉例的過程中已經談到了這個領域，它一定是存在於藝術作品當中的，例如：繪畫、雕塑、文學、詩歌等。藝術作品中的優美是內容和形式上都應該得到滿足的，即強調的是外在的形式和內在的精神同樣都具有優美的特質，最終達到一種和諧的狀態。藝術領域中的優美，眞的是不勝枚舉，同學們能舉出一些相關的例子嗎？」

「我首先想到的是中國古典的江南園林。江南園林既有自然風光的外在美，還融合了設計者的人工創造。比如說蘇州園林，除了有樹木、湖水等自然風光，還有精雕細琢的石雕、文人墨客的題字、設計精美的亭臺樓閣，這些構成了一幅眞正優美的畫

馮延明老師評注

園林是傳統中國文化中的一種藝術形式，受到傳統「禮樂」文化影響很深。透過地形、山水、建築群、花木等作爲載體，襯托出人類主體的精神文化。在一定的地域運用工程技術和藝術手段，透過改造地形（或進一步築山、疊石、理水）、種植樹木花草、營造建築和布置園路等途徑創作而成的美的自然環境和遊憩境域，就稱爲園林。

卷，一定是藝術的優美。」同學們聽完之後，都點點頭表示同意。

「還有很多藝術作品，比如說西方的雕塑和繪畫，外在的形式通常都具有美好的線條和色彩，內在也同時具有豐富的內涵。比如說維納斯雕像，就有著豐富的溫柔，給人以美的享受。」

鮑桑葵老師開心地說：「看來同學們都已經瞭解了這些不同領域的表現。我們最後要講的是優美的審美價值。我將優美的審美價值分爲表面價值和精神價值兩個部分。優美的表面價值指的是優美具有令人直觀愉悅的特點，因爲在優美的審美體驗當中，理性的因素並不明顯和突出，所以審美主體能夠透過感官直接感受到這種美感，既不會產生心理衝突，也不會產生某種認識和理解的困難。比如說柔和的光線、明亮的顏色、柔美的曲線，這些因素都能夠毫無衝突地引起人們的愉悅感，因爲它們本身在外在就是一種優美和柔和的體現，是一種自然的浮動，所以不存在鬥爭和矛盾，所以這種美能夠保留一種原始的純粹的感覺。」

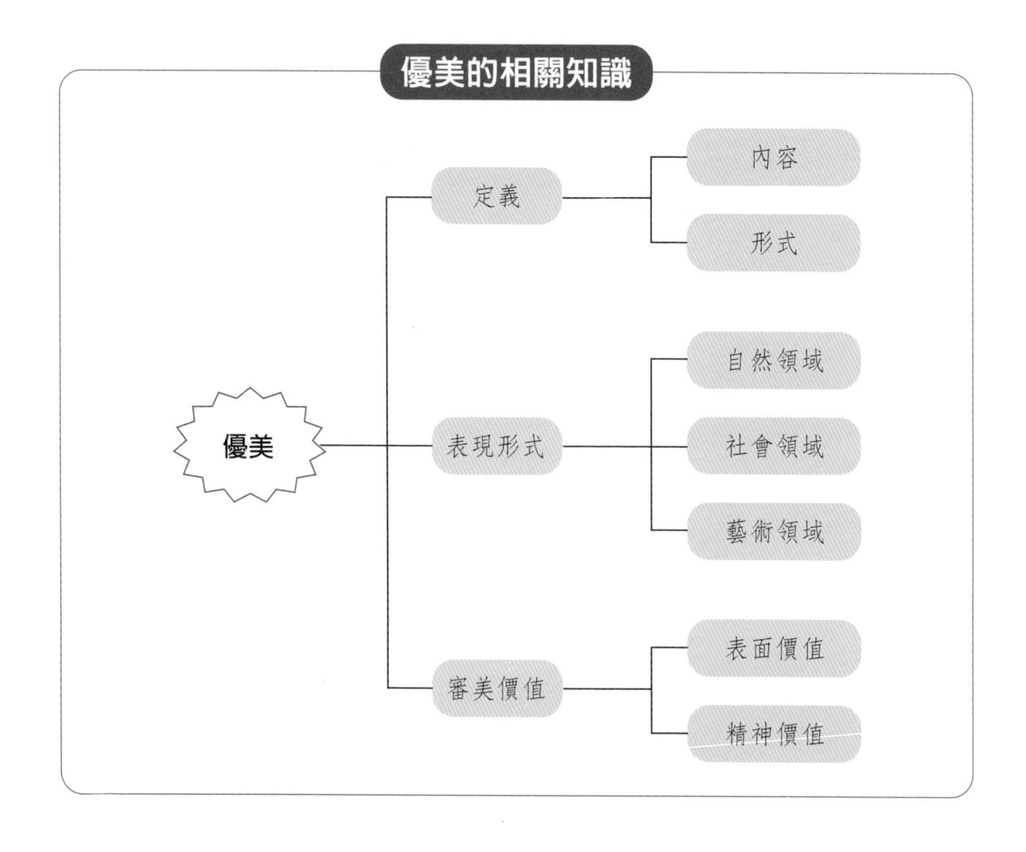

有同學提問：「那這種表面價值是不是有貶義或者缺陷呢？」

鮑桑葵老師搖搖頭說：「這並不是一種缺陷，而是優美具有的一種特點，表現了審美的純粹性。而且表面價值與精神價值並不衝突，所以這並不是說人們對於優美的審美只停留在表面的層次。也有可能會形成一種由表及裡、由淺入深的狀態。但即便如此，優美的表面價值也不會受到削弱和影響。」

同學們點點頭說：「我們還需要瞭解優美的精神價值吧？」

鮑桑葵老師說：「是的，優美對於人的精神世界也是有很大的影響和作用的，首先是表現在對於人的精神狀態的影響。一個人的精神狀態既不能過分亢奮，也不能過分抑鬱，這兩種精神狀態都會讓人產生一些消極的態度或者心理。過於亢奮可能會興奮過度，之後就會產生一種難以恢復的疲憊；而抑鬱則會直接導致人的意志消沉。優美的環境能夠使人們產生一種生理和精神上的平衡，這種平衡是人們非常需要的，能夠將人們從消極的情緒當中解脫出來，使人們能夠有良好的心態面對生活。」

有同學說：「的確是這樣，我們心情不好的時候，需要去郊外爬爬山，看看風景，或者有時候只是面對著安靜的田野，就能夠恢復好心情。」

鮑桑葵老師繼續說：「除了精神狀態之外，還會對人的心理產生重要的影響。經常受到優美的事物的薰陶，人的品行、習慣都會變得更加純潔善良，風度會變得更加優雅，情感會更加細膩，整個人的精神面貌都會發生很大的改變。很多家長都喜歡讓孩子學習藝術，從小就練習鋼琴、學習繪畫，這些就是從小在對孩子的品質進行塑造，這對人的成長是有潛移默化的影響的。」

同學們說：「這下終於明白小時候，爲什麼爸爸媽媽要讓我們上各種課外班了，其實這都體現了一種審美趣味，父母是希望優美的事物能夠對我們產生影響，使我們成爲心理健康、心地善良的人。」

老師笑笑說：「是的，優美的事物眞的有這樣的功能。不過你們現在明白也不晚，可以在課餘時間多接觸這些優美的事物，一定會對你們的生活產生積極正面的影響。我們講這些審美，並不是只局限於理論的學習，而是希望你們能夠把這些理論融入自己的現實生活當中。」

崇高：痛感中的快感

鮑桑葵老師安靜了一會兒，繼續說：「接下來，我們就來學習崇高的相關知識。首先，我還是爲同學們介紹一下崇高的定義。美學中的崇高指的是那些剛強、偉大、雄渾、悲壯的事物，常常能夠讓人感到驚心動魄，或者能夠引起敬畏、豪邁的感情。崇高又被稱爲雄偉、壯美。」

同學們馬上就有疑問產生：「崇高爲什麼會成爲一個美學的概念呢？」

鮑桑葵老師說：「要想理解這個問題的答案，首先要理解的是在西方美學史上存在的一些崇高的觀點。『崇高』一詞最早出現在柏拉圖的《文藝對話集》中，在當時人們崇尚的是辯論之類的行爲，重視的也是修辭、文法之類的，所以他在作品中討論的崇高也只是文章風格、修辭上的崇高。後來，在朗吉努斯的作品《論崇高》中，第一次將優美和崇高作爲美學的一個範疇來研究。他總結了崇高的五個特點。第一是掌握偉大思想的能力，第二是強烈深厚的感情，第三是修辭的妥當運用，第四是高尚的文辭，第五是將前四種聯繫作爲整體的、和諧的一種布局。他的崇高論爲後世討論崇高的理論開了先河。在這之後，是英國的美學家博克從美學上對崇高進行了研究。他在著作中，區分了崇高和優美，提出了優美是以快感爲基礎的，崇高是以痛感爲基礎的。他認爲崇高的事物具有的特點爲體積是巨大的，看起來是奔放不羈的，常常是直線條的，外表是堅實的甚至是笨重的，是以痛感爲基礎的。在這之後，康德賦予崇高以深刻的哲學內涵。他眞正從哲學上揭示了崇高與優美的區別，確立了崇高在美學中的獨特地位。他認爲崇高是一個理性概念的表現。一種是數學的崇高，指的是事物的數量或體積的無限巨大；另一種是力學的崇高，指的是事物力量或者能量的無限巨大。面對這些崇高，人們首先會產生恐懼、拒絕、痛苦，之後人們會戰勝這種恐懼，自我的理性力量得到一種尊敬，從而產生一種愉悅的感覺。相信從人們對崇高認識的轉變，也能夠對崇高的定義有豐富的理解。」

「下面，我們來講一下崇高的特徵。首先要講的是，崇高具有的基本特徵是審美的主體與客體之間存在的對立和衝突。崇高的事物在最初帶給審美主體的感覺是強大而且有力的，是一種非常強烈的刺激。剛開始的時候，審美主體特別容易被這種巨大的體積和無比的力量壓倒，產生一種畏懼的心理，感覺自己渺小無力。這就使審美的主體和客體之間呈現出一種矛盾和衝突。這種矛盾衝突正是產生崇高的基礎和必要條件。但是這種矛盾並不會一直持續，因爲審美主體會隨著時間的變化和對事物理解的變化，產生不同的心態，發現自己具有的力量，認爲自己擁有能夠克服這種恐懼的能力，在這之後就特別容易產生一種驚心動魄又酣暢淋漓的審美感受。」

這時，同學們有所疑問了：「這樣看來，這種矛盾和衝突其實是具有很大的能量的，對嗎？」

鮑桑葵老師接著說：「黑格爾曾經說過這樣一句話，『人格的偉大和剛強只有借矛盾對立的偉大和剛強才能衡量出來。』這就說明在這種矛盾和衝突當中，蘊含了無窮的力量。人類與自然、人類與社會，甚至是在藝術作品當中，都存在各種各樣的矛盾和衝突。這種矛盾和衝突愈激烈，就愈能夠激發人類本身力量的迸發，也就愈能夠感受到崇高。」

老師講完，同學們紛紛點頭。

鮑桑葵老師接著說：「下面講崇高的第二個特徵，就是在外在表現中，常常體現出粗糙、野蠻等。因爲崇高的對象並不像優美的對象那樣容易被人接受，它是一種從外在看來並不那麼賞心悅目的景觀，但是它們的外表之下常常有一種蓬勃的朝氣，或者急待開發的力量，這種精神和力量是非常強烈的。崇高的第三個特徵是痛感中的快感。它與優美產生的那種愉悅是不一樣的。愉悅是始終貫穿的，但是面對崇高，審美主體的心態會發生不同的變化。從最開始的害怕和恐懼，到後來的驚嘆或享受，實際上產生了一種變化。這種情感的變化也是崇高的特徵之一。」

鮑桑葵老師稍微休息了一下，喝了口水，看同學們都能夠跟上老師的節奏，於是繼續講：「下面我們要講的是崇高的表現形式。與優美的表現形式一樣，仍然是分爲三個方面，分別是自然領域、社會領域和藝術領域。在自然領域，崇高的表現是自然事物的巨大體積和力量、粗獷不羈的形式等。我們能看到的崇高的審美對象其實是很多的。遼闊的大地和宇宙、雄偉的山脈、洶湧奔騰的河流、直瀉而下的瀑布，這些驚人的自然景象，都是崇高的。在社會領域當中，崇高通常指的是人的偉大，指的是人類爲了美好的生活而用實踐活動而進行的表現。而人的偉大，包括人類力量的巨大和精神品質的高尚這兩個方面。人類力量的巨大主要體現在創造物質文明的過程中，人類與大自然進行了非常激烈的搏鬥。人類在征服和改造自然的過程當中，總是能夠運用自己的智慧和力量取得很大的成就。而人類的精神品質也是如此，人類在創造精神文明的過程中，始終表現出戰勝醜惡的品質、堅強的意志力、高尚的情操，這些都是崇高的表現。」

同學們說：「這樣說來，自然領域和社會領域的崇高，其實總是和優美相對。」

鮑桑葵老師說：「可以這樣理解，之所以將這對美學概念一起講解，就是因爲它們之間存在太多相對的性質。接下來，我們重點要講的是藝術領域中的崇高。藝術領域中的崇高是來源於自然美和社會美的崇高。藝術作品中，藝術家就是透過對自然和社會生活中的崇高的事物進行鮮明對比，才形成了讓人印象更加深刻的崇高。但是藝術領域的崇高雖然來自於現實，仍然有自己的特點。自然領域和社會領域的崇高大多是零散的，它們分布在生活的各個角落當中，有時候需要仔細發掘才能找到。但是藝術中的崇高就不一樣，它們經過藝術家的改造和典型化，形成一種空間上的穩定性和時間上的持久性。」

有同學提問：「鮑桑葵老師，您說的這種空間上的穩定性和時間上的持久性是如何體現出來的呢？」

鮑桑葵老師不緊不慢地說：「具體的表現是在兩個方面，第一個方面是藝術作品的風格，第二個方面是藝術作品的題材。具有崇高的藝術風格的作品，一般都是在形式上具有崇高的特點，創造一種崇高的氛圍，或者塑造一些崇高的景觀，實際上形成一種崇高的意境，讓欣賞者好像置身其中。貝多芬著名的《英雄交響曲》就是如此，整首交響樂都給人一種大氣磅礴的感覺，時而讓人感到畏懼，時而讓人感到欣喜，這就是崇高的意境。更多的崇高的作品，是會直接選取驚心動魄、容易表現出崇高的藝術題材。相信大家應該很熟悉這種類型的崇高美。」

同學們立刻接著老師的話繼續說：「岳飛有一首詞《滿江紅》，所有同學應該都會背的，我覺得那就是一種崇高的內容。『怒髮衝冠，憑欄處，瀟瀟雨歇。抬望眼，仰天長嘯，壯懷激烈。三十功名塵與土，八千里路雲和月。莫等閒，白了少年頭，空悲切。靖康恥，猶未雪；臣子恨，何時滅！駕長車，踏破賀蘭山缺。壯志饑餐胡虜肉，笑談渴飲匈奴血。待從頭，收拾舊山河，朝天闕。』」

馮延明老師評注

岳飛（1103～1142），字鵬舉，宋相州湯陰縣（今河南湯陰）人，南宋抗金名將，中國歷史上著名的軍事家、戰略家，民族英雄，位列南宋「中興四將」之一。

旁邊的同學接著說：「這首詞也是我最喜歡的一首，表達了非常深刻的愛國主義情懷，表現了岳飛不願虛度年華，想要建功立業、報仇雪恥、收復山河的決心，這種崇高美太具有震撼力了！」

鮑桑葵老師輕輕鼓著掌說：「太棒了，這樣的分析讓我也感受到了中國文化中的崇高感。下面我要爲你們講解的是崇高的審美意義。同學們願意先談談你們對於崇高的審美意義的理解嗎？」

同學們開始輕聲討論。談論完，有同學站起來發言：「我認爲崇高的事物和優美的事物是一樣的，能夠對人的心情和性格起到調節的作用。比如說當人們感到情緒低落的時候，崇高的事物就能夠給人以鼓舞和力量。同樣，它應該也能夠讓原本懦弱的人變得堅強和有力。在很多崇高的文學作品和藝術作品當中，我們都能體會到這種崇高的力量。」

「我認爲崇高的藝術能夠激發人們，也能產生強大的力量。因爲崇高的事物本身就蘊含了非常強大的力量，人們在欣賞了崇高的事物之後，往往也會因爲情感的變化而產生自身的力量。」

同學們發表完自己的看法之後，鮑桑葵老師說：「同學們講的這些其實都是有意義而且正確的。我著重講其中的兩點內容。第一點是崇高能夠鼓舞人生，產生一種強大的心靈力量。因爲在崇高的事物面前，人的心靈與強大事物的對抗其實是占劣勢的。但是在這種對抗出現的時候，人的外在力量可能會存在不足，這時就特別需要內在的力量對人們進行補充。於是就會在心靈上產生一種頑強的、異於平常的力量，這種力量能夠與崇高對抗，使人上升到一種更高的精神境界當中，甚至是戰

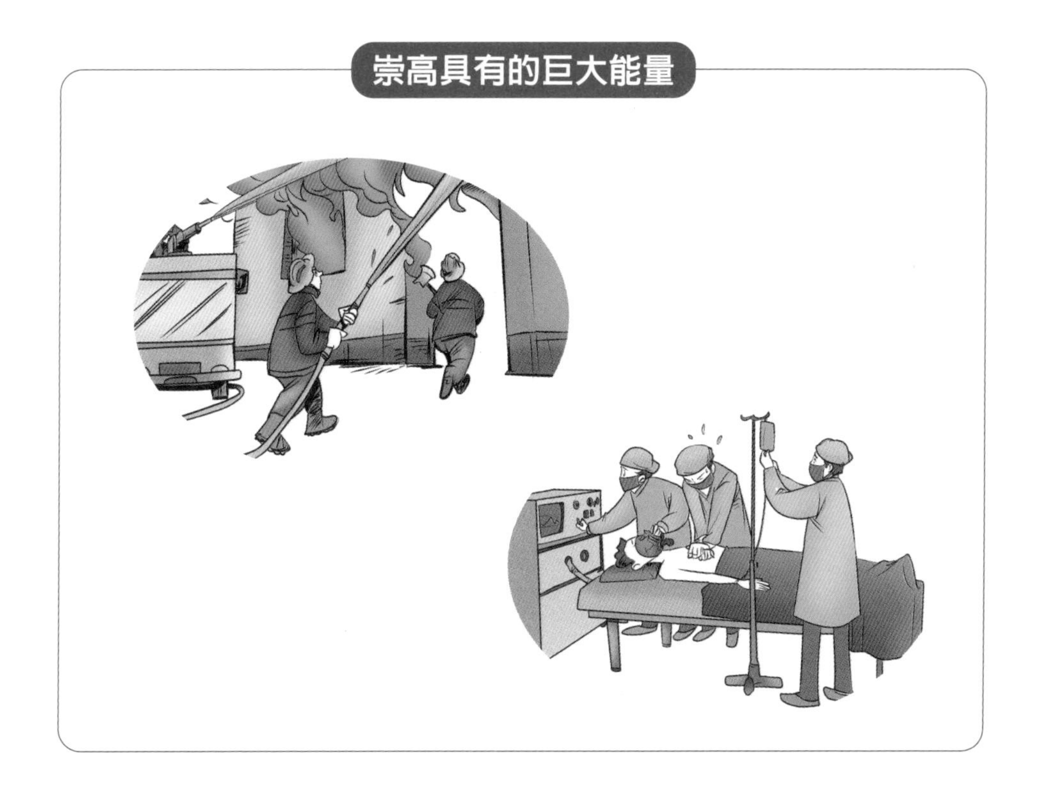

勝因面對崇高的事物而產生的恐懼。人的心靈在得到超越之後，就會產生強大的快感，這種快感因爲源自於痛感，所以有更加強大的力量。因此當人們下次再遇到可能有危險或者有困難的事情時，之前的戰勝崇高事物的力量就會再次湧上來，這樣就形成了一種不屈不撓的進取精神和鼓舞力量，幫助人們更好地面對生活當中的困難。」

同學們說：「這應該就是父母老師都願意讓我們從偉大的英雄人物身上學習的原因吧，因爲那種崇高的精神品質，眞的能夠帶給我們鼓舞和力量。」

鮑桑葵老師接著講：「第二個方面我要講的是崇高能夠使人們具有極大的創造力。因爲崇高的事物不僅能夠激勵人們，而且能夠讓人們朝著更好的目標努力前進。在這個過程當中，人們一定會對未來有新的計畫和新的嚮往，因此人們就會在崇高的指引之下，更有創造的動力。」

老師講完之後，同學們都熱烈鼓掌。鮑桑葵老師笑笑說：「好了，

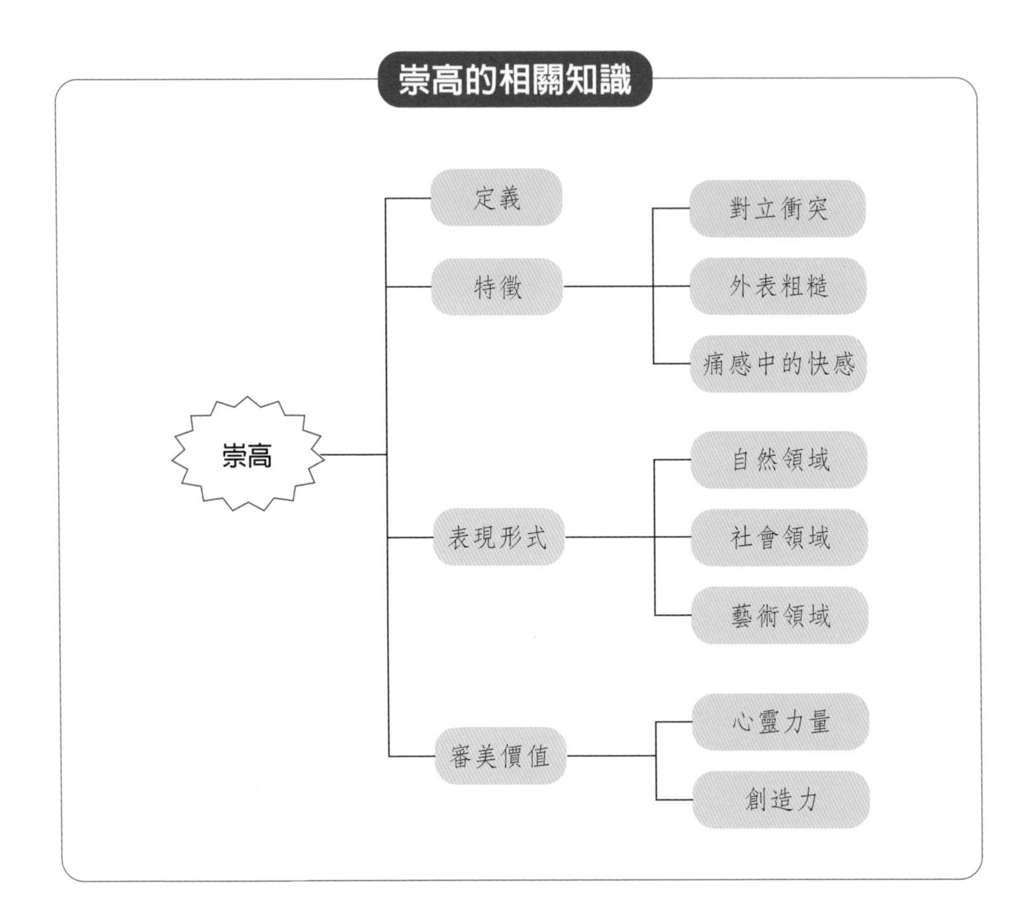

今天的課就上到這裡了，希望同學們在課後能夠好好複習今天學習到的內容。更重要的是，希望你們在生活當中多多接觸優美的和崇高的事物，希望這些事物能夠真正帶給你們強大的精神力量。下課！」

鮑桑葵老師推薦的參考書

《美學史》鮑桑葵著。這本書是鮑桑葵的代表作品。他在書中對西方美學的發展歷程做了大致的梳理。從古希臘羅馬時代，經過中世紀，一直到19世紀後半葉德國古典美學的終結，他將西方美學發展的歷程做了一個輪廓分明的描述。他還用批判性的態度將古典美學和浪漫主義結合在一起。

第十五堂課

阿多諾老師主講「醜與荒誕」

西奧多．阿多諾（Theodor Wiesengrund Adorno，1903～1969）

阿多諾是德國哲學家、社會學家、音樂理論家，是法蘭克福學派第一代的主要代表人物，社會批判理論的奠基者。他生於德國緬因河畔的法蘭克福，晚年在瑞士維斯普度假時猝死於心臟病。阿多諾一生的著作非常豐富，涉獵哲學、美學、音樂等許多方面，代表作品有《啟蒙辯證法》、《新音樂哲學》、《多稜鏡：文化批判與社會》、《否定的辯證法》、《美學理論》等。

這一天，三個小夥伴又一起早早來到教室開始聊天。

陳學碩說：「我們這一個學期的課馬上要結束了，美學課上眞的是學到了不少知識啊。」

尹文杰接著說：「對啊，像我這樣一個對藝術和理論從來都沒有興趣的人，聽了這麼長時間的課之後，也確實覺得美學理論是一門神奇的課，不僅讓我們看到了很多生活中的美，而且也提升了我們的審美能力。」

陳學碩轉而問王超然：「你對這門美學選修課有什麼想法呢？」

王超然還是一臉嚴肅的樣子，說：「我感覺我們在美學課堂上眞的學到了很多知識，包括我在很多課外書上看到的一些理論都已經講過了。我現在倒是特別好奇，接下來的幾堂課，老師會講些什麼內容。是跟美完全對立的觀點？還是將美學融入其他學科的知識？」

陳學碩也默默思考著，然後說：「確實是啊，我們之前學習的知識，基本上已經構成完整的美學體系了。但是我也相信，厲害的老師們一定會帶給我們更多驚喜的，相信老師吧！」

三個好朋友一起點點頭，期待老師的到來。

醜：地獄般的吸引力

老師走進來，站在講臺上，神情較爲嚴肅。同學們看著臺上的老師說：「看來今天的老師又是一位非常嚴肅的教授。」

果不其然，老師聽到臺下有同學講話，就立刻做出雙手下壓的動作，示意大家要保持安靜。安靜了一會兒之後，老師才開始說話：「各位同學大家好，我是你們今天的美學老師，我的名字是阿多諾。」

同學們開始小聲討論這位老師究竟是哪路神仙。老師好像特別反感同學們在課堂上說話，說：「同學們請安靜下來，如果有問題，可以舉手示意，不要在座位上議論。」

於是同學們馬上安靜了下來。一位同學站起來說：「老師，我們對您不是特別瞭解，希望您能夠做簡單的自我介紹。」

阿多諾老師笑笑說：「很好，我希望和大家的交流就是這樣的。

我來自德國。我出生於法蘭克福，十八歲時進入法蘭克福大學攻讀哲學、心理學和音樂，之後順利獲得了博士學位。在我研究的這些學科當中，我最爲熟悉的是現代音樂，我也曾經提出了很多音樂批判的理論。哲學也是我畢生的愛好，因爲我非常關注社會批判理論。美學是這兩個學科的結合，我從藝術和哲學當中產生很多新的靈感，從而形成了自己的美學思想。今天，我想用我自己獨特的批判理論，爲同學們講醜和荒誕。」

聽到老師說今天要講的是醜和荒誕，同學們都吃了一驚，面面相覷。有同學馬上舉起手來提問：「阿多諾老師，我們眞的不太理解您講課的思路。我們上美學課很長時間了，之前老師們講課的內容都是和美、審美有關的知識，但是今天您一上來就說要講醜和荒誕，這不應該是美的對立面嗎？這眞的對我們學美學有幫助嗎？」

阿多諾老師說：「你們以爲學習美學就是只研究美的事物嗎？錯了。眞正瞭解一門學科，應該是從多個角度、多個方面去瞭解。比如說今天我們要講的醜和荒誕，其實就是美的對立面。從美的對立面也能夠從另外的角度產生對美的理解，這樣的學習也是很有必要的。」

同學們聽完老師的解釋，似乎還是心有疑惑。又有同學站起來說：「那就請老師趕快講吧，我們對今天的課非常好奇。」

阿多諾老師笑笑說：「這樣就對了，對於知識，你們應該一直都保持一種好奇心，這樣才能夠獲得最大程度的收穫。今天首先要講的是醜的發展歷程和定義。在古希臘時期，就有過對於醜的描述。蘇格拉底認爲對人不具有任何效用的事物就是醜的。亞里斯多德認爲醜的事物外表是醜陋的，它不會給人帶來快感，也不會帶來痛感。之後鮑姆嘉通認爲醜是感性的不完善。總的來說，美是符合比例的、和諧的，那麼醜作爲美的對立面，就應該是不合比例的、不和諧的，這是最爲簡單和基礎的解讀。」

馮延明老師評注

蘇格拉底認爲美是效用。他把美和效用聯繫起來看，美必定是有用的，衡量美的標準就是效用，有用就美，沒用就醜。

東施效顰

《莊子》記載，有這樣的故事：「故西施病心而矉其里，其里之醜人見之而美之，歸亦捧心而矉其里。」這就是東施效顰。

同學們提問說：「美學中的醜就只是美的對立面這麼簡單嗎？」

阿多諾老師繼續說：「我們從最簡單的角度理解，可以這麼說，但是在我們深層發掘之後，就會發現醜的概念不僅如此。在19世紀後期，生理學、醫學、心理學等現代科學都開始發展起來，當時的神學已經受到了很大的衝擊，人的主體性便隨之得到了很大的提升。這時的哲學界出現了叔本華的唯意志主義、伯格森的直覺主義、沙特的存在主義等，這些理論都站在一種絕望的視角去看待生命，認爲人的痛苦來自於人的生命意志，更將人的生存狀態描述爲荒誕、絕望、噁心等。這些理論都引導著人們對人的本性以及人的醜進行研究。尤其是隨著資本主義的進一步發展，當時的傳統道德體系已經遭受了陷落和淪陷，這就更進一步推動了醜的發展。浪漫主義最開始也將醜放在一個從屬的地位上，但後來醜的地位也慢慢得到了提升。雨果曾經說過，『它會感到萬物中的一切並非都合乎人情的美，感覺到醜就在美的身邊，畸形靠著優美，粗俗藏在崇高的背後，惡善共存，黑暗與光明與共。』從中就能夠清楚地看出，醜已經不再是一種襯托了。醜就這樣在藝術史上，成爲非常重要的一部分內容。」

同學們聽完老師的講述，都覺得不可思議。一位同學說：「我們從來沒有想到過，醜能夠成爲美學的一個研究內容，但是從老師講的美學史的內容來看，把醜作爲一個研究對象又是那麼合情合理。」

王超然開心地站起來說：「我一直都覺得事物的存在都是有一定的道理的，剛才聽老師講了醜的事物的存在，果然是這樣。」

阿多諾老師笑笑說：「這才講了一小部分的知識。接下來，我們繼續講醜的特徵。我們要講的第一個特徵是醜的審美感受。醜的審美感受是非常複雜和豐富的。雖然從表面上看，醜和人的需求好像是格格不入的，醜在本質上和形式上與人的需求都是牴觸的，醜的東西在外形上就是不順眼的，與人們喜歡的法則就是牴觸的，除此之外，醜具有的很多特點，例如：嘈雜、混亂、畸形等，都是會令人引起反感的。但是醜卻好像有一種地獄般的吸引力，總能夠在引起人們反感的同時，吸引大量的注意力。人們可能會對於這種現象感到奇怪，但是事實確實如此。人們總是能夠在醜面前受到感染和吸引，並且強烈刺激著人們的心靈。這是很多美的藝術都達不到的效果。它能夠喚起人們的敏感，能夠刺激人們的麻木，使人們產生一種非常強烈的感情，既有厭惡感，又有痛感，還會產生對於美好的嚮往，這種複雜的體驗是美達不到的。」

同學們興奮地問：「這麼說來，醜的事物比美的事物內涵豐富得多？因爲人們可能不太能接受醜，所以在欣賞醜的同時，還會轉而產生對美的嚮往。」

阿多諾老師說：「我要講的下一個特徵就會涉及美與醜之間的關係了。醜經常被運用在**烘托**美的過程當中。尤其是在藝術作品當中，很多時候，醜並不會單獨出現，常常是與美的事物相伴出現的。這是因爲藝術家並不是要歌頌醜的事物，而是要借助醜的事物來進一步烘托美的事物。很多作品當中都會出現欲揚先抑、以醜襯美的表現方法，在這種表現手法當中，醜只是一種手段和方法，美才是

馮延明老師評注

烘托是國畫的一種畫法，用水墨或淡的色彩點染輪廓外部，使事物鮮明突出。後來烘托也被用於描述文學創作的一種表現手法，即透過側面描寫，使所要表現的事物鮮明突出。在美學當中，烘托的意義仍然如此。

眞正的目的。而且醜作爲美的對立面，能夠對美起到很好的對比和烘托的作用。」

王超然說：「果然是這個樣子，我覺得在美學中討論醜，最終還是會回歸於美的，用醜烘托美，再合適不過了，一定能夠呈現出驚豔的效果。」

阿多諾老師笑笑說：「看來你們對於醜這個美學範疇眞的是非常喜歡啊，每次一講完，你們總是一副特別吃驚或者特別激動的表情。我覺得這應該就是換角度看問題吧，從不同的角度認識知識的時候，往往就能夠達到不同的效果。」

「接下來，我們繼續講醜的審美價值。醜的第一個審美價值是能夠轉換成美。這主要體現在兩個方面。第一個方面指的是能夠從對醜的理解中感悟和追求美。生活中和藝術中醜的事物也是非常多的，我們總是能夠在看到醜之後產生一種厭惡、討厭的情緒，當我們遇到這種情況的時候，就一定會努力避免和躲開這種醜陋，從而在無形當中形成了一種對美的追求。很多時候，美的追求都是這樣產生的，不是因爲看到了美有多好，而是因爲看到了醜有多不好。第二個方面指的是現實中的醜能夠轉化成藝術中的美。我們知道現實生活中醜有很多，但是在藝術作品當中，很多表面的醜都不再是醜了。比如說口技者模仿老鼠叫的時候，人們只會想到口技者有高超的技藝，一點兒都不會想到那種灰色的醜陋的動物。比如說在文學作品當中有很多面相醜陋的人物，例如：《巴黎聖母院》中的鐘樓怪人，如果在現實中，我們看到有這樣的人可能會避而遠之，但是他出現在文學作品當中，作家對他的內心也進行了完整的描述，所以他以一種完整的姿態呈現在世人的面前。相信到最後，人們都會爲他的善良和眞誠的愛而感動，而不會認爲他只是一個醜陋的人。」

「醜的第二個審美價值就在於對現代藝術有很大的貢獻。我們都知道，現代藝術的發展，是愈來愈結合生活和實際的，很多藝術家都非常熱衷於追求眞實。醜之所以能夠成爲現代藝術的一個部分，正是因爲醜的藝術是眞實的藝術，這種眞實從本質上體現了時代的眞實和成熟。因

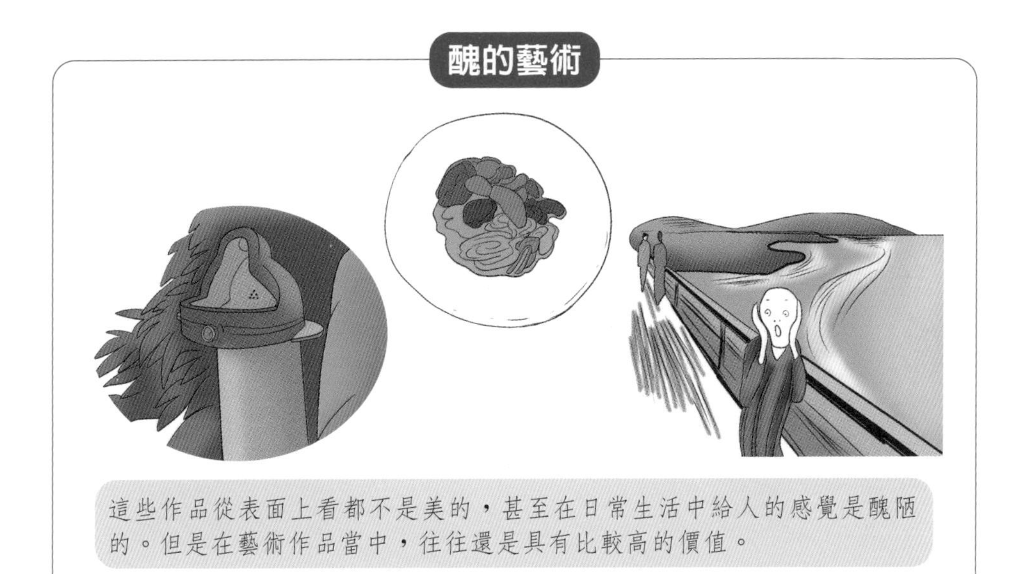

這些作品從表面上看都不是美的，甚至在日常生活中給人的感覺是醜陋的。但是在藝術作品當中，往往還是具有比較高的價值。

爲醜的現象是自古就有的，但是很多傳統的藝術家在創作的過程當中，都會對醜進行消解或者調和，會用一種相對緩和的方式來呈現醜，最終還是希望能夠達到一種美的狀態。不過，現代藝術和傳統藝術有很大的不同，現代藝術會選擇直接彰顯和呈現醜本身，將最眞實的醜的狀態呈現出來，最終實現一種對這個世界的否定。我認爲藝術就應該如此，利用醜的東西，藉以痛斥這個世界，在自身形象當中創造和再創造了醜的世界，讓人們對醜有更加深刻的體悟。」

同學們聽完說：「這樣來講，審美的價值其實還是對於現實的意義吧。」

阿多諾老師接著說：「醜的第三個審美價值就是對現實的批判和揭露意義。社會本身就是一個複雜的構成，既不可能完全都是美，也不可能完全都是醜，而是由各種各樣豐富多彩的眞實現象構成的。我們如果只沉溺在美的享受當中，很容易對世界的認知不全面。所以需要一定程度的醜展示現實的眞實情況。面對醜的事物，人們會自然而然想到人性的邪惡或者生活的艱難，這些現實當中的醜陋會讓我們對現實有更加深刻的瞭解。」

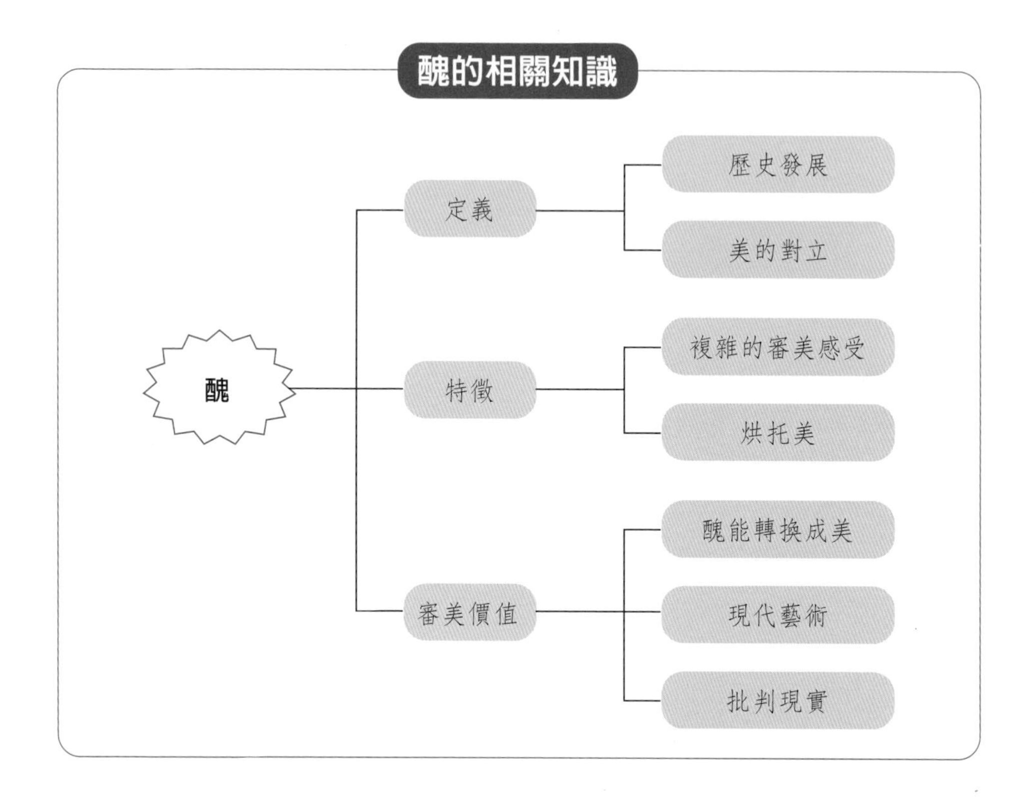

陳學碩這時站起來說：「老師的這番話讓我想到了魯迅，在當時那種黑暗的社會，魯迅正是用自己的筆記錄和刻畫了當時世界的醜陋，從人性到社會，以至於整個民族和國家，都成爲魯迅筆下揭露的對象。這樣的揭露能夠帶給人們深刻而且重要的意義，能使人們更清晰地看到當時的世界和人性的本質。」

阿多諾老師接著說：「這樣來講，醜就變得更加深刻了。」

荒誕：眞實而深刻的衝突矛盾

阿多諾老師繼續講著：「接下來，我們要講的是荒誕。荒誕是醜的一種極端表現形式，在近代以來受到文化環境的影響發展特別迅速。荒誕在哲學中指的是個人和生存環境的脫節，指的是不合道理和常規，不合邏輯。荒誕眞正受到人們的關注是它作爲一個戲劇流派的出現。荒誕派戲劇是第二次世界大戰後，西方世界動蕩不安、危機四伏的人們的生活寫照，當時的人們內心極度扭曲，內心深處始終有一種對現實生活的虛無感。荒誕派的作家認爲世界是荒謬的，一切都是不存在的，人的努力也是毫無用處的。他們拒絕用傳統的手法，而是用一些人們想不到的荒誕的手法直接表達荒誕的存在。荒誕派作家尤奈斯庫曾經說過一句話，『荒誕是指缺乏意義，和宗教的、形而上學的、先驗論的根源隔絕之後，人就不知所措，他的一切行爲就變得沒有意義，荒誕而無用。』」

對於老師的這種講解，同學們一方面感到不理解，另一方面也對這種心理有深深的擔憂。有同學提問：「產生這種心理或者戲劇形式的原因究竟是什麼呢？僅僅是因爲戰爭嗎？」

阿多諾老師面色沉重地說：「當然不僅僅是因爲戰爭，這是很長時間以來積累的一種心理。首先是因爲人們對於理性的懷疑。因爲在資本主義的發展背景下，人們變成社會組織當中的一個零件，好像每個人都是可有可無、似乎隨時都會被取代的，並且淪爲物質的奴隸。在這種背景下，人們變得愈來愈冷漠，人與人之間的溝通也愈來愈有障礙。也就是說，人們雖然構建了一個理性的世界，但是這個理性的世界卻把人剔除出去了。因此人們就開始懷疑理性是不是眞正能夠給人類帶來光明。其次是因爲西方宗教的沒落，科學和理性將宗教打擊得完全喪失了權威，不再是那個人們心目當中獨一無二的統治者。人們失去了信仰，也失去了精神支柱，成爲內心無處寄託的流浪漢。當然還有各種社會、人性方面的原因，在這個時間段都突顯了出來，於是從晚期的浪漫主義當中出現了一種審美形態——荒誕。」

同學們不禁唏噓：「看來在不同的時代，總會產生不同的思想。這些思想可能對於我們來說是很難理解的，但是在當時則具有很強的合理性。」

阿多諾老師接著說：「所以我們要想理解一種思想，最爲便捷的方式就是理解這個時代的背景。那麼接下來，我要爲大家講的就是荒誕的審美特徵。首先來講反傳統的特徵。在剛才的背景介紹當中已經提到了，荒誕的產生就是爲了反對傳統的理性主義，所以一定會有反傳統的特徵。在荒誕派戲劇當中，世界本來就是破碎的、毫無聯繫的，因此荒誕戲劇的舞臺通常也都是將破碎的世界重新組合而形成的。在荒誕派戲劇當中，人物既沒有傳統的英雄人物，也沒有典型的性格，甚至沒有完整的人物性格，都是由一些自相矛盾、缺乏連貫的對話和動作形成的戲劇效果。如果將這些情景放在現實當中，可能會難以理解，但是在當時的戲劇舞臺上，恰好反映了當時虛無的價值觀念和荒唐的人物行爲。在人物的塑造上，荒誕派戲劇並不是簡單地用直接的方式來塑造人物，而是將人物的精神外化，用舞臺和道具來展現人物的性格。例如：讓人物處在沙漠的環境當中，或者站在一排椅子當中，用這種方式來展現人物內心的處境。同時還會運用刺耳的叫聲、**默劇**的模式等形式，展現生活的毫無意義和理性的喪失。用這些反傳統的方式對當時的社會進行無情的鞭撻和諷刺，實際上具有很高的美學價值。」

同學們這時都說道：「看來這種反傳統在當時也成爲一種潮流，因爲確實具有很大的現實意義和很高的美學價值。」

阿多諾老師繼續講：「荒誕的第二個審美特徵就是，較多運用象徵和誇張的手法。這是建立在創作者推崇虛構的基礎上。他們認爲虛構的眞實往往是比現實生活更有深意的，所以他們在進行藝術加工的時候，總是將原本比較正常的行爲過分誇大，誇張人物的性格、動作、語言，最終展現人物的心理。在這種誇張的基礎上，觀眾對於戲劇的理解就一定要意識到象徵的作用。因爲那些嚴肅的、非正常的主題都是透過這種特殊的形式展現出來的。」

「接下來，我要講的是荒誕的第三個審美特徵，就是用喜劇的形式呈現出滑稽的效果。因爲荒誕戲劇的人物、情節、舞臺都有著非傳統的特徵，但是它

馮延明老師評注

默劇是以動作和表情表達劇情的戲劇。默劇的歷史悠久，源遠流長。「默劇」一詞源出於希臘語，意思是「模仿者」。默劇不用臺詞而憑藉形體動作和表情表達劇情的戲劇形式。形體動作是默劇的基本手段，它的準確性和節奏性不僅具有模仿性，還具有內心的表現力和詩的意蘊。

仍然是以非常正規的舞臺演出的形式呈現出來的，所以與傳統的戲劇相比，就會在無形中淡化戲劇衝突，抽離人物性格，碎片人物語言，這種情景就會產生一種類似喜劇的滑稽效果。」

有的同學笑著說：「將戲劇處理成這種情形，肯定會產生喜劇效果，看來這種荒誕派的戲劇眞能帶給人們一些樂趣啊。」

也有同學說：「經過阿多諾老師對於荒誕的審美特徵的分析，我不再覺得荒誕是多麼沒有意義的事物了。在當時的那種背景下，這種荒誕派的戲劇確實能夠帶給人們一種特別的感受，我想如果我生活在那個時代，也會非常願意用這種形式的戲劇來抒發自己的情緒。」

阿多諾老師看著深有感觸的同學們說：「你們能夠有這樣的體會，已經超出了一般的理解水準了，這樣是非常難得的。接下來，你們繼續好好聽講，就會有更多的收穫。下面我要講的是荒誕的審美價值。首先要討論的是荒誕能夠帶來的情緒變化。我想聽一聽同學們認爲荒誕能夠帶來哪些情緒感受和原因。」

同學們又都陷入了沉思當中。一位同學站起來回答說：「我認爲荒誕能夠帶給人們一種絕望和孤獨的感覺。因爲荒誕的情景和人物設定總是能夠營造一種孤獨和淒涼的感覺，處在舞臺上的人是那樣一種狀態，觀看的人也就會產生同樣的心情。」

還有同學說：「雖然剛才講審美特徵的時候，分析到有的荒誕喜劇會因爲人物和情節的反傳統表現形式產生一種喜劇的效果，但我仍然認爲那種所謂的戲劇或者滑稽的效果，都是暫時性的，它只是帶給人們一種表面的情緒變化。不過，從內心深處來講，始終會產生一種負面的情緒，這種情緒可能是悲傷絕望，也可能是苦悶徬徨。」

王超然站起來說：「關鍵是，我認爲這種消極的情緒可能是最沒有什麼幫助的。因爲這種審美本身就是一種否定面的審美，所以我們只有透過這些消極的情緒聯想到積極的部分，才能夠眞正轉化爲正能量引導我們的正常生活。」

阿多諾老師感覺到氣氛稍微有些凝重了，於是笑笑說：「同學們並不需要把這個問題想得太過於嚴肅，因爲首先，荒誕這種審美類型再流行也並不是眞正的主流文化，對人們的影響力也是有限的。其次在現實

《等待果陀》

咱們走吧。
為什麼不能？

咱們不能。
我們在等待果陀。

《等待果陀》是一齣「靜止的戲」，一齣「什麼也沒有發生的戲」，卻又是一齣讓人期待會發生點什麼的戲。兩個流浪漢的對話，重複、囉唆、顛三倒四，沒有邏輯性，給人以強烈的荒誕感，也曲折地反映了他們內心的絕望、不安和期待。《等待果陀》是戲劇史上真正的革新，也是第一部演出成功的荒誕派戲劇。

當中，並不會有人一直完全沉浸於這種荒誕當中。所以我們今天在這裡討論的，也只是有可能發生的影響，而並不是一定會存在的。大家分析的這些還是基本正確的。荒誕確實不像別的審美類型，比如說優美能夠產生一種輕鬆愉悅的心情，崇高能夠產生一種力量感。荒誕產生的是一種不和諧、不積極的感受，例如：苦悶、陌生、疏離、痛感、壓抑、悲憫、苦悶、徬徨、絕望等。這些消極的情感經過現實的演繹，會讓人們產生一種焦慮的心情，並且陷入持續的心靈危機當中，這種感覺會讓人感到尷尬。剛才有位同學說得很好，荒誕是一種否定性的審美範疇，它帶給人的這種消極的體驗正是人在現實當中的一種眞實寫照。當然，我們是不應該沉溺於消極的情緒當中無法自拔的，而應該有正確的態度面對這種情緒。這種荒誕的感覺應該是我們牴觸和反抗的，我們應該在面對這種醜陋不堪的荒誕的時候，認識到自己的人生的眞正價值，只有在這種思考當中獲得自由和力量之後，我們的人生才能夠在此基礎上更好地發展下去。所以說，荒誕究竟能夠帶給我們什麼呢？我認爲最重要的是反抗的精神和意識，只有領悟到了反抗，才應該算是明白了荒誕眞正的美學內涵。」

同學們聽完阿多諾老師的講解，又都感到一陣戰慄，因爲剛才被打敗的心靈，現在好像又重新站起來了。陳學碩不禁說：「老師，聽您這樣一說，我頓時覺得您好像從深淵當中把我們全都拯救了出來，好像獲得了新生似的。」

阿多諾老師長舒了一口氣說：「你們這樣才算是眞正瞭解到了荒誕的價值。下面我們繼續進行分析。荒誕的第二個審美價值涉及荒誕的本質。荒誕實際上反映的是一種衝突和矛盾，這種矛盾可能並不是那麼明顯，但是從深層來講，反映了人性的渴望和有限現實之間的矛盾，反映了人們不斷奮鬥與徒勞無獲之間的矛盾，這種矛盾雖然並沒有明顯地展露出來，但是卻在荒誕當中始終有體現。加繆曾經說過，『荒誕產生於人類的呼喚和世界的無理的沉默之間的對立。』人們在荒誕當中，正是會體會到這樣的對立，這種對立就是在當今社會中愈來愈本質的不合理。我們都知道人類的物質生活得到了很明顯的改善和提升，人們在某種程度上也征服了自然和科技，但是我們卻能夠看到人口在不斷地膨脹，環境不斷遭受汙染，能源也總是枯竭，這就使得人在這個社會當中愈來愈接近矛盾的核心，形成一種非常荒誕的心理。」

「最後一個方面的審美價值是眞實和深刻。其實當我們將荒誕和優美、崇高等進行比較的時候，有時候不禁會覺得那些和諧有一定的虛假性。因爲現實生活當中總是會發生各種各樣不盡如人意的事情，有時候荒誕反映的可能就是現實生活中出現的事情。這種審美形態體現的就是一種眞實的狀態，人們會在現實生活當中遇到困難和阻礙，會因爲現實中的挫折產生消極的心理，變得憂鬱和敏感，但是這種消極情緒並不是眞的見不得人，而是一種日常生活中存在的眞實體驗。在這種眞實當中，人們應該能夠鼓起勇氣，思考自己人生的眞諦，正視自己生活中存在的問題。只有眞正克服了這樣的難題，才能夠獲得新的勇氣。」

老師講完這些，同學們的眼神裡都不再是之前的那樣黯然無光的樣子了，他們好像都從老師的講解中得到了重要的力量。

沙特的荒誕小說《噁心》

在這本小說當中，沙特用「噁心」的概念暗示了主人公存在的特殊環境，這種環境是一種難以判斷的感覺，好像沒有什麼界限，但是又真實得讓人無法擺脫。這種感覺反映的就是一種可怕的、汙穢的感覺。

阿多諾老師繼續說：「下面我們要講的是，醜和荒誕的美育意義。雖然在大多數人看來，審美的對象應該是美，但是不可否認的是，很多審美的經歷都是從醜當中引發出來的，而且審醜實際上也是一個很難的事情。首先，對醜和荒誕的認識和理解，也需要一些審美知識的支撐。完全沒有審美知識儲備的人，也是不可能認識到醜和荒誕的存在的。其次，對醜和荒誕的認識，能夠加深人們對美的理解。人們認識了醜和荒誕之後，也明白了美完全不能是這樣的，而且應該是它的對立面。最重要的是，醜和荒誕能夠對人產生一種情感的刺激，這種情感刺激能夠幫助人們加深對美的嚮往和追求。可以說，醜和荒誕實際上是人們從另一個角度對美進行認知的過程。大量的事實都可能證明，人類的審美創造也可以由醜引發。」

一位同學說：「醜則思美，應該就是這樣的道理吧。同樣，荒誕也

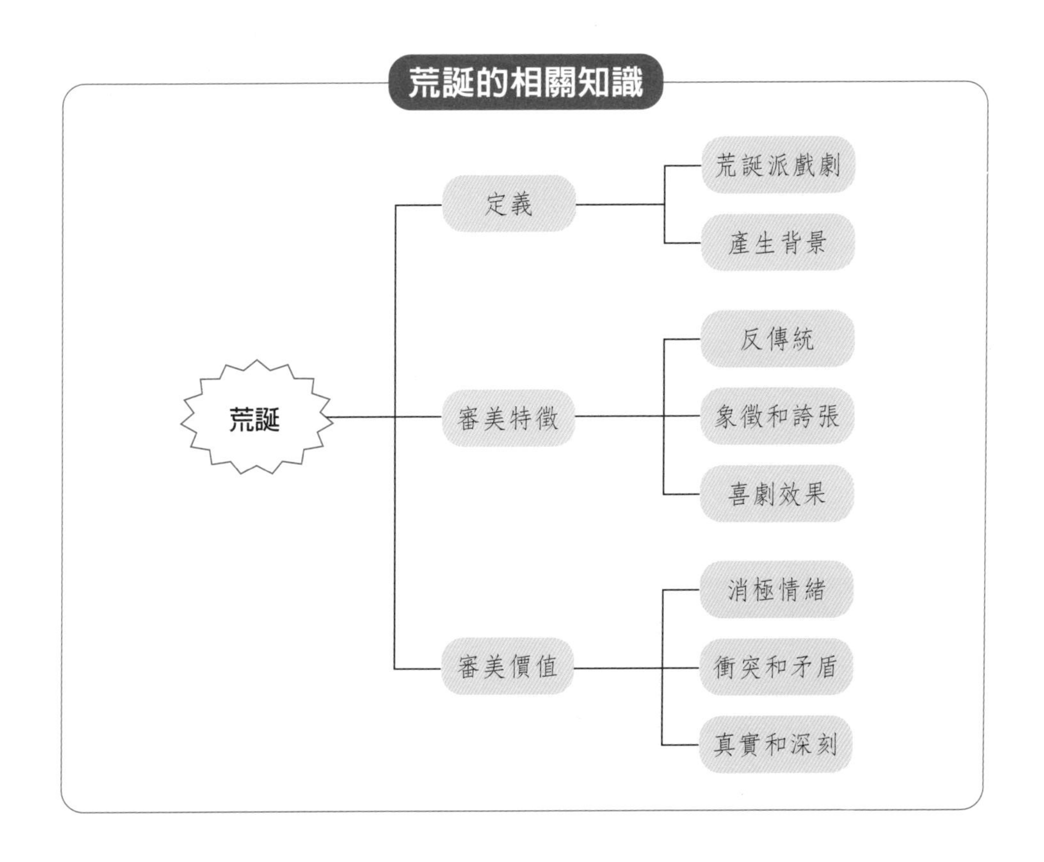

能夠發人深省。醜和荒誕其實都是這樣的，雖然表面上這些事情能夠引起我們內心的嫌惡或者不滿，或者讓我們覺得噁心，但是從內心深處來講，經歷過這種反審美、非審美的活動之後，我們可能對生活當中的各種美的現象更有體會。」

阿多諾老師最後說：「今天雖然講的是醜和荒誕，但是仍然是在美學範疇之內，因爲我們在認識任何事物的時候，都是應該將這些事物往良好的方面去想，只有這樣，我們才能夠獲得生活的力量。感謝同學們跟我一起度過今天的課程，下課！」

阿多諾老師推薦的參考書

《美學理論》阿多諾著。這本書是在阿多諾去世之後，經由後世人整理而成的。書中介紹了阿多諾一生的美學成就，具有非常深刻的美學內涵和美學意義。

第十六堂課

黑格爾老師主講「藝術審美論」

格奧爾格．威廉．黑格爾（Georg Wilhelm Friedrich Hegel，1770～1831）

黑格爾是德國19世紀唯心論哲學的代表人物之一。黑格爾的哲學思想標誌著19世紀德國唯心主義哲學運動走上了巔峰，對後世哲學流派，如存在主義和馬克思的歷史唯物主義都產生了深遠的影響。黑格爾的政治思想兼具自由主義與保守主義兩方面的要義，因此，他的哲學也為自由主義提供了一條新的出路。他的代表著作有《精神現象學》、《邏輯學》、《哲學全書》，以及在他去世之後，他在大學的演講稿被整理成為的《哲學史講演錄》、《美學講演錄》和《宗教哲學講演錄》。

尹文杰坐在座位上翻看著自己這學期的筆記，唏噓著：「時間過得可眞快啊，一個學期馬上就要結束了。這應該就是倒數第三堂課了吧？」

陳學碩聽到尹文杰這樣講，也開始感慨起來：「回想這一個學期，聽了那麼多大師講課，眞是受益匪淺啊！你看這滿滿一本的筆記，眞是太有收穫了。」

「我最沒想到的是，你們兩個竟然在這門課上沒有蹺課也沒有早退。」王超然看著身邊的這兩個好朋友說，「看來你們確實是對這門課產生了很大的興趣。不過我自己也特別興奮，那麼多美學大師都來給我們上課，這種事情眞是太難得了。」

「不過話說回來，學完基本的審美知識之後，感覺對生活中的美醜有更強的分辨力了。總覺得面對每一個事物的時候，都應該把它的意義和價值展現出來。這種感覺眞的是很讓人興奮。我現在跟表哥出去的時候，再也不用擔心他會嘲笑我的審美水準了，因爲我覺得自己在美學方面有了非常大的提升。」陳學碩笑著說。

「哦？同學們說的是眞的嗎？」這時，一位長者走進教室。

藝術審美的基礎知識

「我們老師最願意看到的事情就是這樣——課堂上的知識眞的能夠對你們的生活產生影響和改變，甚至對你們的人生起到至關重要的作用。我非常感謝你們對知識有這樣的尊重和理解。也非常高興認識你們，我是你們今天的美學老師黑格爾。」

當同學們聽到黑格爾的名字的時候，整個教室都炸開了鍋。王超然說：「眞沒想到，在這個學期臨近結束的時候，學校竟然會給我們這麼大的驚喜。」大家都站起來鼓掌歡迎老師的到來。

黑格爾老師自己反而有些疑惑，似乎不太明白自己爲什麼如此受到同學們歡迎。於是他說：「各位同學，我還沒有向你們做自我介紹呢，你們就已經完全瞭解我了嗎？」

有的同學說：「黑格爾老師，我們對您實在是太熟悉了，在我們的課本當中，只要涉及哲學或者是馬克思主義哲學的相關知識，就能夠看到您的名字。」

黑格爾老師好像有些不好意思了，他說：「儘管你們這麼熱情地歡迎我，我還是要簡單地做個自我介紹。我出生於德國的西南部，十八歲進入杜賓根大學學習哲學。之後又分別在耶拿大學、紐倫堡新教文理中學、海德堡大學、柏林大學任教，我的一生都奉獻給了我愛的哲學。」

聽完黑格爾老師的介紹，同學們都感動於他對於哲學的熱愛，教室裡響起了非常熱烈的掌聲。黑格爾老師羞澀地笑著，然後說：「那好，接下來我們就開始今天的課程了。今天我們要學習的是藝術審美。不知道大家學了這麼長時間的美學課，對於藝術審美有怎樣的理解呢？」

同學們一聽老師要講的是藝術審美，都紛紛表達自己的觀點。一位同學站起來說：「藝術審美，一定是將藝術作爲審美對象來進行研究的。這種審美一定是更加具有典型性和代表性的。」

另一位同學說：「我認爲藝術審美是所有類型的審美中最爲完善和高級的，因爲它融合了許多對其他審美對象的理解和分析，比如說對於自然和社會中的很多審美，在藝術當中都會有所涉及。」

尹文杰也站起來表達自己的觀點：「我和其他同學的理解方式有點兒不同，其他同學都是分析藝術審美的理論，但是我認爲從現實實踐的理論來講，藝術審美是最難的。它可能需要有很高水準的基礎知識，也需要不俗的鑑賞力，但是這種水準，一般人可能不具備，一定要經過一些訓練和培養才能夠擁有。因此我認爲藝術審美應該也是更加高級的。」

黑格爾老師聽完大家的回答，笑笑說：「看來同學們對藝術審美的理解還是挺深入的，相信大家聽我講完之後，會更有收穫的，到時候你們再回來反觀自己的想法吧。首先，我們先要講的是藝術。藝術是用形象來反映現實，但比現實有典型性的社會意

馮延明老師評注

遊戲是人類生活中一種常見的活動，它起源於勞動的閒暇，是人們對剩餘精力的發洩和表現衝動的滿足。遊戲活動和審美活動具有相通性，它具有無利害性、無外在目的性。

識形態，包括文學、書法、繪畫、攝影、雕塑、建築、音樂、舞蹈、戲劇、電影、曲藝等。在不同的歷史時期，藝術具有不同的定義，比如，藝術是對現實的模仿，藝術是生活的反映，藝術是消耗剩餘精力的**遊戲**，藝術是潛意識和性本能的昇華等。這些定義都能從一定程度上揭示藝術的本質。但是我認爲，區分藝術和非藝術的根本標誌，是審美。也就是說，藝術的獨特內涵和價值，是與人類的審美密切相關的。下面我們就藝術和審美之間的關係做出具體的分析。」

「我要講的是藝術是以審美的方式掌握世界的。每種精神產品都有自己獨特的存在方式和意義，比如說哲學著重於用抽象概括的理論方式探索世界的本質，宗教是將人的精神依附於神祕外物而把握世界，而藝術不同於其他的精神產品，藝術是透過人的審美體驗喚起人的生命追求和精神需要，以此來展現人們對於世界的理解。所以說審美是藝術最重要的一個價值。藝術家並不像別的思想家、哲學家一樣不斷尋求解決問題的方法，而是用自己無窮無盡的想像和創造激發人們對於生活的熱愛。這會使人們在審美過程中得到源源不斷的精神力量。」

這時有同學提出自己的疑問：「黑格爾老師，這也就是說，沒有審美，就沒有藝術嗎？」

黑格爾老師高興地說：「是的，如果沒有人們對藝術作品的欣賞和挖掘，藝術作品的內涵就體現不出來，這樣就不再是所謂的藝術了。接下來，我們講第二個方面，藝術是審美價值的創造。我們都知道，自然和人工創造了各具形態的物品，但是這些物品並不都是藝術。有時候，人按照美的規律創造的物品也不一定是藝術品。因爲眞正意義上的藝術品，是在審美價值取得獨立之後才存在的。最早的人類生產一些物品，首先注重的都是物品的使用價值，這些物品會使人類的生活更加便捷，但是在這個時期，即便是存在著美的事物，也很難被稱爲藝術。只有在審美價值從實用價值中分離出來之後，成爲人類活動的某種直接目的和自覺意識時，藝術才眞正誕生。」

同學提問說：「那遠古時期的陶器、銅器等，在當時應該都不算是藝術品吧？」

黑格爾老師回答說：「是的，當時的原始人注重的是這些物品的使用價值，而且他們應該是沒有審美這一現象的，所以在當時肯定不是藝術。但是這些物品一直保留到現在，我們今天的人並不會再去關注它的使用價值，所以它的審美價值就突顯了出來。」

同學繼續追問：「所以說，同一件物品的審美價值也是會隨著時間的變化而發生變化的，對嗎？」

黑格爾老師繼續說：「是這樣的。理解了這個層面之後，我們繼續講解，藝術是人類審美活動的高級形態。我們大家都明白，人類審美活動的領域其實是非常廣泛的，因爲人類在面對自然風光、社會事件、回憶想像的過程中，其實都可以產生審美的感受。但是這些簡單的審美活動並不一定能夠產生精神層面的映照。這個時候，藝術審美就顯現出與其他審美的不同，因爲藝術一定會借助一定的手段對人類的精神世界產生特殊的影響。藝術雖然是來自於現實的，具有一定的現實意義，但是藝術家會在藝術創作的過程當中，將現實更加特殊鮮明地展現出來，這樣就能夠眞正產生藝術的現實意義和重要價值。同時，對於人的審美趣

味和思想感情方面，具有更加深刻的影響和作用。除此之外，藝術除了審美還會展現出求真和求善的方面，這就會包含特定的道德價值和倫理價值。所以說，藝術一定和審美相關的，更是審美活動中的一種高級形態。」

同學們聽完老師的講解之後，都有一種恍然大悟的感覺。有同學說：「之前只是認爲藝術審美一定是具有特殊性的，但是經過老師的這番講解，算是眞正明白了藝術審美的內涵。」

黑格爾老師說：「我們剛剛講解的不過是些定義方面的知識。下面我們要具體介紹一下藝術的審美分類。對藝術的審美分類，主要是透過主體的感官、知覺方式來進行分類，依據這個原則，可以將藝術分爲視覺藝術、聽覺藝術、視聽綜合藝術和想像藝術四大類。視覺藝術指的是透過人的感官傳達和接受審美經驗的藝術。在人的感官當中，視覺是最爲複雜和靈敏的，也是人獲取資訊的主要來源。因此，視覺藝術的種類也是最爲複雜和豐富的。視覺藝術最基本的審美特徵就是直觀性，因爲視覺能夠直接感知審美對象的外在形狀、色彩、質感及其構成關係。在視覺藝術當中，雖然構成的要素一般都比較簡單，但是在藝術表現的過程中，有多種多樣的變化形式，這些變化能夠帶給人們很大的審美享受。常見的視覺藝術有繪畫、雕塑、建築、書法、攝影等。聽覺藝術主要指的是透過聽覺器官產生審美經驗的藝術，主要表現就是音樂，音樂由基本的音色、音調、力度、節奏、旋律等構成，形成豐富多樣、變化多端的音樂形態。聽覺藝術不僅僅是聲音的藝術，還是時間的藝術、感情的藝術。因爲隨著時間的流逝，音樂會隨著它本身的變化和流動產生複雜的過程，在這種過程中，人會產生複雜的情緒變化和情感起伏。除此之外，音樂還具有不確定性的特點，因爲音樂雖然是確定不變的，但是不像文字語言那樣明確和概念化，而是帶有很大程度上的模糊性和寬泛性。不同人對於同樣一段音樂，可能都會產生截然不同的理解和感受。」

同學們聽著老師的講解，問道：「所以說，視覺藝術和聽覺藝術是最爲基礎的兩種審美分類，我們在生活當中常常會見到這些類型的表現，是這樣嗎？」

黑格爾老師慢慢地說：「別著急，繼續聽下去。接下來，我要介紹的是視聽綜合藝術，它是能夠同時透過視覺、聽覺產生審美經驗的藝術。我認爲這是在現代生活當中最常見的類型了，因爲現在人們追求的

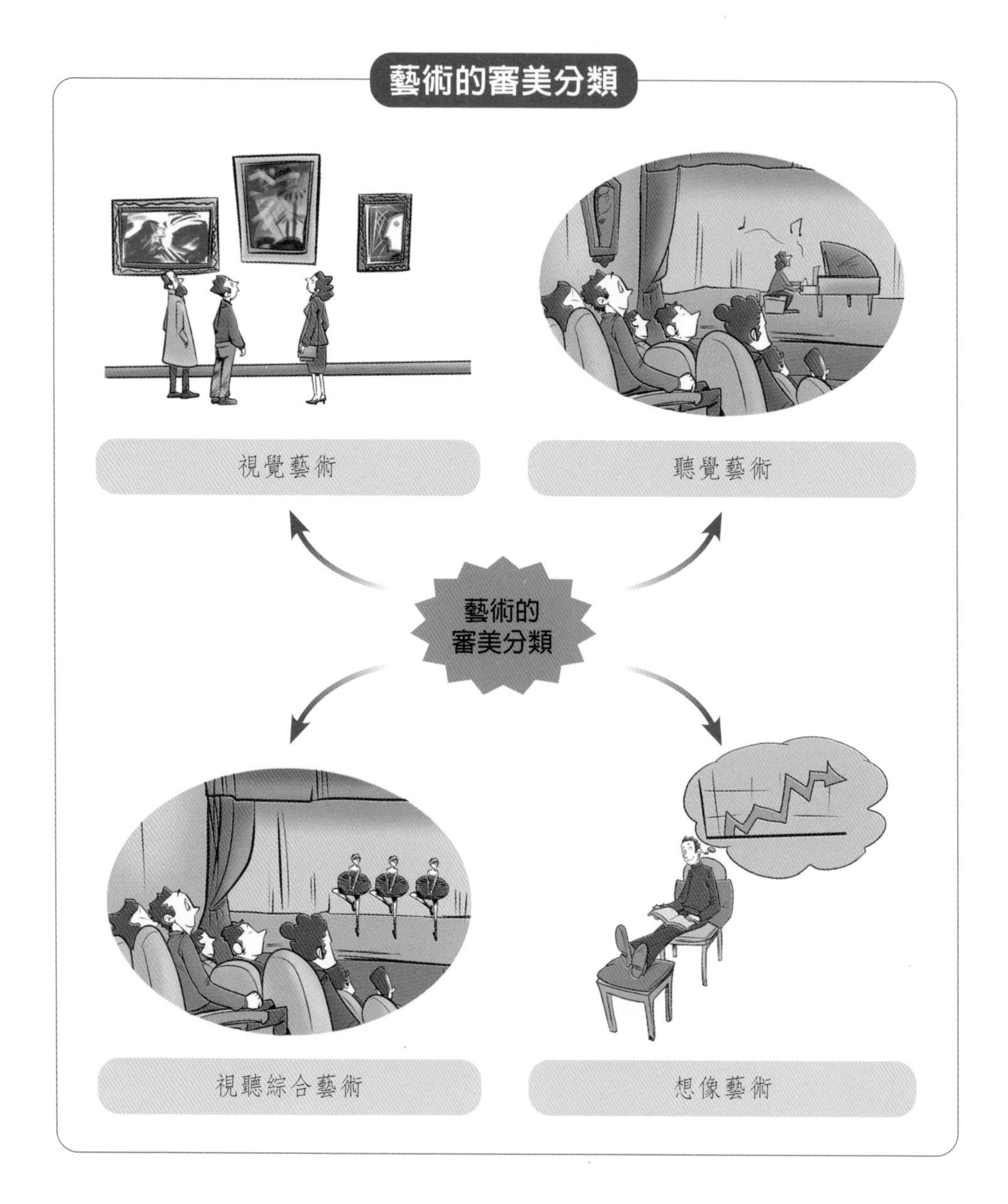

愈來愈豐富了，很多單一形式的審美已經不能滿足人們的需求了，所以更多人就會選擇這種綜合類型的藝術。比如說，你們在日常生活中最容易接觸的電視、電影、舞蹈、戲劇，都屬於視聽綜合藝術。最後一個分類是想像藝術，想像藝術主要指的是文學。文學以文字語言爲媒介，不像其他的藝術一樣，直接透過人的視聽感官產生審美經驗，而是透過文字創達一種意念，再使人們透過感受、體驗的方式對文字產生理解。想像藝術的審美特徵表現在形象性、總體性、間接性和深刻性四個方面。在想像藝術當中，透過簡單的表達形式，能夠全面而廣泛地反映現實的面貌，最終反映人類的思想情感和理性思維。所以說，想像審美是最爲深刻的一種藝術。」

藝術審美創造

黑格爾老師停頓了一會兒，看大家對剛才的知識都比較理解，就開始講下一部分的內容。黑格爾老師說：「接下來，我們要講的是藝術中的審美創造。在認識審美創造之前，我們要先瞭解一些與審美創造有關的概念。」

有同學提問說：「是不是在藝術創造的過程當中，會有很多專有名詞？」

黑格爾老師說：「不用想得太過於複雜，其實都是非常簡單的概念，有的概念，你們可能在之前的學習當中也遇到過，但是在這裡還是要著重講一下。首先要講的一個概念就是審美意象。大家之前應該接觸過這個概念吧？」

有同學說：「是的，之前在講審美經驗的時候，老師曾講過審美意象的知識。」

黑格爾老師點點頭，說：「今天我們講的雖然是同一個概念，但是應該會有不同的角度，我們要從藝術創造的角度來理解審美意象。審美意象是包括主體審美認識和審美情感的心理複合體，它包含著主體的審美認識和審美情感。審美認識是體現著感知與理解、感性與理性的統一的主體特殊的心理活動。在藝術的審美創造中，創造主體會著眼於生動的感性材料，並且逐步拋棄這些材料當中的偶然因素，最終將反映審美特性的材料保存下來，在頭腦當中形成一定的審美意象，這就完成了基本的藝術構思。在這基礎上，再用新的材料進行補充和豐富。審美情感也是非常重要的，它包含了一些重要的心理反應，這些反應都是審美意象形成的重要因素。在審美創作的過程當中，很多創作主體都非常注重情感，因爲情感是眞正能夠融入藝術作品當中的，欣賞者在欣賞的時候也能夠完全感受到，並產生共鳴。」

同學們聽完之後說：「沒想到同樣的一個知識點，在不同的主題下面講，會有不一樣的講解方法。今天聽老師講的，都是從審美創造的角度來講的。」

老師笑笑說：「當然了。接下來，我們要講的是審美形象。審美形象是藝術中出現的各種各樣的形象，可以說是藝術中最爲重要的組成部分。藝術就是運用各種各樣、千姿百態的藝術形象表現生活、感染觀眾的。在藝術形象的創作過程中，既要有客觀的現實基礎，也要有創作主體對於事物的感性理解，所以說藝術形象，實際上就是物態化的審美意象。審美形象與審美意象之間的關係也是非常密切的，對審美意象的把握是創造藝術形象的基礎和前提。」

「另外要講的一個概念就是藝術創新。因爲藝術不能是對客觀生活的原樣照搬照抄，而是創作主體要在自身感悟的基礎上進行創造。藝術創造主體需要根據自己的審美理想、審美趣味和審美觀念，對審美意象進行獨特性的加工和改造，從而創造出不同的藝術形象。藝術創作在本質上是一定要蘊含某種隱祕的個性特徵，這就要求藝術要追求創新。藝術創造的關鍵在於，創造主體要透過獨具個性的直覺和智慧，在人們習以爲常的平凡事物當中發現新的審美價值，創造出具有個性的藝術形象，使人們能夠用一種全新的眼光感受現實和人生。」

陳學碩聽老師講完藝術創新，說：「看來創新是在哪個領域都不能缺少的。如今在科技、教育方面不能缺乏創新，沒想到在藝術創作的過程中也是這樣的。」

黑格爾老師說：「好了，同學們，接下來，我們要開始學習審美創造的過程。一般來說，藝術的審美創作過程分爲三個階段，第一個階段是藝術感受，第二個階段是藝術構思，第三個階段是藝術傳達。藝術感受是藝術審美創造過程的起點和基礎。現實生活當中的很多人物、活動、事件都是藝術創造最爲基本的素材，藝術創造的主體需要從這些現實事物當中看到有審美價值的事物，或者透過啟發進入審美聯想的狀態。在這種感受和氛圍的帶動下，藝術創作主體會進入一種特定的創作狀態，從而進一步產生審美意象和藝術形象。第二個階段是藝術構思的階段。藝術構思是藝術審美創造過程中的核心階段，是藝術創造主體在孕育藝術形象時進行的創造性的思維活動。藝術構思的過程，是藝術創造主體把透過感受獲得的生活材料加以選擇加工，並且經過一定的想像，在頭腦當中形成的審美意象。在藝術構思的過程當中，最重要的兩個因素就是想像和靈感。想像指的是面對原有的現實材料，藝術創作主體要運用心理重構的方式，將各種材料進行重新組合，形成一種新的形象。想像的過程能夠添加、補充，甚至是虛構，這就能夠使創作主體的個人情感充分融入藝術形象當中。靈感在藝術創造的過程中，同樣有非常重要的作用。靈感能夠使藝術創作的主體得到敏銳的觀察力和想像力，具有偶然性、亢奮性、直接性等特點。」

這時，王超然突然舉起手來，說：「老師，我突然想到一個小的比喻，我覺得這個比喻把現實、靈感、想像之間的關係闡述得非常清楚。」

「那你可以講講看，正好我覺得同學們對這段可能不太好理解。」

「這個比喻出自中國詩人艾青和法國作家蘇珊娜之間的對話，艾青當時說，『想像是風箏，而現實是手中的線，放得好，風箏便飛起來；放得不好，風箏就可能掛在電線或者屋頂上。』蘇珊娜就插了一句話，『那風就應該是靈感！』他們就用這個比喻巧妙地解釋了這幾個事物之間的聯繫。」

黑格爾老師聽了非常開心：「這個例子真的非常合適，有助於大家

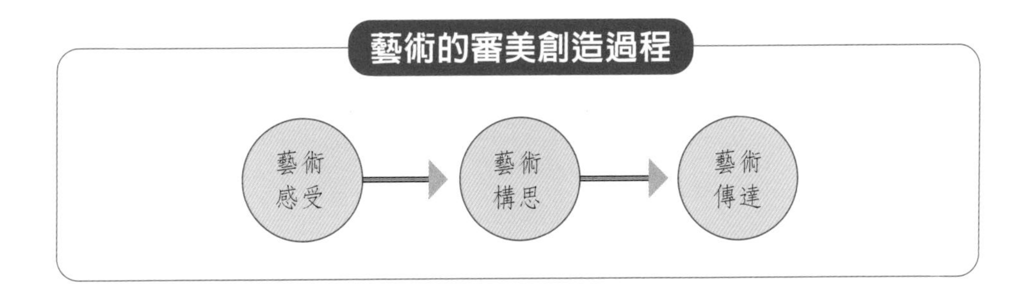

理解。接下來，我們就要講藝術傳達了。藝術傳達指的是把一定的藝術構思轉化，使人們能感知的藝術形象的過程，這個過程需要運用材料和手段，將存在於藝術創造主體頭腦中的藝術構思或藝術意象現實化和物態化。藝術傳達是藝術審美創造的完成階段。藝術傳達是以藝術感受和藝術構思爲基礎形成的，不能單獨存在。而且，藝術傳達與藝術感受和藝術構思相互滲透，在實踐當中，它們往往都是同時進行的。但是藝術傳達又跟其他階段不同，因爲這是藝術創作者實踐的過程，作家需要寫出來或者用電腦打出來，畫家要將腦海中的構思畫出來，音樂家要將腦海中的旋律寫出來，所以這個活動不僅僅是靠思維或思考就能夠實現的，還需要一定的**藝術傳達的手段和技術**，這種技術性的要求是對於藝術創作者能力最關鍵的考驗。在藝術傳達中，再現和表現是兩種最爲常見的方式。再現側重的是對客觀世界的形象和特徵進行模仿，以這種複現的方式傳達審美創造主體的精神世界。表現的傳達方式指的是在藝術傳達的過程當中，運用了誇張、變性、簡化、象徵、抽象等手段來實現藝術的目的。」

馮延明老師評注

藝術傳達的手段和技術指的是在藝術創作當中，需要用到的外界的手段。比如說畫家需要用顏料和畫筆，還要有繪畫的能力；作家需要打字和書寫的能力；雕刻家需要有刻刀和雕刻的能力。這些外在的工具和能力可能跟內在的思想關係不大，但是不可或缺。

藝術審美接受

黑格爾老師開始講下一個部分：「接下來，我們要講的是審美接受。審美接受是對藝術創造主體的情感和精神的認同與欣賞。在藝術的接受過程當中，接受主體根據自己的生活經驗、個性趣味、思想情感、理智智慧等因素對藝術作品進行分析和研究，同時也會對藝術作品進行加工和豐富，將接受主體的個人意識和情感投入到藝術作品當中，再創造出符合接受主體內心的藝術形象和審美意境。這樣的步驟是所有藝術形成都要經歷的過程。因爲藝術作品如果只是單獨地以一幅畫、一頁文字的形式出現，顯然是沒有任何意義的。它一定需要經過接受主體的審美活動，才能眞正體現出它的審美意義和社會意義，才能夠實現藝術作品的生命力的表達。很多藝術家都有這樣的觀點，他們認爲藝術作品具有一種未定性，這本身就是一種召喚，需要欣賞者將自己的體驗和理解注入其中，才能夠實現審美價值。所以說，對於接受主體來說，審美感受力、想像力和理解力都是非常重要的，會在審美接受的過程中起到非常重要的作用。從上面的講解和分析中，大家應該能夠看出來，藝術審美接受其實是一個主客體之間互相影響和互相作用的過程，這個過程中最重要的兩方面因素就是藝術作品和接受主體。在這個過程中，藝術作品本身具有根本性的作用，因爲藝術作品在創造的過程中具備了本身的形式、結構、語言、思想、內涵等，這些因素會直接影響到接受主體，對接受主體的心理變化產生一定的制約。但是同時，接受主體有很強的能動作用，在理解藝術作品的基礎上，能夠超越藝術作品的原有涵義，突破藝術作品的局限，發掘出更加深刻的內涵，或者在藝術作品當中加入自己的觀念和趣味，或者是接受藝術作品賦予的理念。所以說，只有恰到好處地處理好這二者之間的關係，才能夠眞正有益於藝術創作的進步。」

聽著黑格爾老師大段大段的講解，同學們好像都有一些疲倦了。老師看了出來，就說：「大概你們一直都在聽我講，感覺會有一些枯燥吧。所以接下來的時間，同學們可以隨意打斷，進行提問。」

聽老師這麼一說，同學們馬上又有了精神，都認眞聽講。黑格爾老師說：「接下來，我要講的就是審美接受過程的心理特點。」

老師才說了一句話，就有同學提問：「老師，我們今天要講的是審美創造，但是您提的這個問題應該是在研究審美接受對象的心理特點吧？這會不會有些偏題呢？」

黑格爾老師笑笑說：「看來你們眞的有很多疑惑啊。剛才我們已經說到，審美接受也是審美創作的一個重要部分，不僅僅是因爲它涉及接受對象對藝術作品的理解，還因爲這個過程，實際上就是創作者和觀賞者之間的一種無形交流，這種交流雖然並不在創作的過程當中得到體現，但是很有可能會直接體現在下一次的藝術感受和藝術構思當中。就好像你們聽完一堂課，按理來說，這堂課就結束了，但是你們在下課之後，還是要完成課後的作業，因爲在作業當中，你既能夠複習今天學的知識，還有可能會發掘到課堂上沒有學到的知識。」

同學們不禁被黑格爾老師的智慧和比喻所折服，繼續認眞聽講。

黑格爾老師繼續說：「在審美接受的過程當中，投入了接受主體的全部心理因素。因爲審美藝術的接受並不是一個單純的過程，會涉及情感、知覺、想像、意志等各種因素，最終才能夠完成。藝術的審美接受過程，還包括了很多種心理現象，比如共鳴、移情、內模仿等。」

這時，同學們又產生了疑問：「老師，我們只在課堂上聽過移情。共鳴也是在語文中學的吧，內模仿完全不懂是什麼意思啊！」

黑格爾老師笑笑說：「放心吧，我會給你們講解清楚的。共鳴現象指的是在藝術審美接受的過程中，接受主體被藝術作品深深打動，以至於同藝術作品的情感和藝術創造主體的情感相同或相通，達到一種物我合一、物我兩忘的心理狀態。移情現象是與共鳴現象相聯繫的，它是指接受主體主動把自己的生命情感投射、灌注到作品形象之上，使藝術作品中的形象也有了相同的思想、情感、意志，於是就成爲接受主體的情感表現。內模仿主要側重的是由物及我的內心運動，也就是說在審美接受的過程中，接受主體會隨著情感的變化，產生面部表情、動作、心情的不同，這就是內模仿。好了，今天給大家講了很多了，希望大家眞的有所收穫，下課！」

黑格爾老師推薦的參考書

《美學講演錄》黑格爾著。這本書是黑格爾死於霍亂之後，其他人將他在柏林大學任校長期間的演講，集合而成的一本書。書中展現了黑格爾作為一名偉大的美學家對於美學的深刻認知，對後世有很大的影響。

第十七堂課

車爾尼雪夫斯基老師主講「美是生活」

尼古拉．加夫里諾維奇．車爾尼雪夫斯基（Nikolay Gavrilovich Chernyshevsky，1828～1889）

車爾尼雪夫斯基是俄國革命家、哲學家、作家和批評家，人本主義的代表人物。他一生潛心研究黑格爾唯心主義哲學和費爾巴哈唯物主義哲學，對法國空想社會主義也產生了濃厚的興趣，他還致力於宣傳進步思想。他的著作涉及多個領域，主要代表作品有《藝術對現實的審美關係》、《對反對公社所有制的哲學偏見的批判》、《哲學中的人本主義原理》、《生活與美學》、《怎麼辦？》等。

今天，幾個小夥伴仍舊很早就到了教室，大家又坐在一起聊天。

陳學碩說：「學了快一個學期的美學課，我現在終於能在跟表哥出去的時候，感到自己不那麼無知了。真的覺得美學課帶給我很大的變化。」

尹文杰好奇地問：「果真有這麼大的變化嗎？你覺得學美學的前後，你的生活有什麼變化嗎？」

「當然有了。以前看到好多藝術作品或者是高雅的事物，都覺得好像跟自己無關，這些都不是自己生活的一部分。但是現在不一樣了，當我認識到藝術其實本身就是生活的一部分的時候，我開始用平淡的眼光去看待這些藝術作品，看多了就發現這些美跟我們其實是非常貼近的。」陳學碩開心地說著。

王超然聽著陳學碩的長篇大論，也開始發表自己的看法：「我倒是跟你有不太一樣的看法。我雖然也比以前懂一些藝術了，但是我覺得美學帶給我的，最重要的還是對生活的感悟。我能夠從生活當中很多細小的事情中發現眞正的美，我覺得這種美才是眞的富有生命力的，也是與我們一直都息息相關的。」

尹文杰聽著他們倆的聊天說：「看來大家的感悟都很深刻呢。我聽說今天的老師要講的就是美是生活，看來我們對於美和生活的認識能夠更進一步了。」

美是生活

這時老師走進了教室，面帶微笑地和大家打招呼：「各位同學大家好，我是你們的老師車爾尼雪夫斯基。今天我來給你們講美學課。」

臺下的同學們都開始驚異，今天到來的竟然是一位俄國老師呢。車爾尼雪夫斯基老師繼續說：「我先簡單做個自我介紹吧，我是來自俄國的一位作家和哲學家。能夠來到中國爲你們上課，實在是我的榮幸。今天要爲你們講的內容，正是我自己研究的一個關鍵內容，那就是美和現實的關係，用我自己的觀點來解釋就是，美是生活。」

聽著老師的講解，同學們不禁產生了疑問。有同學提問說：「在我們之前學習的課程中，雖然也會將美和生活中的事情結合在一起，但我

生活的不同涵義

什麼是生活？

生活廣義上指人的各種活動，包括日常生活行動、學習、工作、休閒、社交、娛樂等職業生活，個人生活、家庭生活和社會生活以及玩味生活。為了更好地生活，我們每個人都必須付出努力。

人生價值是人生觀體系中的一個重要範疇，價值「具體」在人生觀領域中表現。在一定意義上，人生的價值是人生的意義，評估人生「價值量」大小，可以理解人生的意義如何，理解人生意義的大小。

生活是指人類生存過程中的各項活動的總和，包括人類在社會中與自己息息相關的日常活動。

生活是比生存更高層面的一種狀態，也是人生的一種樂觀的態度。

們也總覺得眞正的美還是應該與藝術、文學這些事物之間的關聯更大，但是老師爲什麼直接就得出了『美是生活』的結論呢？」

車爾尼雪夫斯基老師說：「這要首先從我所身處的時代說起了。我生於1828年，當時的俄國處在農奴制的陰影下。後來受到1848年歐洲革命的影響，我們一批人開始有了反對農奴制的革命理想，並著手進行革命宣傳的工作。後來我就一直在俄國積極地宣傳唯物主義和革命民主主義的思想。後來，我還在監牢、苦役和流放中度過了整整二十七年的時間。」說著這些，老師自己的目光反而更加堅定了。

一位同學聽老師說完，說：「您的一生眞是充滿了鬥爭的磨難，我相信您的這種精神也會始終激勵著後世人們的前進。」

老師說：「其實我要說的是，正是因爲當時我處在那樣受壓迫的革命年代，所以我認爲藝術作品中的美的資訊和特徵，並不是眞正意義上的一般的美的特徵。我認爲一定存在更爲深刻的對於美的定義，後來我就提出了『美是生活』的觀點。」

有的同學迫不及待地說：「老師，快給我們解釋一下這個觀點吧！」

車爾尼雪夫斯基老師笑笑說：「同學們不要著急，我這就爲大家講。首先我認爲，美的事物能夠喚起人們心底的一種感覺，這種感覺就好像是心愛的人出現在面前的時候，我們從心底產生一種無私的愛。所以說美一定是能夠包含愛、包含情感、包含我們內心認爲寶貴的東西的。這個東西一定是最富有一般性和多樣性的東西，那麼這就一定是生活。」

陳學碩不禁提問：「所以說，老師您認爲現實生活就是最美的嗎？」

老師接著說：「可以這麼理解，因爲我認爲的生活主要指的就是人類的現實生活，我認爲的美並不是藝術作品中的美，也不是在主觀幻想中存在的美，而是在客觀現實生活當中存在的，在現實中能夠遇到的。只有這種現實中的美才是徹底的、令人滿意的。這樣的思想其實也是有唯物主義的基礎的，我認爲這是人類探求美的本質的一個新方向。」

不同階層對美的理解

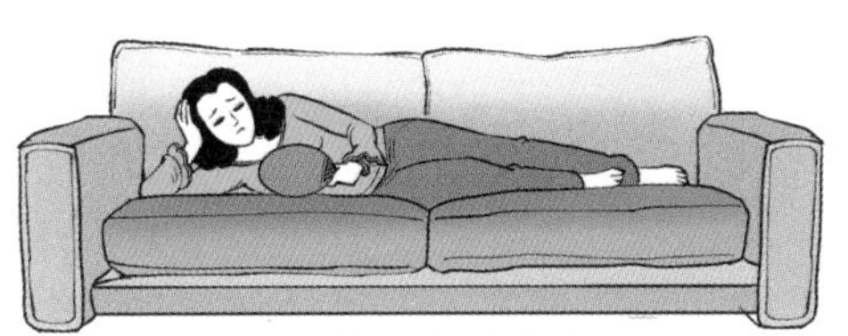
貴族眼中的美女

農民眼中的美女

陳學碩繼續說：「老師，您還是就生活本身進行分析吧，我們才能夠更好地理解您的理論觀點。」

老師說：「對這個觀點的理解，我用兩個解釋性的定義來闡述。第一個是美是應當如此的生活。這就是說，並不是所有的生活都是美的，只有應該如此的生活才是美的。這是因爲人是有不同的階級地位和經濟地位的，所以不同的人就會有不同的生活經驗和審美經驗，所以對於應當如此的生活也是有不同的理解的。我爲大家舉例說明一下，在我生活的年代裡，農民和貴族對於美女的理解就反映了不同的審美觀點。農民認爲的美女是面色紅潤、體格強壯、結實均勻、不胖不瘦的，這樣的女孩應該是生活在比較富足的家庭，認眞勞動但是又不過度勞累的女孩。但是上流社會認爲的美女就是手足纖細、弱不禁風、慵懶病態、嬌生慣

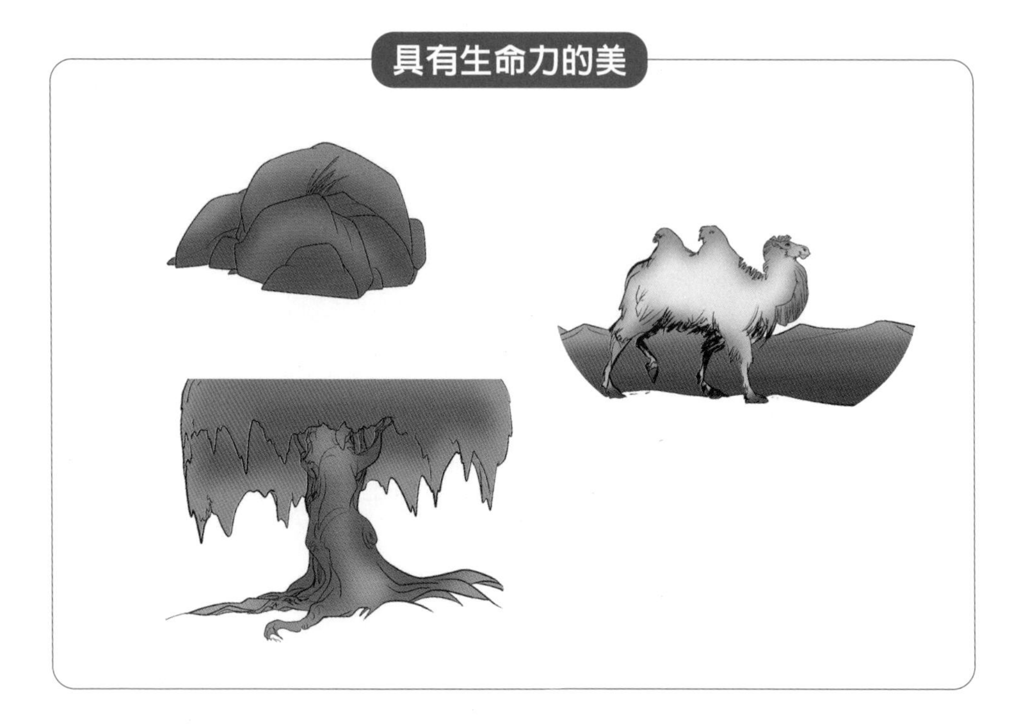

養的女孩，這些女孩常年都不勞動，而且生活極盡奢侈、百無聊賴。在這兩種對比當中就能夠看出，農民認爲的美女就是應當如此的，但是上層貴族們追求的這種就不是應當如此的生活。」

王超然這時說：「老師，按照我的理解，您應該是將審美都賦予了嚴肅的革命意義，這應該是在美學史上的一種很新奇的觀點吧。」

老師說：「確實是這樣，我在思考美學問題的時候，都是同時考慮到了不同階級的經濟地位和生活方式，所以就得出了不同的結論。我認爲這種嚴肅的革命意義會令美學理論更加深刻。但是我也知道僅僅有階級的概念是不夠的，還應該有完整、科學的歷史觀和社會觀。只有將這些現實生活和歷史的特徵都完全把握了，才能夠眞正理解美。」

「我繼續講第二個解釋。第二個解釋是說，美是顯示出生活、令人想起生活的東西，這個事物主要是用來解釋自然事物。自然界中的美的事物，都是應該具積極健康向上的美的暗示的，人們透過理解這種暗示，才能夠眞正體會出自然事物的美。這其中充滿了人本主義的色彩。」

又有同學提問說：「老師，您能舉例說說，什麼是有積極健康向上的美的暗示嗎？」

老師朝同學點點頭，說：「比如當我們談論到美的植物的時候，就會認爲色彩鮮豔、茂盛多樣的植物是美的，因爲這樣的植物展示了蓬勃的生命力；相反，枯萎的植物就是不美的，因爲是缺乏生命色彩的。當人們談論美的動物的時候，會認爲動物的美也反映了人類某種審美的美，比如說馬有蓬勃的生命力，所以馬是美的，貓的體態豐滿、柔和，所以貓也是美的。這就說明人們在欣賞自然界的事物的時候，也是要尋找這些事物與自己的現實生活有什麼樣的聯結點，尋找到相似的性質之後，才會眞正體會到美。」

藝術的現實作用

車爾尼雪夫斯基老師又接著說：「講完現實中的美之後，我們繼續分析一下藝術中的美，首先我們需要承認藝術的美，我認爲藝術的美是來源於生活。我用一個比喻來解釋一下現實美和藝術美之間的關係。現實生活中的美是偉大而難得的，它就像是金條，人們在心底是知道它是具有價值的，但是有時也會與黃銅之類的東西混淆；而藝術美就像是鈔票，它可能並沒有內在的實用價值，但是整個社會都能夠保證它處於一個有價值的狀態，而它的價值正是體現在它能夠代表多少金條。」

王超然提問說：「老師，聽您的講解，是認爲藝術存在美也是因爲它其實是對現實生活的一種反映，那這樣藝術是不是就成了生活的附屬品呢？」

老師回答說：「藝術本來就是來源於生活的啊，但是並不是附屬品這樣的關係。我給你講一下這兩者之間的關係。其實生活中有很多的美，但是有的美不太容易被人發現和接受，而藝術正是將這種不容易被發現的生活美。用一種人們易於接受的方式表達了出來。所以說，藝術的力量其實就是回憶的力量，它能夠將人們對生活的感悟和體驗上升到更高的境界。」

藝術與現實之間的關係

藝術作品都是藝術家在客觀現實生活基礎上進行藝術創造的產物。因此，藝術美來源於現實生活，也離不開現實生活。社會生活是藝術創作的源泉和基礎。藝術形象雖然是藝術家創造的，但它也是現實美的創造性再現。

藝術美是源於現實美且高於現實美的，它是美的典型形態。

王超然繼續提問說：「但是，藝術也不可能只具有現實的特徵吧，總應該有自己的某些特質。」

老師繼續回答：「是的，藝術首先是能夠反映現實，但是藝術作品當中也能夠滲透很多藝術家的感受、情感、靈魂、人格，這些因素也總是能夠讓藝術擁有更加獨特的審美價值。比如當畫家畫海的時候，首先一定是對於現實生活中的海的一種反映，人們會在看畫的過程中直接想到大海。但是每個藝術家都會在作品當中表達自己的思想，比如說他在畫海的時候可能會添加一個孤單的人，或者一對幸福的情侶，這樣就能夠很清楚地展示藝術家當時的心理活動，同時也能夠把欣賞者帶入到那個情境當中。」

「在大致瞭解了藝術美之後，我們具體要講的是藝術的作用。藝術的作用能夠分爲五個部分，分別是藝術的審美作用、認識作用、社會作用、教育作用，以及娛樂作用。下面我們就對這些作用一一進行分析。首先要分析的是藝術的審美作用。藝術作品本身就是具有美的特質，具有美的形式、結構、顏色，以及豐富的思想內涵。優秀的藝術作品能夠感染人的情感、愉悅人的精神、淨化人的心靈、陶冶人的情操、昇華人的審美理想。審美作用是藝術最首要的作用，藝術的其他現實作用都是在審美作用的基礎上產生的。」

一位同學提問說：「爲什麼說審美作用是各種其他作用的基礎呢？」

老師回答說：「這應該比較容易理解。因爲審美作用與藝術本身的特質密切相關，是藝術最爲直接性的體現。而只有在藝術產生審美作用的基礎上，才能夠讓人們再產生其他的認知。接下來，我們來講審美的認知功能。因爲藝術是對生活形象的反映，所以對於一定歷史時期的政治風雲、經濟生活和社會風尚，各個階層人們的精神面貌和生活特徵都能夠有非常全面的反映。這就能夠使人們獲得豐富的社會知識和歷史知識。」

「接下來，重點要講的是藝術的社會作用，主要分爲三點，分別是再現生活、說明生活，以及對生活現象下判斷。第一點是再現生活，我們剛才在分析藝術美和現實美之間的關係時也有所提及。因為藝術本身就是對生活的一種反映，藝術的內容其實也是生活的內容，所以藝術最重要的一個作用就是再現生活。藝術的第二個作用是說明生活。因為在某種程度上，藝術對生活的呈現方式是有它自己的獨特個性和優勢的，它不像現實生活那樣複雜。藝術能夠以非常形象生動的形式反映現實生活，所以往往在現實生活中，人們接受不了的、認為枯燥的事情，在藝術當中就不會顯得那麼困難，人們會更容易對現實生活中的一些事情產生興趣，也更易於理解生活和說明生活。藝術的第三個作用是幫助人們對生活現象下判斷。承接藝術的前兩個作用，當人們透過藝術對生活中的美有所關注、有所理解的時候，就會在無形中產生一種判斷。這種判斷是隨著藝術的引導而不同的，如果藝術家本身對生活的感悟就是非常深刻的，那麼在他的藝術作品當中，也一定能夠展現出非常深刻的意蘊，欣賞者就會在欣賞藝術的同時，接收到這種深刻的意義，並且在自己的現實生活當中，也用這種內涵來解釋，或者用某種方法直接解釋生活當中出現的問題。」

王超然聽完說：「看來藝術的社會作用非常大，這部分還充分表現了現實與藝術之間的某種聯繫。」

老師笑著說：「能夠認識到現實與藝術之間的聯繫是非常重要的，接下來我們要講的是藝術的教育功能和娛樂功能。藝術之所以具有教育功能，是因為進步的藝術是能夠對人起到影響的，就像是教科書一樣，能夠影響人們的思想傾向、思想觀念、道德意識、哲學觀點、人生態度等，激勵人們為能夠實現的理想而努力。藝術之所以有娛樂的功能，是因為藝術具有深刻的感染力，能夠引發人們的審美愉悅和樂趣，從而使人們得到精神的享受和滿足。」

藝術美與現實美

車爾尼雪夫斯基老師繼續講：「下面我要講的是藝術和現實之間的關係。藝術是社會生活在藝術家頭腦當中的反映，是人們傳達感情的一種工具，是人們的一種情感工具。從廣義上來講，凡是含有技術與思慮的活動及其製作，都是藝術；而從狹義的方面來講，含有審美價值的活動及其活動的產物，以及能夠表現出創作者思想和情感，並且能夠令欣賞者產生同感的事物，就是藝術。」

有同學說：「從這個層面上來講，藝術還是來源於生活的吧？」

老師繼續說：「是的，這個結論是正確的，此外，我還想從另外一個角度講藝術。藝術其實是一種**社會意識形態**，是經濟基礎的上層建築。藝術不是屬於物質的社會關係，而是屬於思想的社會關係，是一種社會意識形態。藝術不屬於社會的經濟基礎，而屬於上層建築，是建立在一定經濟基礎上的龐大的上層建築的一個部門。藝術是由經濟基礎決定的，能夠從一定程度上反映經濟基礎，同時也能夠適當地反作用於經濟基礎。從社會的角度來講，藝術對於社會也是有很大的意義的。」

馮延明老師評注

社會意識形態主要指政治觀點、法律觀點、道德觀念、哲學、宗教、藝術、情感、幻想等。

「瞭解完藝術，我們再來瞭解現實。現實，可以說就是社會生活，從普通意義上來講，似乎是很好理解的。然而，現實其實也是非常複雜的，包含非常多的內容，藝術可以反映這些內容。比如說，藝術可以反映社會的經濟關係、生產關係和階級關係；也可以反映社會生活中，人們的政治觀點、法律觀點、道德觀念、宗教觀念、哲學思想、文藝思想；還能夠反映人的各種情緒、情感、幻想、夢想、願望、審美趣味、審美理想等。總之，這些現實都是能夠成爲藝術的對象，並且經由藝術以一種特殊的形式展現出來。

「藝術與生活之間的聯繫是非常密切的。首先，藝術是來源於生活的，藝術就是將生活中美的東西提取出來，再加上創作者本人的想法，以及很多專業的技巧和形式的法則，將生活以一種非常特殊的方式呈現出來。藝術最善於表現的就是生活中轉瞬即逝的魅力，藝術家總是有獨特的敏感能夠將這些方面整理出來，整理成一種能夠讓人接受的美的感覺，這個時候，往往能夠體現出藝術貼近現實的特徵，也往往能夠體現出藝術眞正的價值。」

聽完老師的講解，有同學說：「看來從藝術和現實之間，能夠感悟到很多。我感悟最深的就是藝術其實並不是那種束之高閣的擺設，它是我們生活的一種體現，是與我們的生活非常貼近的，甚至可能就是我們生活中必不可少的一部分。」

另外一個同學也接著說：「在這之前，我一直覺得藝術非常遙遠，美學是非常遙遠的，但是從藝術與現實的關係來看，藝術眞的就在我們身邊，是我們生活的一部分，這眞的是令人開心的事情。」

老師笑笑說：「其實藝術和生活一直都是這樣子的，只是很多人可能並不能很好地發現這些。藝術美和生活美也是這樣的，都在我們的身邊，我們只要留心觀察，就一定能夠分類。下面，我要接著講美的分類。我將美分成三類，分別是現實中的美、想像中的美、藝術中的美。其實現實中的美也包括自然中的美，想像中的美是只存在於人們的主觀印象當中的美，藝術中的美指的是由人的想像力而創造出來的在現實生活中也客觀存在的美。在這其中，我認爲現實美是眞正的美，藝術美是低於現實美的。」

一個同學聽了老師的講解，問：「那我們應該首先分析一下各種分類下的美是什麼樣的，才能夠得出比較的結論吧？」

老師緩緩地說：「我認爲關於現實美的特點，有三點是非常關鍵的。第一點是，現實中的美是轉瞬即逝的，是不經常的。因爲世界瞬息萬變，所以現實中的美也總是會發展變化的。每一個時期的美都有其存在的意義和價值，下一個時期到來的時候，也就會產生新的美。我認爲所謂的永恆的美、不變的美，其實都是不太可能實現的。但是這樣並不會影響現實美本身的價值。」

同學提問說：「因此，我們做的事情就應該是把握好現在的美。用自己的現實經歷理解現實中的美，這樣就可以了。」

老師接著說：「當然，我們也要適當瞭解其他時代的美，但是我

藝術在生活當中的作用

藝術品能夠讓日常生活看起來更加高雅。

藝術能夠讓生活更加和睦和融洽。

對有的人來說，藝術就是生活的全部，就是生活的意義。

們應該明白，這些都是不同時代的產物，我們可以不去接受別的時代的美，但是應該去試著理解。」

「第二點要說的是，美不是純粹的表面形式。美的享受，與事物的物質利益和實際效用是有區別的，美並不是自私地去計較這些利益和得失，並不在於這些表面的形式。更重要的是美具有深刻的內涵，它可能是對人性有著深深的影響，可能是對社會有著深刻的揭示，絕對不僅僅是外在。

「第三點要講的是美是個別的，而不是絕對的。眞正的美總是具有個體性的，個體性可以說是美的最根本的特徵。美一定能夠體現出某種不一樣的特質，能夠透過這種特質傳遞出人類特殊的思想和個性。只有這種美才能吸引人，並且給人以美的感受。如果說美是絕對的，那就實在無法讓人相信。」

一位同學聽完之後說：「哦，這就是現實美啊，那藝術美呢？」

老師笑笑說：「好的，那接下來，我們就來分析藝術美。對藝術美的分析，我主要要講的也是四點。首先，藝術美是非常費力才產生的美。藝術家往往是要爲了藝術美付出畢生的心血和努力，所以說，人們對這種藝術美特別容易肯定，因爲這是人之常情。因此，即使藝術中有時會出現缺陷，也會被原諒。」

「其次，藝術作品其實也是人類的產物，是人類透過感受現實生活而得到的體驗，是經過思考以實物的形式呈現出來的。所以說，藝術作品理所當然地就會得到人們的重視，藝術美也是如此。

「再次，藝術能夠迎合我們的某些趣味。因爲人在現實生活當中並不會總是保持積極和健康的狀態，而且自然和現實中幾乎也沒有迎合這種狀態的美，所以這種美在藝術當中就會非常合適。藝術美中總是或多或少有這樣一種傾向，可能是比較沉默的，或者比較傷感的，或者是某些現實達不到的因素，這些都是透過藝術美來實現的。

「最後，因爲藝術作品是由人創造的，所以在某種程度上來講，藝術美中也會存在很多現實的因素，因爲藝術家的思想和意志都是來源於現實生活的，而藝術作品當中一定會有藝術家思想和意志的體現。因此，藝術也總是擺脫不了現實的束縛和掛慮的。這樣來說，純粹的藝術美其實是更少見的，因爲眞正偉大的、有成就的，並且能夠處理好藝術和現實之間關係的藝術家並不多見。即便能夠處理好這樣的關係，藝術家也常常會在細節之處出現差錯和缺陷。」

王超然聽完老師的講解，說：「按照老師這樣的理解，就一定是現實美高於藝術美了吧？」

老師笑著說：「我認爲我們重點應該認識的是現實美。很多人都認爲現實美很少，或者現實美有很多不足，因此總有對現實的抱怨，也會有很多人因此轉向去幻想美，追求在主觀世界中存在的看似是獨一無二的美。但是我認爲，現實中的美其實是多種多樣的，只不過是人們不容易發現，也不容易對這種美感到滿足。我認爲一個健康的人不會陷入無聊病態的幻想當中，不會去追求虛構的完美，因爲那樣眞的太不眞實了。眞正的美就是生活的豐富和現實，這種美能夠讓我們體會到眞實世界的情感和力量，所以是具有非常重要的意義的。再者說，人的感覺和其他的感覺一樣，是有正常限度的，不能因爲幻想是無窮無盡的，就要求美感也是無窮無盡的。美感其實承受不了太多的欲望和滿足，現實就剛好能夠滿足人類對於美感的這種需求。所以說，我認爲現實美是高於藝術美的。」

一位同學點頭說：「那麼，想像中的美呢？」

老師接著說：「想像中的美與其他兩種美的類型不太一樣。首先，我們應該明白的是想像的涵義。同學們知道什麼是想像嗎？」

一位同學說：「我認爲想像是對現實生活的一種反映，但是這種反映當中又存在很多虛構的成分，這些虛構總是符合人們對現實的某種設想，並且透過這種設想，能夠眞正感受到美。」

老師說：「從心理學的角度來講，想像是人在頭腦裡對已經存儲的表象進行加工改造，從而形成一種新形象的心理過程。這是一種特殊的思維方式，是一種高級的認知過程，是產生於問題的情景，同時能夠對事物的解決有所推動，並且能夠很好地預見未來。一般的想像分爲無意的想像和有意的想像，無意的想像指的是事先沒有預定目的的想像，是在外界的刺激作用下，不由自主產生的。而有意的想像指的是事先有預定目的的想像，根據觀察內容的不同而產生不同的想像。這其中又分爲再造想像、創造想像、理想和空想。再造想像指的是根據別人的描述或圖樣，在頭腦中形成新形象的過程，這樣能夠使人超越個人的狹隘的經驗範圍和時空限制，獲得更多的知識，同時也能夠使很多抽象的知識變得具體生動。創造想像指的是不根據現成的描述，在大腦中獨立地形成新形象的過程，在這其中能夠充分體現個人的理想和寄託，可能與當前現實的活動毫無關聯，但是卻能夠直指未來。這種積極的創造想像能夠成爲未來的預見，是創造力實現的重要動力，也是激勵人們前進的重要精神力量。理想是符合事物發展規律，與現實實際相結合，並且非常有可能實現的想像，人們通常可以經過自己制定的計畫和逐步努力，一點點實現。空想是不以客觀規律爲依據，甚至是違背事物發展的客觀進程而產生的在當前不可能實現的想像。」

一位同學緊接著說：「所以說，想像美就是來源於想像當中的吧？」

老師接著說：「是的，想像美就是在這些複雜的想像之中存在的美。想像美具有超越時間和空間的特點，有的能夠實現，有的則不能實現，但是這絲毫不會影響到想像美的魅力。想像美通常都是對未來有很強的指引性的，可以讓人從現實當中抽離出來，直接形成一種對人的導向作用。它與另外兩種類型的美是截然不同的，但是這些都可以歸結到生活當中的美，因爲生活中的美，一直都是這些美存在的基礎。」

車爾尼雪夫斯基老師推薦的參考書

《生活與美學》車爾尼雪夫斯基著。這本書是美學史上第一部試圖用唯物主義觀點來闡述美學的著作，對俄國和中國美學思想的發展影響甚大。書中提出了「美是生活」的著名定義，認為凡是能夠讓人們想起生活的東西，就是美的。作者充分肯定了現實高於藝術，同時認為藝術也是生活的教科書，對生活起到重要的社會作用。同時，作品中用唯物主義的觀點解釋了很多美學概念，對現代美學有很多傑出的貢獻。

第十八堂課

席勒老師主講「審美教育論」

弗里德里希·席勒（Friedrich von Schiller，1759～1805）

席勒是德國18世紀著名詩人、哲學家、歷史學家和劇作家，是德國啟蒙文學的代表人物之一，也是德國文學史上著名的「狂飆突進運動」的代表人物，被公認爲德國文學史上地位僅次於歌德的偉大作家。他的著名的代表作品有《強盜》、《陰謀與愛情》等，這些文學作品都體現了席勒本人對於當時時代的反思，以及對社會價值的思考，具有很深刻的意義。同時，他也非常注重理論研究，著有一系列關於美學和文藝理論的書，最具有代表性的是《給克爾納的信》、《美育書簡》、《論樸素的詩和傷感的詩》，都具有極高的美學價值。

今天是這學期的最後一節美學課了，所有同學好像都提前感受到即將分別的氣氛，很早就來到了教室。大家都不怎麼說話，好像都在靜靜地等待老師的到來，也靜靜等待這門課程的結束。

陳學碩看到教室裡的氛圍有點兒太過凝重了，於是只能和朋友在微信群裡聊起來。

陳學碩寫道：「沒想到最後一堂課的氣氛這麼嚴肅啊，大家這樣眞的好嗎？」

尹文杰寫道：「大概是因爲大家都在這門課上投入過感情和心力吧，所以在即將結束的時候，也都是稍微有些傷感的，這很正常。」

王超然也寫：「這再正常不過了，要是這一個學期的課都上完了還沒有感覺，我們不都白學了嗎？說實話，我覺得這堂課給我最大的觸動就是，讓我覺得自己的情感好像變得豐富了，以前看到藝術、文學或者現實中的人和事，都不會像現在這樣有感觸。」

陳學碩寫：「這應該就是美學對你的影響吧。哈哈！」三個人相視一笑。這時，老師進入教室。

無處不美學

今天的老師神清氣爽，看著臺下安靜的同學們，便說：「各位同學好，我是你們今天的美學老師席勒。聽說這是你們的最後一節美學課了，希望你們還是要好好聽講，將美學的知識都掌握到心裡啊！」

同學們先是吃驚最後一堂課又是一位重量級的老師，同時聽到老師的諄諄教導，就按捺住原本激動的心情，平靜下來用心聽課了。

席勒老師說：「今天我們要講的是審美教育的問題。首先，我爲大家來解釋審美教育的概念。審美教育指的是透過一定的教育手段，培養和強化人的感知力、理解力、想像力，豐富人的情感，拓寬人的精神世界，培養創新求異的能力，成爲一個高素質和全面發展的人。我們這學期的美學課其實就是一項很好的審美教育的活動。」

聽老師這麼一說，同學們好像都舒了一口氣。一位同學說：「這麼說來，今天課上學習的內容，其實也是對我們這學期課的總結和概括。

教育的各種類型

德育

智育

體育

美育

勞動教育

教育指的是教化培育，是將現有的知識和經驗傳授給別人，這樣能夠讓受教育者用一種更加理性和成熟的思維來面對認知，使思維完善。全面教育包括德育、智育、體育、美育和勞動教育。

這樣的課程放在學期即將結束的時候，眞的是再合適不過了。」

也有同學說：「眞沒想到學了一個學期的美學知識，最後一堂課學習的竟然是分析我們上了一個學期的美學課，眞是太有趣了。」

席勒老師接著說：「是的，特意將這一堂課安排在最後，就是希望同學們能夠對這個學期的課程有全域性和完整性的認識，這樣的認識一定能夠讓你們對這學期學到的知識有所深化。那麼接下來，我們就來分析一下審美教育的性質。在分析的過程當中，我們要分爲表層和深層兩重性質來進行分析。」

這時尹文杰提問說：「席勒老師，請問分析審美教育的性質，爲什麼要分爲表層和深層兩重呢？難道說審美教育本來就是有多重涵義的？」

席勒老師說：「是這樣的，審美教育本來就是具有多重涵義的。最開始我們講的對於美學課程的描述，其實是一種狹義的理解，是與德育、智育、體育相對而言的。在廣義上，審美教育不僅僅涉及審美理論，還與美的世界、美的規律、美的創造等層面相關。而我們在分析審美教育的性質的時候，如果只討論狹義，就太過局限了。」

尹文杰說：「沒想到，審美教育其實還是有多層涵義的，這樣說來，我們除了在課堂上要好好學習美學知識外，在日常生活當中也能讓自己的審美水準有所提升。」

席勒老師說：「我們還是先進行分析吧。先從淺層的方面來分析，狹義的審美教育的性質主要是由審美活動的特點以及教育實施的特點而決定的。人的審美活動是一個充滿趣味的過程，但是在這個過程當中，對人的情感、趣味、想像力都有很高的要求，因此在審美教育的過程當中，就要以提高這些能力爲目的，對學生進行引導。這種審美教育可以說是專門針對青少年的，在青少年的成長經歷當中，德育、智育、體育、美育都是不能缺乏的，這些綜合的學習過程，能夠讓人在成長的過程中不僅充滿快樂，還能培養今後需要的能力。」

這時有同學說：「可是老師您說的這些，都還是對於狹義的審美教育的分析吧？」

席勒老師不緊不慢地繼續講：「正是要從這種分析當中得到我們想要的答案。其實狹義的審美教育就是一種素質教育。在這裡，素質指的就是人應該在青少年階段具備的各種要素和品德，不僅包括健康的道德品質、知識的穩固積累和強健的身體素質，還需要有敏銳的感覺力、奇特的想像力、豐富的情感、博大的精神世界、求異的創新能力等。其中很多能力都是要靠審美教育來完成的。因爲審美教育並不是一樣單純的教育活動，不像別的教育一樣目的性明確，而且措施也是確定的。比如說要強身健體，就只能透過運動或者鍛鍊的方式；要想積累豐富的知識，就只能透過大量的閱讀和思考。但是審美教育卻是非常豐富的，它隨時可能出現在某一個活動當中，跟各種教育都可能存在交叉。比如你可能會在學習數學的時候，發現線條和數字的美，也可能在跑步的時候，發現身體器官的美，在學習邏輯的時候，發現思維邏輯的美，這些各種類型的美總是能夠直接觸發人的審美的，所以它們也都是無形中的審美教育。」

於是又有同學提問說：「老師，按照您講的內容，其實更重要的是全面的學習和發展，是嗎？」

席勒老師肯定地說：「對，這就是我剛才跟大家強調的，從狹義來講，審美教育的實質就是素質教育，就是要促進人的全面發展。這個道理非常簡單，完整的教育才能培養出完整的人格和人性。這個世界上，處處都充滿著挑戰和矛盾，所以就需要各種各樣的能力始終配合，才能夠應對。這就要求人們要對自己的儲備有很高的要求，爲了達到這個目的，就需要將各種知識都融合在一起理解和認識，最終就能夠達到想要的目的。」

聽完老師的講解，同學們好像陷入了對自己行爲的反思之中。不過很快就有同學提問：「老師，如果說這樣都只能算是狹義的淺層的性質，那深層的性質又是什麼呢？」

席勒老師接著講：「同學們應該把思考的角度放寬，從廣義來講，就是從人生的角度來講，審美教育其實就是強化人格、完善人生、提高人的綜合素質。」

同學們立刻反應過來了，說：「所以說，是從人生的角度來思考審美教育的問題嗎？」

席勒老師笑笑說：「是的。作爲人類，不僅要追求吃喝、生存繁衍、安全等因素，更重要的其實是人類能夠透過學習或者實踐，將自己和其他物種區分開來，這種區分是非常重要的。人類能夠使用工具、會分工協作、具有道德規範，這些行爲看似是非常單一的行爲，事實上處處都滲透著人類的綜合素質，尤其是美學素質。因爲人最重要的是有思想、有精神需求，所以說，人類在做任何事情的時候，都會無形中考慮到人自身在精神方面的需要，這種需要可能並不會如此明顯地外化表現出來，但是都會體現出來。精神和情感方面的體驗對於人的各

馮延明老師評注

美學素質指人所具備的審美經驗、審美情趣、審美能力、審美理想等各種因素的總和。美學素質既體現爲對美的接收和欣賞的能力，又轉化爲對審美文化的鑑別能力和創造能力。

項活動都有非常重要的意義，因爲如果缺乏這些因素，人類的活動將會變得枯燥、無聊、缺乏生活趣味。爲了更好地進行各類型的活動，人類就一定要在這些活動當中用一種具有美學意義的思維進行思考，這樣才能使生活更具有精神價值。這樣的價值總是能夠帶給人們本質的快樂。好了，這部分知識講完了，同學們聽完有什麼想法嗎？」

有同學說：「看來我們之前的理解還是稍微有些狹隘了，原來眞正的美學其實是能夠對人生產生很大的意義的，也能對我們的精神世界有非常大的影響。看來，眞的是無處不美學。」

也有同學說：「用我自己的體驗來講，學習美學和沒有學習美學是有很大的區別的，在學習美學的過程中，我確實不斷看到了自己的變化和成長，能夠愈來愈重視自己的精神世界的需要。我覺得美學是一個讓人愈來愈快樂的過程。」

以情動人、以情育人

席勒老師聽完同學們的想法，說：「好的，看來透過我的講解，大家對審美教育的認識有了不同的想法和感受。接下來，我們繼續分析審美教育的特點。審美教育的特點主要是要與其他形式的教育有所區分，這樣就能夠對審美教育有更加深刻的理解。」

席勒老師說：「我先來講審美教育的第一個特點——形象性，它是審美教育的最主要的特點。所謂形象性，指的是在文藝創作和語言交際中，用形象的特殊形式反映生活，用這種具體而生動的、能喚起人們感性經驗和思想感情的方式，就是形象性的體現。在一定意義上來講，如果沒有形象性，就沒有審美教育。因爲審美教育中出現的都是具體可感、生動豐富、有深邃意味的，這些形象都是具有生命力，而且是現實的。」

剛才的同學說：「這麼說來就容易理解了，因爲在美學課堂上，我們眞的很容易見到具有形象性的事物，比如山水、工藝品、雕塑等，這些事物都是現實存在、具體直觀的。其次，很多抽象的藝術作品當中，

審美教育中的遊戲

攀岩能夠訓練兒童的體能和意志力。

讀書競賽能夠讓兒童形成一種競爭意識，並且逐漸養成讀書的習慣。

足球比賽能夠讓兒童形成團隊意識，同時也能夠鍛鍊兒童的體力。

兒童在接受審美教育的過程中，為了提高兒童對於審美教育的關注，往往會借助遊戲，這些方法既能夠幫助兒童進行角色扮演，還能促進兒童的感知力和觀察力，最重要的是，能夠用遊戲的娛樂性吸引兒童的注意力。

也是讓人們發揮自己的想像力，設想一種場景、某個事物，從而能夠實現形象性。」

席勒老師繼續說：「的確是這樣，在你們學習的過程中，應該也能夠體會到形象性是非常重要的。這不僅是因爲與文學藝術的特點是緊密關聯的，還因爲這種形象性的特點更容易符合人們接受知識、感受生活的特點，更容易被人們接受。」

尹文杰聽完老師的講解，思考後說：「事實上還眞的是這樣。如果沒有這些具體生動的形象，只有枯燥無味的理論，恐怕我也不會對這門課產生這麼大的興趣。在我們學習的過程中，總是能夠欣賞和體會到各種各樣的具有形象性的事物，這對於我們理解很多事物都非常有益。」

「好的，接下來我們講審美教育的第二個特點，那就是娛樂性。娛樂性從字面上來看，指的就是審美教育會讓人感到快樂、開心、滿足，讓人們感到審美是一種非常享受的事情。當然，這種娛樂並不是低級的媚俗的娛樂，也不是某種沒有意義的噱頭，而是眞正的具有意義的快樂。審美教育的娛樂性首先是能夠讓人們容易接受，因爲任何人都希望感受到快樂和滿足，如果能夠在審美活動的過程中感受到這些，那麼人們就沒有理由拒絕審美教育。其次，審美教育中的娛樂一定是具有豐富的人生內容和社會意義的，符合人類進步的方向，有時候甚至會抵擋痛苦和悲劇的產生，始終都具有一種積極健康向上的能量，並且最終產生愉悅的效果。」

有的同學說：「誰都喜歡具有娛樂性的事物啊，這樣眞的能在很大程度上吸引人們關注審美教育。」

席勒老師接著說：「審美教育的第三個特點是情感性，這也是審美教育中非常重要的一個特點。我們之前在學習的過程當中，總是強調在審美活動當中，情感是非常重要的，這就決定了在我們最終分析審美教育的時候，情感性成爲一項不能夠忽視的重要特點。很多人類活動和資訊傳遞都是透過情感實現的，在審美活動和審美教育當中也是如此，比如說在雕塑中一個淒慘的場景，繪畫中晶瑩的淚珠，還有詩歌中一句輕輕的嘆息，都能將某一種情感傳遞得非常到位。所以說，審美教育當中也是如此，強調以情動人、以情育人，不但要訓練、培養人具有健康的情感，而且還要讓人們學會在適當的時機抒發適當的情感。所以在審美教育的過程中，透過特定的審美活動，既能夠增強學生情感體驗的豐富性，也能鍛鍊人們的情感承受力。所以，在審美活動當中，你們應該盡可能多地體驗各種不同的情感，如歡樂、痛苦、幸福、沮喪、甜蜜、淒涼，這些複雜的情感都能夠對人產生很大的影響，會使人們對現實生活中各種事物和資訊的判斷能力有所增長，同時增強對於這個社會的認識。」

同學提問說：「情感是如何上升到對社會的認識和對資訊的判斷能力上的呢？」

席勒老師笑笑說：「大家在思考的時候，一定要用宏觀的思維去考慮。因爲情感是這個世界上人與人之間非常重要的紐帶，各種關係和聯結大多都是依靠情感而實現的。如果能將情感把握好，那麼在處理資訊、人際關係的時候，就一定有自己的優勢，最終，這些問題的順利解決一定能夠幫助你對社會產生更加眞實和深刻的理解。明白了嗎？」

同學點點頭，不得不佩服席勒老師對這些問題的理解的深刻性。

席勒老師繼續說：「接下來，我們要講的是審美教育的個人創造性。我們都知道德育是強調社會共同性的，強調學習和遵循社會共同的道德法則，相比而言，審美教育強調的就是個人的獨特性和創造性。審美教育帶給人們的一定不能是同化的、類似的，而是要展現人的個性和自我發展的個性化，因爲只有這樣才能夠爲審美提供一定的空間和能力。所以說，審美教育要訓練的是人的獨特眼光、獨特感受、獨特思維和獨特表達，爲人的個性化留下很大的空間。這與審美對人的要求是有很大的聯繫。」

「最後，我們要講的是審美教育的潛移默化性。在今天這個物質極度豐盛的時代，我們能夠明顯感覺到審美教育是沒有那麼直接和明顯的功利目的，因爲它並不是爲了人們得到某種物質或者實現某種能力，而是將人的精神需求提高到一個比較高的層面上。審美教育的目標是，提高人的綜合素質，使人能夠實現全面發展，尤其是在審美中非常注重的感覺、情感方面。一切審美活動都是爲了這樣的目的，但是在實際操作的過程當中，並不是處處都要有美學原理之類的課程，而是要透過一些別的課程達到美育的目的。比如說書法課，看起來是在學習書法的，但是它並不一定只是這種單純的目的，而是培養起同學對書法的熱愛之後，同學就能夠有獨自欣賞和單獨創作書法作品的能力，這樣才算是眞正意義上達到了審美教育的目的。所以說很多課程，都能夠對你們的審美產生影響，因爲會在無形中培養起你們的審美能力，當然你們也不用過分關注，只要將該學的學好，該做的做好，就一定能夠慢慢擁有成熟的審美觀。」

同學們聽完席勒老師的話，更有學習的興趣了。

不可缺少的審美教育

休息了一會兒，席勒老師繼續講道：「接下來，我們開始講下一個部分的內容——審美教育的功能。所謂審美教育的功能，其實也就是說審美教育能夠對人產生怎樣的影響，具體說來，這些影響都是透過審美活動產生的。」

「首先，審美教育能夠訓練人的感受力。我們都知道，感受力在審美活動當中是非常重要的，因爲如果感受不到聲音、色彩、線條等這些因素，審美活動的很多內容就無法繼續下去了。在現實生活當中，人們總是按照自己的生活節奏和職業習慣來進行，所以很多感受力都會慢慢有所下降，但是無論在自然審美當中，還是社會生活的審美當中，都會存在大量的具體形象，這些形象對人的感受都是有必要的要求，所以說人們一定要透過大量刺激人感官的形象材料和形象手段，不斷提高人的感受力，這是人進行審美活動的重要前提。」

有同學問：「席勒老師，這種感受力不應該是人先天就具有的能力嗎？難道還需要專門的訓練和培養嗎？」

席勒老師說：「任何先天的能力如果不加以運用，都是會變得遲鈍，這是肯定的。你們現在正處在黃金的學習階段，對很多事物的認知都存在新鮮感，所以可能不存在這樣的情況。但是如果你們以後工作了，日復一日地工作，可能就會對某些事物失去興趣，很多感受也會變得遲鈍。」

那位同學又說：「原來還有這樣的情況啊，那以後一定要注意保護自己的感受了。」

席勒老師繼續講：「審美教育對人的想像力也是有很大的影響。每個人都應該有豐富的想像力，如果沒有想像的力量，只有單一的行動，很多審美活動就難以眞正滿足人們的需要。而在審美教育當中，絕大多數的活動都會對人的想像力有很大的刺激作用。比如說在欣賞一幅畫的時候，總是能夠感受到畫面中靜止的形象好像是鮮活的，並且能夠對當時的情景有一定的想像。再比如說當人們聽到某種音樂的時候，總能夠產生一種身臨其境的感覺，比如在音樂中想像著月光，想像著戀人，想像著暴風雨等。文學作品中對人的想像力的激發則更爲強烈。因爲文學本來就是運用文字符號激發讀者想像的過程，從而引導讀者理解故事情節。」

王超然提問說：「席勒老師，這樣說來，是不是各種審美教育其實都能夠對人的想像力有一定的促進作用，只要我們平常注重自己的想像力，就能夠提升？」

席勒老師笑笑說：「是這樣的，在審美教育當中，接觸的審美活動愈豐富，品質愈高，人的想像力就愈能得到訓練和滋養，從而使想像力提高得愈快。」

「繼續講審美教育的第三個功能，是能夠拓展**人的精神時空**。人有兩個時空，分別爲物理時空和精神時空。精神時空是否豐富，是一個人是否幸福的一種重要意義。審美教育的活動總是在精神時空當中展開，它能夠使人們在精神時空中感受到自己在物理時空中未曾感

馮延明老師評注

精神時空，即人類借助自己發達的大腦和嚴密的符號系統，逐漸把現實生活中獲得的時空資訊積累起來，在心靈中形成一個類似於現實時空，又比自己所經歷過的現實時空更爲博大和豐富的精神天地，人的一切生命活動都可以用想像的方式在其中展開。

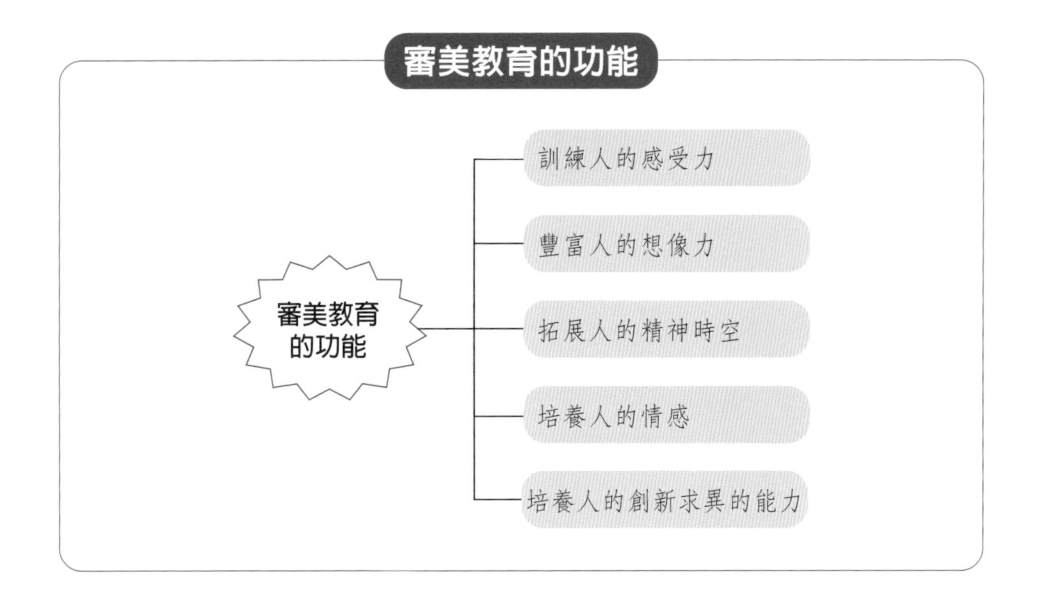

受到的事物，可以說人的精神時空是人存在的第二種形式。審美教育的這些活動不僅是在精神時空中展開的，還能夠很大程度地拓展精神時空的範圍。例如：有的人可能從來沒有出國遊玩過，但是他可以在精神上完成這樣的旅行，他可以透過看文字介紹、畫冊等方式瞭解那些遙遠的國度。在這樣的過程當中，人的精神時空就會得到拓展。而且，人的精神時空愈是博大和豐富，思考的問題就會愈長遠，愈複雜，愈能夠符合客觀實際。

「審美教育的第四個功能是能夠培養人豐富而健康的情感。審美教育對人的情感有很大的影響，會從不同程度激發、傳達、剖析人的情感。而且，情感的體現也是非常多樣化的，比如說豪邁、樂觀、傷感、甜蜜等。審美教育不僅能夠喚起人曾經擁有過的情感，還能夠令人的情感不斷以活躍的狀態持續下去，甚至能夠產生新的情感和表達方式。而審美教育對情感的關注也不僅僅是停留在表面程度的，審美教育還會教給人們如何對情感進行判斷。人們能夠在這個過程當中瞭解什麼樣的情感是對社會和個體生命有益的，什麼樣的情感是對社會和個體生命無益的。這樣就能夠將生命中的情感上升到一個更加有益的層次，從而使人對情感有必要的鑑別力和克制力。這樣，透過審美教育，人的情感不僅會變得非常豐富和健康，還會更具有克制力和表達力。當人的情感變爲一項能完全掌握的事實時，生活就會愈來愈輕鬆。」

同學們聽完席勒老師講的這一番話，都感到受益匪淺。一位同學不禁驚嘆：「雖然在美學課上經常分析情感因素，在其他方面也總是關注情感，但是老師從審美教育的角度對情感層次的分析，眞的是太到位了，依次剖析情感的豐富多樣性、表達力、鑑別力、克制力方面，我想以後凡是遇到與情感相關的問題，我們都不會覺得困難了，因爲在這堂課上已經有了非常全面的認識。」

席勒老師擺擺手說：「同學，你可不要太盲目相信老師的權威。知識總是在不斷發展的，也許以後你們能夠瞭解更加先進的知識，也許你們自己能夠研究出全新的成果。對知識，一定不能太過死板哦。」

那位同學也不好意思地笑笑，因爲席勒老師說得對。

席勒老師接著講課：「那我們繼續講解審美教育的最後一個功能，就是能夠培養人的創新求異的能力。創新是整個人類社會前進的動力，可以說沒有創新，就沒有這個社會的進步。人類從茹毛飲血一直到今天的現代化，就是因爲人類在發展的過程當中不斷追求創新。審美教育是對人的創新能力最好的培養方式。審美教育強調對審美體驗的差異性和複雜性，所以審美過程會讓人認識到各種類型、各種思想、各種潮流的美學作品。如果在要求人進行藝術創作的過程中，也充分調動起人的創新能力，就能將自己個性化的觀點表達出來。如果長期進行審美體驗和藝術創作，就一定會對創新有很大的提升。」

席勒老師推薦的參考書

《美育書簡》席勒著。這本書是席勒寫給丹麥王子克里斯謙公爵的27封信，後來經整理出版。該書的主旨是追求人類本性的完善，提倡理性的自由。書中寫道，人要透過審美狀態進入道德狀態，成為理性的人，才能夠成為美的創造者。書中還討論了遊戲的意義和社會的最高理想，在美學史上具有重要的意義。

結束語

下課鈴聲就這樣猝不及防地響起，隨著席勒老師的離開，這一個學期的美學課也結束了。同學們好像都有一些傷感，畢竟和這些美學大師相處了一個學期，令人難忘。

尹文杰說：「突然覺得心裡空落落的呢。」

王超然也說：「是啊，我最捨不得的就是這些偉大的老師們了。他們都是曾在歷史上叱吒風雲的人物，來到我們課堂上，卻都那麼謙虛和認真。能遇到這些優秀的老師，真的是我們一輩子都應該感到幸運的事情。」

陳學碩也說：「是啊，這樣想想，時間過得太快，太讓人傷感了。」

王超然拍拍哥們兒的肩膀說：「別傷感了，我們學到了這麼多美學的知識，只要以後都好好運用，相信這些老師們就都會感到開心的。」

三個人都堅定地點點頭，然後走出了教室。

博雅文庫 274

美學原來這麼有趣：顛覆傳統教學的18堂美學課

作　　者：王樹生
審 定 者：馮延明
發 行 人：楊榮川
總 經 理：楊士清
總 編 輯：楊秀麗
主　　編：侯家嵐
責任編輯：侯家嵐
文字校對：許宸瑞、葉瓊瑄
封面設計：姚孝慈
出 版 者：五南圖書出版股份有限公司
地　　址：106臺北市大安區和平東路二段339號4樓
電　　話：（02）2705-5066
傳　　真：（02）2709-4875
劃撥帳號：01068953
戶　　名：五南圖書出版股份有限公司
網　　址：https://www.wunan.com.tw
電子郵件：wunan@wunan.com.tw
劃撥帳號：01068953
戶　　名：五南圖書出版股份有限公司
法律顧問：林勝安律師
出版日期：2023年9月初版一刷
定　　價：新臺幣450元

國家圖書館出版品預行編目（CIP）資料

美學原來這麼有趣 ： 顛覆傳統教學的18堂美學課 / 王樹生著. -- 初版. -- 臺北市 ： 五南圖書出版股份有限公司, 2023.09
面； 公分
ISBN 978-626-366-379-4(平裝)

1.CST: 美學 2.CST: 通俗作品

180　　112012004

本書經由化學工業出版社正式授權，同意經由臺灣五南圖書出版股份有限公司出版中文繁體版。未經書面同意，不得以任何形式任意複製、轉載。
本版本僅限在臺灣地區銷售，不得在中國大陸、香港、澳門等地區銷售、販賣。